本书是北京社会科学基金项目：

京津冀地区雾霾治理的协同机制研究（15JGB038）的阶段性成果；

教育部人文社科基金规划基金项目：

创新驱动中国工业绿色转型研究（17YJA790025）的阶段性成果。

中国城市绿色竞争力指数报告

2019

关成华　韩晶　◎著

REPORT ON THE GREEN COMPETITIVENESS INDEX OF CHINESE CITIES

经济日报出版社

图书在版编目（CIP）数据

中国城市绿色竞争力指数报告.2019／关成华，韩晶著. -- 北京：经济日报出版社，2019.6
ISBN 978-7-5196-0547-6

Ⅰ.①中… Ⅱ.①关… ②韩… Ⅲ.①城市经济-绿色经济-竞争力-研究报告-中国-2019 Ⅳ.①F299.2

中国版本图书馆CIP数据核字（2019）第103806号

中国城市绿色竞争力指数报告2019

作　　者	关成华　韩　晶
责任编辑	陈礼滟
责任校对	秦英超
出版发行	经济日报出版社
社　　址	北京市西城区白纸坊东街2号A座综合楼710
邮政编码	100054
电　　话	010-63567683（编辑部）
	010-63538621　63567692（发行部）
网　　址	www.edpbook.com.cn
E-mail	edpbook@sina.com
经　　销	全国新华书店
印　　刷	北京建宏印刷有限公司
开　　本	710×1000毫米　1/16
印　　张	16.375
字　　数	212千字
版　　次	2019年6月第一版
印　　次	2019年6月第一次印刷
书　　号	ISBN 978-7-5196-0547-6
定　　价	56.00元

课 题 组

课题组组长

关成华　韩　晶

课题组成员

陈超凡　高　铭　孙雅雯　于　凯　田易凡

任　璐　姜如玥　裴　文　彭安琪

目　录

CONTENTS

总　论

第二章　经济基础与科技进步测算及分析

第三章　城市自然资产与环境压力测算及分析

第四章　资源与环境效率测算及分析

第五章　政策响应与社会福利测算及分析

第六章　新时代中国城市绿色竞争力提升战略

表　目

图 目

总　论

当今世界，绿色发展已经成为一个重要趋势，绿色发展以效率、和谐、持续为目标，其发展理念和内涵也符合新时代中国经济社会发展。中国共产党的十七届五中全会强调要坚持把建设资源节约型、环境友好型社会作为加快转变经济发展方式的重要着力点，加大生态和环境保护力度，提高生态文明水平，增强可持续发展能力。习近平总书记在中国共产党第十九次全国代表大会上也强调，“生态文明建设功在当代、利在千秋。我们要牢固树立社会主义生态文明观，推动形成人与自然和谐发展的现代化建设新格局，为保护生态环境做出我们这代人的努力”。对于中国这样一个发展中大国来说，当前面临着资源环境的强约束压力，绿色发展形势十分紧迫。作为消耗资源环境的主体，城市的绿色发展不仅对全面建成小康社会和实现“美丽中国”具有重要意义，也是我国未来发展全局的一场深刻变革。

“城市绿色竞争力”的提出，为城市破除资源环境约束，以可持续的方式创造财富及获取竞争优势提供了新思路，对于引导地方政府和社会公众将绿色发展作为建设中国特色社会主义的出发点和落脚点，具有十分重要的现实意义。本报告建立了中国城市绿色竞争力评价指标体系，并对中国城市绿色竞争力的特征进行深度挖掘和分析，提出新时代中国城市绿色竞争力提升战略，以期为中央和地方政府决策提供参考与借鉴。

一、城市绿色竞争力的理论框架

城市绿色竞争力概念是竞争力概念演变而来。所谓“竞争力”，一般意义上是指两个或两个以上竞争者在竞争过程中所表现出来的相对优势、比较差距、吸引力与收益力的一种综合力。作为经济活动的主要载体和平台，城市在全球活动和区域经济中的地位日益重要，城市间的竞争也越发激烈，关于城市竞争力的研究随之兴起。在内涵上，城市竞争力主要指“一个城市在竞争和发展过程中与其他城市相比所具有的吸引、争夺、拥有、控制和转化资源，争夺、占领和控制市场，创造价值，为其居民提供福利的能力”①。将绿色引入竞争力领域，以绿色的方式提升竞争力，即绿色竞争力——其内涵集中表现在发展度（强调包容性，特别是经济与环境双赢的社会效果）、协调度（强调经济、环境与社会的协调统一）和持续度（强调保持长期可持续的竞争优势）三方面。绿色竞争力是对不同主体绿色发展水平和层次的综合度量，反映了不同主体以高效、清洁、有弹性、可持续的方式获得增长并创造社会福利的能力。当竞争的主体为城市时，产生了“城市绿色竞争力”的概念。本报告认为，城市绿色竞争力是指“一个城市在竞争和发展过程中，基于可持续发展目标，以资源节约、环境友好的方式创造物质和生态财富，增进社会福利，进而获取竞争优势的系统合力”。当前，全球正面临着一次绿色时代的巨大变革，绿色发展是当下也是未来城市发展的必由之路，绿色竞争力将成为城市竞争的关键。研究城市绿色竞争力，对于改善城市环境、促进城市繁荣、增益居民福祉、实现城市可持续发展具有重要意义。

本报告从城市绿色竞争力的内涵出发，构建城市绿色竞争力理论框架，如图 1-1 所示。

课题组认为，城市绿色竞争力不能仅反映一个城市在自然基础、环境保护、生态建设等方面的竞争力，它应该是一个包容性的概念，其内涵需要通过

---

① 倪鹏飞，卜鹏飞 . 城市引领中国崛起——中国城市竞争力十年（2002–2011）研究新发现［J］. 理论学刊，2012（12）：48–53.

综合度量及比较来体现，因此，可将城市绿色竞争力视为一个复杂系统。这个复杂系统与绿色发展和可持续发展目标一致，应涵盖经济、环境和社会三大维度。本报告中，城市绿色竞争力由经济基础与科技进步、自然资产与环境压力、资源与环境效率、政策响应与社会福利四大子系统及其内部要素构成。系统内部的各要素存在复杂的交互作用，只有这些要素之间实现了正向反馈和有效耦合，才能逐级往上促进绿色竞争力系统的良性运转。

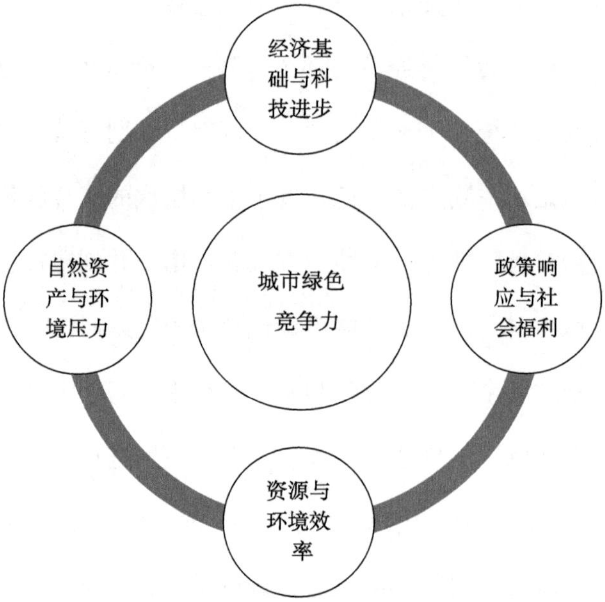

图 1-1　城市绿色竞争力理论框架

如图 1-2，本报告以 OECD“绿色增长测度框架”①为基础，构建了一个城市绿色竞争力系统的一般框架，这个框架简要描述了在经济、环境和社会三大维度层面，城市绿色竞争力系统内部各要素之间的互动关系。图 1-1 和图 1-2 为本报告进一步解析城市绿色竞争力的内涵提供了理论依据。

① OECD. Green Growth Indicators 2017[R]. OECD, Paris, France, 2017.

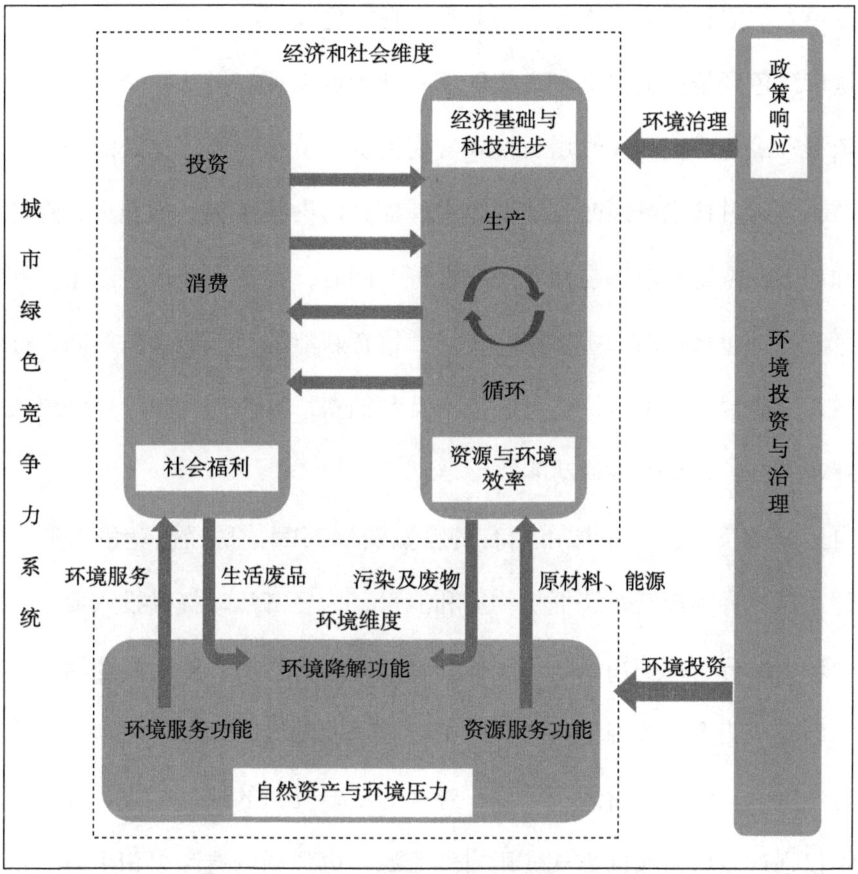

图 1-2 城市绿色竞争力系统的一般框架

经济增长与发展是一个城市竞争力的基本体现，反映了城市创造价值和增进社会福利的能力。当然，增长的过程必须是可持续的，许多处于快速城市化阶段的城市为了获取比较竞争优势，以急剧消耗自然资源和牺牲环境为代价换取高速增长，从长期来看，这种不可持续的增长模式必将削弱综合竞争力。只有当一个城市的经济增长是环境意义上可持续的，那么居民才可能获得真正生活质量的改善。科技进步是经济增长的源泉，也是维系一个城市持久竞争力的核心动力。当前，随着科技革命和产业革命要素的加快积累和成熟，科技创新正在孕育重大突破，科技创新已经并还将重塑全球的经济形态、改变世界竞争格局。为了抢占竞争优势，迫切要求进一步提高城市科技创新能力，重视科技研发投入、累积智力资本等创新要素。在绿色发展的新时代，科技创新也是打造城市绿色竞争力的关键。科技创新有助于城市现有经济的转型，使传统经济从依赖资源与环境的线性增长模式转变为资源节约与环境友好的循环发展模式，核心是通过技术升级改善资源效率、提升污染控制和治理能力、降低环境风险和危害、恢复和改进自然资产存量等。同时，科技创新还有助于拓展城市的绿色经济，包括创新和扩散绿色技术，培育新能源、节能环保等新兴绿色产业，融入全球绿色价值链，促进绿色产品和消费，从而创造新的经济增长点和新的就业机会，培育经济新动能。

自然资产反映了一个城市拥有的自然资源禀赋，是绿色竞争力形成的基础条件。自然界为经济系统提供物质和能量，为经济活动提供投入要素。历史上，全球大部分资源使用增长出现在高收入国家，当前，处于高速增长的发展中国家已经成为全球资源消费增长的中心。快速的城市化以不可持续的方式消耗着自然资源，淡水、耕地、能源、森林等主要资源的缺口严重。提升绿色竞争力不仅强调以可持续的方式使用自然资源，更强调创造和累积生态财富，即更多地投资生态系统，确保关键生态资本不减少甚至持续增加，这对于塑造城市可持续的竞争力具有重要意义。环境压力直接反映了城市发展对环境系统造成的影响。人类的生产和生活所产生的各类污染物及废弃物排放至环境系统中，如果超过了环境的吸收和降解能力，将使环境系统所能提供的服务和功能持续减少。良好的生态环境是最公平的公共产品，是最普惠的民生福祉。然而，城市发展在创造物质财富的同时，却使得环境危机愈演愈烈：全球变暖深刻威胁着人类福祉，它改变了原有的气候格局，使得极端自然灾害频繁发生；大气污染、水污染、土壤污染等环境问题层出不穷，通过直接和间接渠道对人类健康甚至生命安全造成威胁。塑造城市绿色竞争力要求通过创新的制度、政策、技术等以新的方式处理环境问题，使经济活动引致的环境压力呈现不断改善的趋势，降低环境风险和危害，从而增强城市环境的复原力和对经济社会发展的支撑力。

资源与环境效率衡量了城市价值创造对资源和环境的消耗程度，提升资源和环境效率不仅能使生产过程更加高效、清洁、低碳、循环、有弹性，同时也能减轻生产活动对环境系统造成的压力和损害。从资源效率来看，绿色竞争力本质上要求通过提高生产率水平、减少资源消耗、促进高附加值资源使用而促成资源利用效率的改进；从环境效率来看，绿色竞争力本质上要求以清洁生产替代末端治理，从而不断改善环境生产率、提升环境绩效。一个富有绿色竞争力的城市应当比其他城市具有更高的资源环境效率，这意味着其经济增长与资源消耗和环境污染之间能够实现脱钩。脱钩主要分为两类：相对脱钩，即资源消耗和环境污染增加的速度小于经济增长的速度；绝对脱钩，即经济增长的同时资源利用和环境污染减少。短期内，随着资源环境生产率的提高，技术驱动和转向资源密集程度更低的经济活动，相对脱钩是易于实现的，而绝对脱钩，需要对现有增长模式实行根本性的变革，包括技术、生产、消费乃至文化等，才能最终实现城市价值创造与生态环境改善的和谐统一。提升城市的绿色竞争力，既应当排除经济发展造成资源危机和环境损害的挂钩情形，也应当排除通过经济下滑带来的资源环境压力缓解效应，更应当排除经济下滑的同时资源环境仍旧受到损害的双负效应①。

政策响应是城市实现绿色增长目标和提升绿色竞争力的重要保障。政府是政策制定和引导市场活动的主体，环境投资与治理是政府政策行为的具体表现，体现了政府对环境问题的关注度和对环境管理的有效度，有助于优化经济活动的行为、纠正市场偏差、累积生态财富等。当然，政策响应不仅仅体现在

① 潘浩然．什么才是绿色发展？［N］．中国环境报，2017-03-29.

环境管理层面，更重要的是能够以绿色为目标，推出长期、连续、有效、创新的系列政策工具，包括利用价格工具提升资源环境系统的价值、激励绿色技术研发、完善碳税和交易机制、鼓励绿色金融和绿色投资等，这些政策能够实现政府行为与市场行为的有效衔接，有助于激发城市绿色增长的潜能，进一步形成绿色竞争优势。包容的绿色增长必须同时兼顾社会福利问题，一个具有绿色竞争力的城市最终的获益者是城市居民，即绿色竞争力的提升不能以损害社会福祉为代价，要有益于社会的安全、健康、平等、公平、自由。生活质量是社会福利的重要组成部分，富有绿色竞争力的城市能够为其居民创造更多的物质财富、提供就业、减少贫困、降低财富分配不公等。同时，随着人们对生态环境要求越来越高，生态环境在幸福指数中的地位不断凸显，一个运作良好的生态环境系统将为社会提供健康、安全和令人愉悦的环境产品和服务，干净的饮用水、清新的空气、优美的城市环境都成为改善居民生活质量的重要内容。

诚如课题组在前文中指出的，城市绿色竞争力的内涵包括了度量的含义，也包括了比较的内核。WEF、IMD 的全球竞争力研究、中国社会科学院的城市竞争力研究、OECD 的绿色增长研究等都相继开发和设置了竞争力的和绿色增长的监测和评价指标，中国官方也设置了《绿色发展指标体系》并于 2017 年首次发布了“中国绿色发展指数”。因此，仅仅从概念或理论上认识城市绿色竞争力是远远不够的，还需要基于其概念及理论的重要特征建立衡量城市绿色竞争力的具体评价指标，并对指标数据进行搜集，对数据做出测算和分析。本报告以测度和评价城市绿色竞争力为目标，根据城市绿色竞争力的内涵和理论框架，在经济基础与科技进步、自然资产与环境压力、资源与环境效率、政策响应与社会福利四大子系统下设置了系列评价指标，构建了中国城市绿色竞争力指标体系，通过数据挖掘和科学测度方法，对中国 290 个城市的绿色竞争力进行了测算和评估。希冀《中国城市绿色竞争力指数报告 2019》能为中国城市评估绿色竞争力提供一套可执行的方法，为引导各城市深入贯彻落实国家战略要求，在新理念指引下提升城市综合竞争力、在新时期迈向可持续高质量的发展提供决策参考。

二、中国城市绿色竞争力评价指标体系设计原则

在城市竞争力和绿色发展的理论框架下，经过专家研讨及课题组论证，本报告最终确定了中国城市绿色竞争力评价指标体系的设计原则。

（一）逻辑性原则

中国城市绿色竞争力指标体系并非只是经济运行和社会发展指标的简单堆砌，而是在已有扎实理论研究的基础之上，从绿色竞争力构成的各个方面，整体全面、逻辑严谨地总结城市绿色竞争力形成和发展的一般规律。同时，同一层级的各个指标可以独立反映上一层级指标的不同方面，各个指标相互支撑共同反映上一层级的指标特征。

（二）代表性原则

城市绿色竞争力的形成是相关要素系统运行的集成结果，因此构成城市绿色竞争力的指标体系必须采用重要且有代表性的指标。既要避免指标体系过于庞杂，又要避免指标过于单一对于测评结果和测评价值的削弱。同时，指标的代表性也意味着相应数据的可得性，这些对于研究目的的实现有着重要的意义。

（三）可比性原则

课题组在设计城市绿色竞争力指标评价体系时，力求所选指标具有明显的

可度量性，尽可能采用国际通用指标，以求在较长时期内和更广区域内更好地分析城市绿色竞争力形成的特点，为今后开展城市绿色竞争力的动态监测和对比提供扎实的系统支撑。

（四）导向性原则

课题组在进行指标选取时，同时注重指标蕴含的现实指导意义和绿色发展潜力，指标体系设计紧密结合城市绿色竞争力形成和发展的实际，选取的指标具有导向性。既有助于发现城市绿色竞争力形成中存在的短板，通过评价可以引导城市绿色发展，又可以通过具备前瞻性导向的评价指标体系激励城市绿色竞争力的培养和形成，为城市绿色发展指明方向。

三、中国城市绿色竞争力评价指标体系

基于经济增长和国家竞争力理论，结合绿色增长的理论内涵，并借鉴 OECD 绿色增长评价指标体系、“世界经济论坛”国家竞争力指标体系的设计方法，课题组分别从经济基础与科技进步、自然资产与环境压力、资源与环境效率、政策响应与社会福利四个方面全面设计并最终形成中国城市绿色竞争力指标体系。

具体而言，“经济基础与科技进步”反映城市的经济实力以及经济增长的源泉，包括技术进步、教育等因素，体现的是绿色竞争力第一大支柱，即“经济”层面的内容；“自然资产与环境压力”“资源与环境效率”主要反映各个城市的资源与环境状况，体现的是绿色竞争力第二大支柱，即“资源环境”层面的内容。需要说明的是，城市“资源环境”内容既包括城市本身的资源环境状况，同时也包含经济运行过程中资源环境的使用状况。且由于绿色竞争力更加注重资源利用与环境保护，如果单纯只设计 1 个一级指标并不能全面衡量资源环

境所涵盖的全部内容。因此，在经过专家研讨及课题组反复论证之后，将“资源环境”分解为2个一级指标，即“自然资产与环境压力”和“资源与环境效率”。前者体现城市的自然资本和环境负荷，后者则重点反映经济运行过程中的资源环境的生产效率。“政策响应与社会福利”反映政府和社会对环境的投资管理以及人民生活质量状况，体现绿色竞争力第三大支柱“社会”层面的内容。

在中国城市绿色竞争力评价体系基础之上，2018年，经过专家组多次研讨和论证，课题组对中国城市绿色竞争力指标的选取进行了多次调整和完善，并根据指标的可获得性，最终形成中国城市绿色竞争力指标体系，包括4个一级指标、8个二级指标以及44个三级指标。

同时，考虑到“十九大”对社会经济发展提出的新要求，以及绿色发展的新形势、新进展，课题组最终确定一级指标权重设计的思路为：在城市绿色竞争力的三大支柱中，给予第二大支柱“资源环境”相较于“经济”和“社会”另两大支柱更高的权重，而第二大支柱设置了2个一级指标，故将“自然资产与环境压力”“资源与环境效率”的指标权重分别定为20%、20%，同时，分别给予“经济基础与科技进步”及“政策响应与社会福利”各30%的权重。在此基础上，确定三级指标在一级指标下平均权重，然后“倒推加总”计算出相应的二级指标权重。具体指标体系设置如表1–1所示。

表1–1 中国城市绿色竞争力评价指标体系

一级指标	二级指标	三级指标	
经济基础与科技进步	经济基础	1. 人均地区生产总值	2. 地区财政收入
		3. 第一产业劳动生产率	4. 第二产业劳动生产率
		5. 第三产业劳动生产率	6. 第三产业增加值比重
	科技教育	7. 科技投入占公共财政支出比例	8. 万名从业人口中科学技术人员数
		9. 全市科技从业人员数占全省比重	10. 教育投入占公共财政支出比例
		11. 每万人在校大学生人数	

续表

一级指标	二级指标	三级指标	
自然资产与环境压力	资源储量	12. 人均耕地面积	13. 人均水资源量
		14. 人均绿地面积	15. 森林覆盖率
	环境压力	16. 单位土地面积二氧化硫排放量	17. 人均二氧化硫排放量
		18. 单位土地面积化学需氧量排量	19. 人均化学需氧量排放量
		20. 单位土地面积氮氧化物排放量	21. 人均氮氧化物排放量
		22. 单位土地面积氨氮排放量	23. 人均氨氮排放量
资源与环境效率	资源效率	24. 单位地区生产总值用水量	25. 工业固体废物综合利用率
	环境效率	26. 单位地区生产总值二氧化硫排放量	27. 单位地区生产总值化学需氧量排放量
		28. 单位地区生产总值氮氧化物排放量	29. 单位地区生产总值氨氮排放量
政策响应与社会福利	环境投资与治理	30. 城市污水处理投资占市政公用设施建设固定资产投资比重	31. 城市园林绿化投资占市政公用设施建设固定资产投资比重
		32. 城市市容环境卫生投资占市政公用设施建设固定资产投资比重	33. 城市垃圾处理投资占市政公用设施建设固定资产投资比重
		34. 节能保护支出占财政支出比重	35. 每万人拥有公共汽车数量
		36. 工业二氧化硫去除率	37. 工业烟尘排放达标率
		38. 城市污水处理率	39. 生活垃圾无害化处理率
	生活质量	40. 城镇居民人均可支配收入	41. 人均住房面积
		42. 建成区绿化覆盖率	43. 空气质量达到二级以上天数
		44. 可吸入颗粒物浓度（PM2.5）年均值	

注：本表内容由课题组在 2018 年在多次专家研讨会上讨论确定。

四、中国城市绿色竞争力测算方法

中国城市绿色竞争力的测算，需要保证评价方法和测度结果客观科学，更好地反映中国城市绿色竞争力探索的实践。为此，课题组与专家经过反复研讨及论证，最终确定采用“极差标准化法”（本报告统一简称为“极差法”）对 2016 年中国城市绿色竞争力指数进行测度[①]。

本报告采用“极差法”对城市绿色竞争力指数进行测算的过程，主要是对

① 数据的标准化是将数据按比例缩放，使之落入一个小的特定区间。这样去除数据的单位限制，将其转化为无量纲的纯数值，便于不同单位或量级的指标能够进行比较和加权。其中，最典型的就是“极差法”和“标准化法”。

44 个三级指标进行标准化处理。需要注意的是，这一标准化过程需要区分指标与城市绿色竞争力之间相关性的正负特征。正向指标与逆向指标的标准化过程存在一定区别。具体处理过程如下：

若是正向指标，即指标值越大，越有利于城市绿色竞争力的形成和发展，则该指标标准化的计算公式为：$X_i = \dfrac{x_i - x_{\min}}{x_{\max} - x_{\min}}$

若是逆向指标，即指标值越大，越不利于城市绿色竞争力的形成和发展，则该指标的标准化计算公式为：$X_i = \dfrac{x_{\max} - x_{\mathrm{i}}}{x_{\max} - x_{\min}}$

其中，X_i 为标准化处理之后的值；x_i 为指标原始值；$x_{\min}$ 为样本最小值；$x_{\max}$ 为样本最大值。

采用极差法进行数据标准化的好处是，以指标数据的极值为参照系，对原始数据进行线性变换，所得测算结果将会落到 0 至 1 的区间内，这样将使得数值之间差异较小、分布紧凑，且无负值产生。更为重要的是，相对于标准化法，极差法能够更好地实现城市绿色竞争力指数的纵向比较，可以保证后续《中国城市绿色竞争力指数报告》测算方法上的可比性，避免测算方法改变可能引起的结果偏差。

在经过标准化处理之后，按照确定的指标权重将各指标进行加权合成，即可得到上一级指标的综合得分。将四个一级指标加权综合后便可最终得出相应城市绿色竞争力指数。

五、中国城市绿色竞争力的测算结果及分析

在中国城市绿色竞争力评价指标体系的基础之上，课题组测算了 2016 年中国 290 个城市的“绿色竞争力指数”。具体测评城市如表 1–2 所示。

表 1-2　中国城市绿色竞争力指数测评城市

省（区、市）	城市个数	具体城市	省（区、市）	城市个数	具体城市
北京	1	北京	河南省	17	郑州、开封、洛阳、平顶山、安阳、鹤壁、新乡、焦作、濮阳、许昌、漯河、三门峡、南阳、商丘、信阳、周口、驻马店
天津	1	天津	湖北省	12	武汉、黄石、十堰、宜昌、襄阳、鄂州、荆门、孝感、荆州、黄冈、咸宁、随州
河北省	11	石家庄、唐山、秦皇岛、邯郸、邢台、保定、张家口、承德、沧州、廊坊、衡水	湖南省	13	长沙、株洲、湘潭、衡阳、邵阳、岳阳、常德、张家界、益阳、郴州、永州、怀化、娄底
山西省	11	太原、大同、阳泉、长治、晋城、朔州、晋中、运城、忻州、临汾、吕梁	广东省	21	广州、韶关、深圳、珠海、汕头、佛山、江门、湛江、茂名、肇庆、惠州、梅州、汕尾、河源、阳江、清远、东莞、中山、潮州、揭阳、云浮
内蒙古	9	呼和浩特、包头、乌海、赤峰、通辽、鄂尔多斯、呼伦贝尔、巴彦淖尔、乌兰察布	广西	14	南宁、柳州、桂林、梧州、北海、防城港、钦州、贵港、玉林、百色、贺州、河池、来宾、崇左
辽宁省	14	沈阳、大连、鞍山、抚顺、本溪、丹东、锦州、营口、阜新、辽阳、盘锦、铁岭、朝阳、葫芦岛	海南省	3	海口、三亚、儋州
吉林省	8	长春、吉林、四平、辽源、通辽、白山、松原、白城	重庆	1	重庆
黑龙江	12	哈尔滨、齐齐哈尔、鸡西、鹤岗、双鸭山、大庆、伊春、佳木斯、七台河、牡丹江、黑河、绥化	四川省	18	成都、自贡、攀枝花、泸州、德阳、绵阳、广元、遂宁、内江、乐山、南充、眉山、宜宾、广安、达州、雅安、巴中、资阳
上海	1	上海	贵州省	6	贵阳、六盘水、遵义、安顺、毕节、铜仁
江苏省	13	南京、无锡、徐州、常州、苏州、南通、连云港、淮安、盐城、扬州、镇江、泰州、宿迁	云南省	8	昆明、曲靖、玉溪、保山、昭通、丽江、普洱、临沧

续表

省（区、市）	城市个数	具体城市	省（区、市）	城市个数	具体城市
浙江省	11	杭州、宁波、温州、嘉兴、湖州、绍兴、金华、衢州、舟山、台州、丽水	西藏	1	拉萨
安徽省	16	合肥、芜湖、蚌埠、淮南、马鞍山、淮北、铜陵、安庆、黄山、滁州、阜阳、宿州、六安、亳州、池州、宣城	陕西省	10	西安、铜川、宝鸡、咸阳、渭南、延安、汉中、榆林、安康、商洛
福建省	9	福州、厦门、莆田、三明、泉州、漳州、南平、龙岩、宁德	甘肃省	12	兰州、嘉峪关、金昌、白银、天水、武威、张掖、平凉、酒泉、庆阳、定西、陇南
江西省	11	南昌、景德镇、萍乡、九江、新余、鹰潭、赣州、吉安、宜春、抚州、上饶	青海省	2	西宁、海东
山东省	17	济南、青岛、淄博、枣庄、东营、烟台、潍坊、济宁、泰安、威海、日照、莱芜、临沂、德州、聊城、滨州、菏泽	宁夏	5	银川、石嘴山、吴忠、固原、中卫
			新疆	2	乌鲁木齐、克拉玛依

（一）中国城市绿色竞争力指数测算结果

根据2016年的数据，按照中国城市绿色竞争力指标体系，课题组测算了中国290个城市的绿色竞争力指数。具体指数及其排名如表1–3所示。

表1–3　中国290个城市绿色竞争力指数及排名

城市	绿色竞争力综合指数		经济基础与科技进步		自然资产与环境压力		资源与环境效率		政策响应与社会福利	
	指数值	排名	分指数	排名	分指数	排名	分指数	排名	分指数	排名
北京	0.3972	1	0.1554	1	0.0156	162	0.0834	4	0.1428	14
深圳	0.3953	2	0.1096	13	0.0239	63	0.0946	2	0.1671	6
三亚	0.3660	3	0.0833	41	0.0224	79	0.0719	14	0.1883	1
广州	0.3552	4	0.1393	2	0.0172	137	0.0562	47	0.1424	15
鄂尔多斯	0.3549	5	0.0992	18	0.0239	64	0.0611	31	0.1707	3

续表

城市	绿色竞争力综合指数		经济基础与科技进步		自然资产与环境压力		资源与环境效率		政策响应与社会福利	
	指数值	排名	分指数	排 名	分指数	排 名	分指数	排 名	分指数	排 名
西安	0.3387	6	0.1139	9	0.0348	24	0.0716	15	0.1184	174
厦门	0.3384	7	0.0812	46	0.0303	36	0.0730	13	0.1539	7
长沙	0.3363	8	0.1109	11	0.0243	60	0.0671	19	0.1339	42
青岛	0.3325	9	0.0948	24	0.0225	77	0.0833	5	0.1319	51
上海	0.3325	10	0.1391	3	0.0073	282	0.0493	85	0.1367	32
东莞	0.3284	11	0.0902	29	0.0193	108	0.0358	212	0.1831	2
海口	0.3253	12	0.1014	16	0.0158	158	0.0383	190	0.1699	4
南宁	0.3231	13	0.0780	50	0.0382	13	0.0755	9	0.1315	54
庆阳	0.3227	14	0.0401	247	0.0572	3	0.1110	1	0.1144	214
威海	0.3208	15	0.0900	30	0.0158	157	0.0734	11	0.1415	17
南京	0.3190	16	0.1239	5	0.0131	202	0.0433	136	0.1387	26
杭州	0.3124	17	0.1174	8	0.0188	113	0.0461	112	0.1300	66
梅州	0.3065	18	0.0430	223	0.0657	2	0.0604	33	0.1374	30
安康	0.3048	19	0.0509	159	0.0507	5	0.0854	3	0.1178	179
天津	0.3041	20	0.1283	4	0.0064	287	0.0554	49	0.1140	217
福州	0.3031	21	0.0869	36	0.0175	132	0.0620	29	0.1367	33
呼和浩特	0.3000	22	0.1194	7	0.0135	194	0.0347	221	0.1324	50
武汉	0.2997	23	0.1224	6	0.0081	278	0.0458	113	0.1234	114
珠海	0.2985	24	0.0944	25	0.0111	240	0.0417	156	0.1513	9
济南	0.2973	25	0.1013	17	0.0126	210	0.0643	24	0.1190	165
温州	0.2957	26	0.0722	60	0.0313	34	0.0571	44	0.1351	39
酒泉	0.2930	27	0.0521	139	0.0749	1	0.0480	95	0.1180	178
烟台	0.2905	28	0.0833	42	0.0154	164	0.0611	32	0.1308	60
苏州	0.2904	29	0.1035	15	0.0087	272	0.0437	128	0.1346	41
中山	0.2897	30	0.0776	51	0.0133	198	0.0629	28	0.1359	35
无锡	0.2882	31	0.0987	21	0.0081	277	0.0480	96	0.1335	44
合肥	0.2879	32	0.0987	20	0.0138	187	0.0466	108	0.1287	76
舟山	0.2877	33	0.0524	137	0.0254	53	0.0634	27	0.1464	11
贺州	0.2865	34	0.0536	129	0.0445	8	0.0601	35	0.1282	78
桂林	0.2851	35	0.0572	108	0.0363	17	0.0686	17	0.1230	119

续表

城市	绿色竞争力综合指数		经济基础与科技进步		自然资产与环境压力		资源与环境效率		政策响应与社会福利	
	指数值	排名	分指数	排 名	分指数	排 名	分指数	排 名	分指数	排 名
宁波	0.2851	36	0.0802	48	0.0143	179	0.0501	81	0.1405	19
乌兰察布	0.2844	37	0.0544	122	0.0293	40	0.0564	46	0.1443	13
台州	0.2840	38	0.0643	76	0.0213	87	0.0571	43	0.1412	18
昆明	0.2838	39	0.0988	19	0.0136	193	0.0295	261	0.1419	16
镇江	0.2835	40	0.0916	28	0.0092	266	0.0476	98	0.1351	38
儋州	0.2832	41	0.0558	117	0.0162	151	0.0418	154	0.1694	5
兰州	0.2831	42	0.1133	10	0.0087	270	0.0494	83	0.1116	233
定西	0.2813	43	0.0423	233	0.0559	4	0.0809	7	0.1022	275
北海	0.2811	44	0.0586	103	0.0260	51	0.0694	16	0.1272	86
常州	0.2798	45	0.0969	23	0.0102	255	0.0490	88	0.1237	111
张家界	0.2785	46	0.0576	107	0.0360	18	0.0750	10	0.1099	249
泉州	0.2782	47	0.0651	74	0.0168	142	0.0565	45	0.1397	22
钦州	0.2778	48	0.0499	165	0.0441	9	0.0600	36	0.1237	110
武威	0.2777	49	0.0513	151	0.0377	15	0.0645	23	0.1242	105
包头	0.2772	50	0.0939	26	0.0113	234	0.0333	236	0.1387	28
长春	0.2769	51	0.0879	34	0.0161	154	0.0581	41	0.1148	209
信阳	0.2766	52	0.0463	195	0.0317	32	0.0817	6	0.1169	193
嘉兴	0.2765	53	0.0719	61	0.0144	177	0.0509	74	0.1393	24
绍兴	0.2758	54	0.0802	47	0.0203	97	0.0415	158	0.1338	43
佛山	0.2756	55	0.0759	52	0.0096	261	0.0379	195	0.1522	8
天水	0.2753	56	0.0512	155	0.0430	10	0.0665	20	0.1147	211
松原	0.2750	57	0.0516	147	0.0320	30	0.0683	18	0.1232	117
乌鲁木齐	0.2748	58	0.1103	12	0.0084	275	0.0338	231	0.1224	127
金华	0.2741	59	0.0629	78	0.0187	115	0.0597	37	0.1328	46
东营	0.2730	60	0.0814	45	0.0110	242	0.0544	54	0.1264	94
郑州	0.2707	61	0.0927	27	0.0113	233	0.0478	97	0.1188	167
沈阳	0.2705	62	0.0861	37	0.0164	149	0.0435	131	0.1245	103
沧州	0.2704	63	0.0741	55	0.0174	135	0.0603	34	0.1186	171
玉林	0.2702	64	0.0520	143	0.0397	12	0.0640	25	0.1145	213
泰州	0.2701	65	0.0660	73	0.0121	216	0.0639	26	0.1281	80

续表

城市	绿色竞争力综合指数		经济基础与科技进步		自然资产与环境压力		资源与环境效率		政策响应与社会福利	
	指数值	排名	分指数	排 名	分指数	排 名	分指数	排 名	分指数	排 名
哈尔滨	0.2695	66	0.0843	40	0.0203	94	0.0553	51	0.1096	251
江门	0.2692	67	0.0601	93	0.0359	19	0.0518	66	0.1214	137
黄山	0.2691	68	0.0518	146	0.0379	14	0.0396	176	0.1398	21
毕节	0.2690	69	0.0753	54	0.0236	69	0.0475	100	0.1226	123
扬州	0.2689	70	0.0713	62	0.0113	235	0.0545	53	0.1318	52
南通	0.2675	71	0.0756	53	0.0138	186	0.0512	71	0.1268	91
大庆	0.2663	72	0.0893	31	0.0156	163	0.0258	272	0.1356	36
廊坊	0.2662	73	0.0711	63	0.0118	225	0.0584	40	0.1249	100
宁德	0.2651	74	0.0437	218	0.0264	46	0.0732	12	0.1217	133
固原	0.2646	75	0.0536	128	0.0327	28	0.0574	42	0.1209	142
太原	0.2644	76	0.1036	14	0.0085	273	0.0275	268	0.1247	102
三明	0.2644	77	0.0626	81	0.0203	96	0.0524	64	0.1292	72
惠州	0.2640	78	0.0594	96	0.0176	131	0.0415	159	0.1455	12
南昌	0.2639	79	0.0882	33	0.0099	259	0.0419	152	0.1239	107
防城港	0.2636	80	0.0477	186	0.0260	50	0.0791	8	0.1108	245
茂名	0.2632	81	0.0611	89	0.0165	147	0.0528	61	0.1328	47
潍坊	0.2629	82	0.0723	59	0.0127	209	0.0514	68	0.1265	93
成都	0.2611	83	0.0888	32	0.0153	165	0.0409	168	0.1161	199
贵阳	0.2608	84	0.0981	22	0.0119	222	0.0180	285	0.1327	48
大连	0.2605	85	0.0792	49	0.0097	260	0.0427	143	0.1289	75
丽水	0.2601	86	0.0692	66	0.0248	55	0.0468	104	0.1193	163
漳州	0.2597	87	0.0570	110	0.0232	73	0.0524	63	0.1271	88
龙岩	0.2587	88	0.0589	98	0.0246	58	0.0441	125	0.1312	59
许昌	0.2573	89	0.0724	58	0.0101	256	0.0540	55	0.1209	141
石家庄	0.2566	90	0.0860	38	0.0121	218	0.0417	157	0.1169	194
通辽	0.2565	91	0.0579	106	0.0199	103	0.0513	70	0.1273	84
铜仁	0.2561	92	0.0609	90	0.0218	84	0.0336	233	0.1399	20
柳州	0.2557	93	0.0594	97	0.0229	75	0.0511	72	0.1224	125
白城	0.2557	94	0.0462	196	0.0348	23	0.0654	22	0.1093	252
拉萨	0.2553	95	0.0854	39	0.0297	38	0.0127	288	0.1274	82

续表

城市	绿色竞争力综合指数		经济基础与科技进步		自然资产与环境压力		资源与环境效率		政策响应与社会福利	
	指数值	排名	分指数	排 名	分指数	排 名	分指数	排 名	分指数	排 名
湖州	0.2552	96	0.0661	72	0.0119	221	0.0468	105	0.1304	64
汕尾	0.2550	97	0.0404	246	0.0317	31	0.0517	67	0.1312	58
莆田	0.2550	98	0.0550	119	0.0264	47	0.0513	69	0.1223	128
榆林	0.2536	99	0.0600	94	0.0127	207	0.0657	21	0.1151	204
南平	0.2532	100	0.0515	148	0.0306	35	0.0507	75	0.1204	149
重庆	0.2530	101	0.0818	44	0.0143	180	0.0353	215	0.1215	136
泰安	0.2519	102	0.0612	88	0.0151	167	0.0594	38	0.1162	198
芜湖	0.2512	103	0.0823	43	0.0078	281	0.0423	149	0.1188	169
郴州	0.2511	104	0.0567	112	0.0201	100	0.0436	129	0.1306	62
鹰潭	0.2508	105	0.0452	210	0.0219	82	0.0473	101	0.1364	34
常德	0.2506	106	0.0623	84	0.0186	118	0.0501	79	0.1196	160
河源	0.2502	107	0.0423	232	0.0288	41	0.0457	117	0.1334	45
淄博	0.2500	108	0.0736	56	0.0105	248	0.0434	132	0.1225	124
新余	0.2494	109	0.0689	67	0.0143	181	0.0391	181	0.1271	89
梧州	0.2483	110	0.0505	163	0.0367	16	0.0523	65	0.1087	255
克拉玛依	0.2481	111	0.0613	87	0.0111	239	0.0292	262	0.1465	10
呼伦贝尔	0.2478	112	0.0512	156	0.0355	20	0.0409	167	0.1201	155
徐州	0.2475	113	0.0693	65	0.0116	228	0.0526	62	0.1139	218
潮州	0.2472	114	0.0545	121	0.0206	92	0.0428	141	0.1293	70
安顺	0.2467	115	0.0497	167	0.0182	125	0.0471	102	0.1317	53
湛江	0.2467	116	0.0587	102	0.0136	191	0.0436	130	0.1307	61
蚌埠	0.2463	117	0.0629	77	0.0159	156	0.0445	123	0.1229	122
汕头	0.2457	118	0.0544	123	0.0139	185	0.0394	177	0.1380	29
衢州	0.2457	119	0.0602	92	0.0184	123	0.0391	182	0.1279	81
百色	0.2454	120	0.0469	190	0.0338	26	0.0351	219	0.1296	68
西宁	0.2448	121	0.0870	35	0.0095	262	0.0353	216	0.1130	224
河池	0.2446	122	0.0438	216	0.0486	6	0.0438	127	0.1085	258
商洛	0.2446	123	0.0394	250	0.0300	37	0.0550	52	0.1202	153
株洲	0.2442	124	0.0547	120	0.0187	114	0.0411	165	0.1297	67
遵义	0.2436	125	0.0624	83	0.0184	121	0.0344	224	0.1284	77

续表

城市	绿色竞争力综合指数		经济基础与科技进步		自然资产与环境压力		资源与环境效率		政策响应与社会福利	
	指数值	排名	分指数	排 名	分指数	排 名	分指数	排 名	分指数	排 名
盐城	0.2429	126	0.0626	82	0.0122	213	0.0532	60	0.1149	208
丹东	0.2418	127	0.0520	141	0.0232	72	0.0413	161	0.1253	98
吉安	0.2417	128	0.0453	206	0.0240	62	0.0489	90	0.1235	112
巴彦淖尔	0.2417	129	0.0527	135	0.0194	107	0.0324	242	0.1372	31
锦州	0.2407	130	0.0509	160	0.0167	144	0.0386	187	0.1346	40
济宁	0.2404	131	0.0598	95	0.0121	219	0.0483	93	0.1203	150
马鞍山	0.2404	132	0.0667	70	0.0069	285	0.0355	214	0.1314	56
白银	0.2398	133	0.0375	263	0.0233	71	0.0499	82	0.1291	73
韶关	0.2397	134	0.0498	166	0.0201	101	0.0311	253	0.1387	27
阳江	0.2392	135	0.0466	193	0.0166	145	0.0447	122	0.1314	55
佳木斯	0.2388	136	0.0419	236	0.0353	21	0.0457	116	0.1159	202
随州	0.2388	137	0.0453	207	0.0467	7	0.0490	87	0.0978	282
秦皇岛	0.2382	138	0.0688	68	0.0132	199	0.0342	226	0.1220	131
延安	0.2377	139	0.0399	248	0.0241	61	0.0505	77	0.1232	115
池州	0.2374	140	0.0514	150	0.0192	110	0.0413	162	0.1256	97
淮北	0.2373	141	0.0684	69	0.0073	283	0.0386	186	0.1230	121
岳阳	0.2373	142	0.0621	85	0.0199	102	0.0369	207	0.1183	177
银川	0.2371	143	0.0706	64	0.0078	280	0.0322	244	0.1265	92
保定	0.2371	144	0.0629	79	0.0184	122	0.0506	76	0.1052	268
通化	0.2369	145	0.0445	214	0.0201	99	0.0397	175	0.1325	49
宣城	0.2369	146	0.0538	126	0.0198	104	0.0421	151	0.1211	139
九江	0.2356	147	0.0584	104	0.0171	140	0.0310	254	0.1291	74
铜陵	0.2353	148	0.0587	100	0.0084	274	0.0370	206	0.1312	57
日照	0.2350	149	0.0607	91	0.0122	214	0.0447	121	0.1173	187
聊城	0.2347	150	0.0513	152	0.0135	195	0.0457	118	0.1243	104
张掖	0.2346	151	0.0518	145	0.0218	83	0.0412	163	0.1198	159
莱芜	0.2344	152	0.0565	115	0.0111	238	0.0465	109	0.1203	151
连云港	0.2343	153	0.0580	105	0.0131	201	0.0442	124	0.1190	166
临沂	0.2340	154	0.0588	99	0.0141	183	0.0487	92	0.1124	229
揭阳	0.2336	155	0.0480	184	0.0246	57	0.0338	230	0.1271	87

续表

城市	绿色竞争力综合指数		经济基础与科技进步		自然资产与环境压力		资源与环境效率		政策响应与社会福利	
	指数值	排名	分指数	排 名	分指数	排 名	分指数	排 名	分指数	排 名
平凉	0.2331	156	0.0411	242	0.0225	78	0.0490	89	0.1206	147
攀枝花	0.2331	157	0.0481	183	0.0203	95	0.0343	225	0.1304	63
白山	0.2329	158	0.0387	256	0.0156	161	0.0433	135	0.1354	37
玉溪	0.2321	159	0.0488	176	0.0296	39	0.0303	258	0.1234	113
辽源	0.2320	160	0.0487	179	0.0123	212	0.0535	59	0.1175	183
绵阳	0.2317	161	0.0661	71	0.0186	117	0.0384	189	0.1086	256
安庆	0.2316	162	0.0493	174	0.0185	119	0.0426	146	0.1212	138
淮安	0.2313	163	0.0567	113	0.0134	196	0.0427	142	0.1185	173
四平	0.2312	164	0.0527	134	0.0150	169	0.0476	99	0.1160	201
周口	0.2311	165	0.0349	273	0.0322	29	0.0612	30	0.1028	272
洛阳	0.2307	166	0.0735	57	0.0149	171	0.0313	252	0.1109	243
德州	0.2301	167	0.0572	109	0.0134	197	0.0470	103	0.1126	227
朝阳	0.2296	168	0.0366	267	0.0280	43	0.0535	58	0.1115	235
大同	0.2292	169	0.0504	164	0.0108	246	0.0388	184	0.1292	71
滨州	0.2282	170	0.0647	75	0.0105	249	0.0291	263	0.1239	106
湘潭	0.2278	171	0.0519	144	0.0119	223	0.0418	155	0.1223	129
景德镇	0.2276	172	0.0496	169	0.0174	134	0.0381	192	0.1224	126
怀化	0.2273	173	0.0522	138	0.0284	42	0.0272	270	0.1195	161
丽江	0.2273	174	0.0497	168	0.0259	52	0.0317	248	0.1200	156
驻马店	0.2255	175	0.0388	254	0.0196	105	0.0511	73	0.1161	200
唐山	0.2253	176	0.0617	86	0.0100	257	0.0361	209	0.1175	180
遂宁	0.2252	177	0.0332	282	0.0206	91	0.0457	115	0.1257	96
亳州	0.2252	178	0.0446	213	0.0225	76	0.0455	120	0.1126	228
六安	0.2250	179	0.0358	271	0.0336	27	0.0325	241	0.1232	116
枣庄	0.2247	180	0.0513	153	0.0115	229	0.0467	106	0.1152	203
十堰	0.2241	181	0.0364	269	0.0262	49	0.0345	223	0.1270	90
曲靖	0.2240	182	0.0412	240	0.0122	215	0.0425	147	0.1282	79
铜川	0.2238	183	0.0408	243	0.0161	152	0.0494	84	0.1175	182
邯郸	0.2235	184	0.0493	173	0.0112	237	0.0458	114	0.1171	188
广安	0.2234	185	0.0520	142	0.0107	247	0.0432	139	0.1175	185

续表

城市	绿色竞争力综合指数		经济基础与科技进步		自然资产与环境压力		资源与环境效率		政策响应与社会福利	
	指数值	排名	分指数	排 名	分指数	排 名	分指数	排 名	分指数	排 名
赣州	0.2230	186	0.0507	162	0.0230	74	0.0323	243	0.1170	190
朔州	0.2227	187	0.0538	127	0.0121	217	0.0370	204	0.1198	158
承德	0.2225	188	0.0521	140	0.0220	81	0.0277	267	0.1207	143
来宾	0.2225	189	0.0452	209	0.0254	54	0.0346	222	0.1173	186
汉中	0.2224	190	0.0482	182	0.0181	126	0.0411	166	0.1149	206
宿迁	0.2222	191	0.0479	185	0.0136	192	0.0492	86	0.1115	234
菏泽	0.2222	192	0.0492	175	0.0149	170	0.0501	80	0.1080	261
安阳	0.2219	193	0.0488	177	0.0103	251	0.0539	57	0.1089	253
张家口	0.2210	194	0.0475	188	0.0172	139	0.0289	264	0.1274	83
宿州	0.2209	195	0.0429	225	0.0149	172	0.0426	145	0.1205	148
六盘水	0.2206	196	0.0533	131	0.0115	230	0.0337	232	0.1221	130
益阳	0.2206	197	0.0446	212	0.0180	127	0.0406	170	0.1175	184
宜宾	0.2203	198	0.0393	251	0.0238	66	0.0432	137	0.1140	216
萍乡	0.2202	199	0.0472	189	0.0162	150	0.0379	194	0.1188	168
滁州	0.2199	200	0.0511	157	0.0129	205	0.0368	208	0.1192	164
南阳	0.2199	201	0.0462	197	0.0247	56	0.0378	197	0.1113	237
吕梁	0.2199	202	0.0380	260	0.0093	264	0.0556	48	0.1170	191
清远	0.2198	203	0.0530	132	0.0351	22	0.0373	202	0.0944	284
黄石	0.2198	204	0.0486	180	0.0093	265	0.0383	191	0.1237	109
漯河	0.2196	205	0.0356	272	0.0203	93	0.0554	50	0.1082	259
赤峰	0.2195	206	0.0525	136	0.0191	111	0.0248	273	0.1230	118
吉林	0.2194	207	0.0627	80	0.0141	182	0.0206	280	0.1219	132
黄冈	0.2194	208	0.0387	255	0.0245	59	0.0413	160	0.1149	207
绥化	0.2190	209	0.0342	276	0.0278	44	0.0540	56	0.1031	271
黑河	0.2188	210	0.0241	288	0.0414	11	0.0237	274	0.1296	69
阜新	0.2186	211	0.0406	244	0.0213	89	0.0361	210	0.1206	146
乌海	0.2184	212	0.0587	101	0.0057	288	0.0236	275	0.1303	65
晋中	0.2167	213	0.0559	116	0.0109	244	0.0313	251	0.1186	172
衡阳	0.2163	214	0.0514	149	0.0143	178	0.0377	198	0.1129	226
永州	0.2156	215	0.0462	198	0.0237	67	0.0405	171	0.1053	267

续表

城市	绿色竞争力综合指数		经济基础与科技进步		自然资产与环境压力		资源与环境效率		政策响应与社会福利	
	指数值	排名	分指数	排 名	分指数	排 名	分指数	排 名	分指数	排 名
昭通	0.2155	216	0.0425	231	0.0170	141	0.0398	174	0.1163	195
广元	0.2154	217	0.0372	264	0.0233	70	0.0432	138	0.1117	232
平顶山	0.2153	218	0.0454	205	0.0118	224	0.0463	111	0.1118	231
咸宁	0.2152	219	0.0460	199	0.0187	116	0.0488	91	0.1017	276
濮阳	0.2150	220	0.0412	239	0.0161	153	0.0465	110	0.1111	239
中卫	0.2150	221	0.0528	133	0.0089	269	0.0422	150	0.1111	240
云浮	0.2149	222	0.0411	241	0.0193	109	0.0315	249	0.1230	120
葫芦岛	0.2143	223	0.0416	237	0.0173	136	0.0403	173	0.1150	205
宜春	0.2141	224	0.0442	215	0.0172	138	0.0327	240	0.1200	157
娄底	0.2133	225	0.0405	245	0.0132	200	0.0433	134	0.1162	197
嘉峪关	0.2126	226	0.0494	172	0.0055	289	0.0188	284	0.1389	25
开封	0.2126	227	0.0456	203	0.0144	176	0.0456	119	0.1070	262
咸阳	0.2125	228	0.0456	202	0.0153	166	0.0431	140	0.1086	257
铁岭	0.2117	229	0.0388	253	0.0202	98	0.0341	227	0.1186	170
晋城	0.2114	230	0.0425	230	0.0072	284	0.0380	193	0.1238	108
宝鸡	0.2112	231	0.0463	194	0.0185	120	0.0332	238	0.1133	221
长治	0.2111	232	0.0468	191	0.0108	245	0.0318	245	0.1216	135
牡丹江	0.2110	233	0.0510	158	0.0213	88	0.0375	201	0.1011	279
衡水	0.2109	234	0.0430	224	0.0195	106	0.0586	39	0.0899	286
雅安	0.2107	235	0.0385	258	0.0218	85	0.0335	234	0.1170	192
七台河	0.2104	236	0.0298	285	0.0183	124	0.0352	218	0.1272	85
阜阳	0.2102	237	0.0432	221	0.0177	130	0.0394	178	0.1100	248
贵港	0.2100	238	0.0553	118	0.0148	174	0.0373	203	0.1026	273
鞍山	0.2098	239	0.0533	130	0.0125	211	0.0328	239	0.1112	238
崇左	0.2094	240	0.0565	114	0.0342	25	0.0392	180	0.0796	290
荆门	0.2093	241	0.0384	259	0.0146	175	0.0314	250	0.1249	101
焦作	0.2086	242	0.0459	200	0.0080	279	0.0341	228	0.1206	144
忻州	0.2084	243	0.0428	226	0.0112	236	0.0360	211	0.1183	175
邢台	0.2078	244	0.0458	201	0.0102	253	0.0466	107	0.1052	269
宜昌	0.2076	245	0.0542	125	0.0177	129	0.0211	278	0.1147	210

续表

城市	绿色竞争力综合指数		经济基础与科技进步		自然资产与环境压力		资源与环境效率		政策响应与社会福利	
	指数值	排名	分指数	排 名	分指数	排 名	分指数	排 名	分指数	排 名
渭南	0.2069	246	0.0433	220	0.0130	204	0.0439	126	0.1068	264
新乡	0.2066	247	0.0508	161	0.0117	227	0.0309	256	0.1132	222
普洱	0.2064	248	0.0438	217	0.0275	45	0.0176	286	0.1175	181
运城	0.2060	249	0.0456	204	0.0099	258	0.0299	259	0.1206	145
三门峡	0.2056	250	0.0476	187	0.0140	184	0.0335	235	0.1105	246
肇庆	0.2055	251	0.0542	124	0.0190	112	0.0210	279	0.1114	236
商丘	0.2055	252	0.0342	277	0.0165	146	0.0481	94	0.1066	265
泸州	0.2048	253	0.0377	262	0.0157	159	0.0403	172	0.1111	241
海东	0.2048	254	0.0568	111	0.0095	263	0.0503	78	0.0883	287
邵阳	0.2046	255	0.0371	265	0.0206	90	0.0332	237	0.1136	220
自贡	0.2043	256	0.0468	192	0.0137	190	0.0423	148	0.1014	278
鄂州	0.2041	257	0.0487	178	0.0066	286	0.0378	196	0.1110	242
乐山	0.2033	258	0.0448	211	0.0103	252	0.0386	185	0.1096	250
鸡西	0.2030	259	0.0250	287	0.0238	65	0.0348	220	0.1194	162
临汾	0.2028	260	0.0421	235	0.0090	267	0.0370	205	0.1146	212
襄阳	0.2026	261	0.0484	181	0.0165	148	0.0289	265	0.1088	254
吴忠	0.2020	262	0.0363	270	0.0131	203	0.0273	269	0.1253	99
陇南	0.2020	263	0.0391	252	0.0237	68	0.0357	213	0.1035	270
抚州	0.2014	264	0.0371	266	0.0221	80	0.0352	217	0.1070	263
德阳	0.2011	265	0.0496	170	0.0083	276	0.0309	255	0.1122	230
石嘴山	0.2004	266	0.0495	171	0.0089	268	0.0218	277	0.1202	154
保山	0.2001	267	0.0379	261	0.0138	188	0.0376	199	0.1108	244
淮南	0.1997	268	0.0425	229	0.0045	290	0.0317	246	0.1210	140
鹤壁	0.1996	269	0.0340	279	0.0104	250	0.0409	169	0.1142	215
眉山	0.1986	270	0.0427	227	0.0110	243	0.0388	183	0.1061	266
上饶	0.1975	271	0.0413	238	0.0217	86	0.0129	287	0.1217	134
荆州	0.1972	272	0.0422	234	0.0157	160	0.0230	276	0.1163	196
本溪	0.1969	273	0.0427	228	0.0167	143	0.0192	282	0.1183	176
临沧	0.1961	274	0.0342	278	0.0175	133	0.0419	153	0.1024	274
双鸭山	0.1942	275	0.0331	283	0.0177	128	0.0296	260	0.1138	219

续表

城市	绿色竞争力综合指数		经济基础与科技进步		自然资产与环境压力		资源与环境效率		政策响应与社会福利	
	指数值	排名	分指数	排 名	分指数	排 名	分指数	排 名	分指数	排 名
阳泉	0.1934	276	0.0512	154	0.0102	254	0.0189	283	0.1131	223
抚顺	0.1931	277	0.0398	249	0.0137	189	0.0193	281	0.1202	152
内江	0.1927	278	0.0348	274	0.0087	271	0.0411	164	0.1081	260
孝感	0.1925	279	0.0336	281	0.0115	231	0.0305	257	0.1171	189
齐齐哈尔	0.1914	280	0.0364	268	0.0262	48	0.0272	271	0.1015	277
金昌	0.1897	281	0.0308	284	0.0114	232	0.0080	289	0.1395	23
达州	0.1896	282	0.0430	222	0.0120	220	0.0393	179	0.0952	283
盘锦	0.1890	283	0.0386	257	0.0117	226	0.0385	188	0.1003	280
营口	0.1879	284	0.0452	208	0.0127	208	0.0426	144	0.0873	288
伊春	0.1873	285	0.0176	290	0.0315	33	0.0279	266	0.1103	247
辽阳	0.1868	286	0.0433	219	0.0128	206	0.0049	290	0.1257	95
资阳	0.1821	287	0.0337	280	0.0111	241	0.0434	133	0.0940	285
鹤岗	0.1795	288	0.0201	289	0.0148	173	0.0317	247	0.1129	225
巴中	0.1740	289	0.0262	286	0.0151	168	0.0340	229	0.0987	281
南充	0.1694	290	0.0344	275	0.0160	155	0.0375	200	0.0815	289

注：1. 本表根据“中国城市绿色竞争力评价指标体系”，依据各指标 2016 年数据测算而得；2. 本表中各测评城市按照绿色竞争力综合指数的指数值从大到小排序；3. 本表中绿色竞争力综合指数等于经济基础与科技进步、自然资产与环境压力、资源与环境效率和政策响应与社会福利四个一级指标分数之和；4. 本表测算结果保留 4 位小数，如果指数相同排名相同说明两市测算的指数完全一样，如果指数相同但排名不同则是小数点四舍五入的结果，说明指数值在小数点后 4 位之后有差异，本报告此后所有测算结果均采用该方法保留 4 位小数；5. 以上数据及排名根据《中国统计年鉴 2017》《中国城市统计年鉴 2017》《中国环境统计年鉴 2017》《2016 中国环境统计年报》《中国省市经济发展年鉴 2017》《中国城市建设统计年鉴 2017》《国泰安数据库 – 经济研究系列区域经济库》等测算。

（二）城市绿色竞争力指数的分布与比较

在参与测算的 290 个城市中，城市绿色竞争力综合指数平均值为 0.2434，其中，有 125 个城市的绿色竞争力指数高于平均水平，165 个城市的绿色竞争力指数低于平均水平。综合指数最高的城市是北京，达到 0.3972；最低的城市是南充，仅为 0.1694。综合指数排在前 20 位的城市依次是：北京、深圳、三亚、广州、鄂尔多斯、西安、厦门、长沙、青岛、上海、东莞、海口、南宁、庆阳、威海、南京、杭州、梅州、安康和天津。根据表 1–3，报告同时绘出了 2016 年中国城市绿色竞争力指数排名前 20 城市和排名后 20 城市的比较图，具体分布情况见图 1–3。

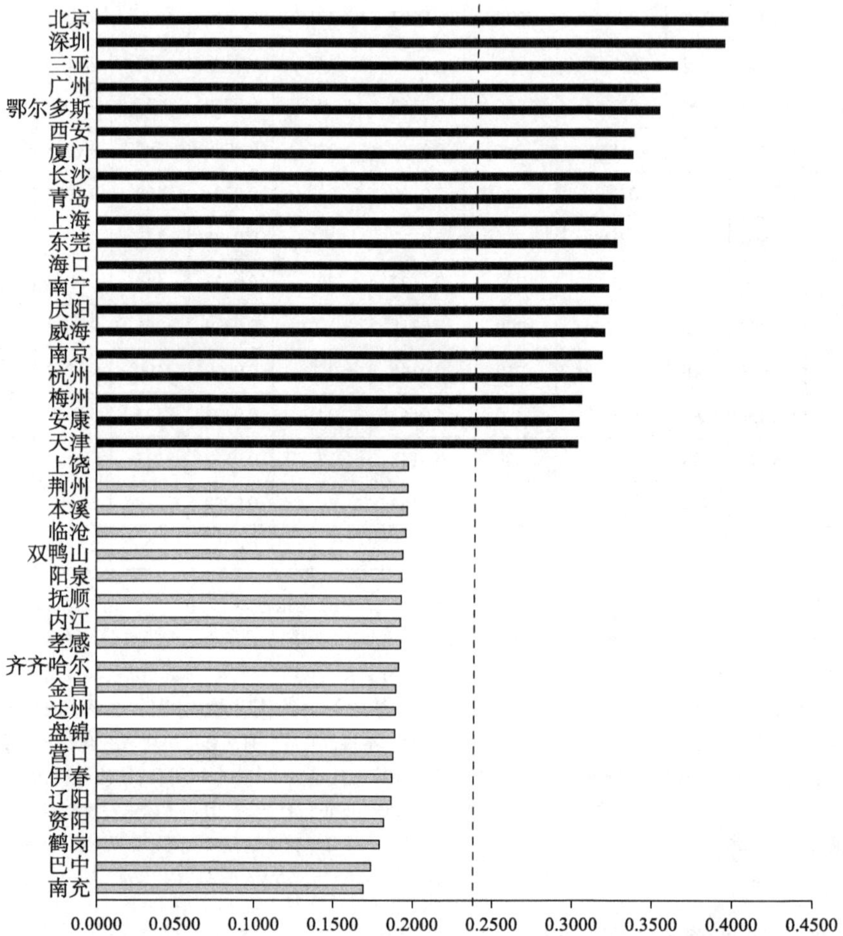

图 1–3 中国城市绿色竞争力指数排名前 20 城市和排名后 20 城市比较图

注：本图根据表 1–3 制作。指数值由高到低排列，虚线表示所有参评城市绿色竞争力指数的平均值 0.2434。

根据表 1–3 和图 1–3，报告进一步从地理区域、城市群、城市人口规模、经济发展水平等不同角度，对城市绿色竞争力指数进行了更加深入地探讨，以求更加细致、全面地了解中国城市绿色竞争力的发展状况。

1. 不同地理区域城市绿色竞争力差异分析

（1）区域间对比

按照东部、中部、西部和东北地区的地理区域划分标准，报告绘制了2016年中国城市绿色竞争力指数区域比较。从城市绿色竞争力指数来看，区域差异非常明显，东部地区城市遥遥领先，西部地区稍强，中部和东北地区水平相当，较为落后。其中，东部所有测评城市的平均水平达到0.2678，远高于其他地区。中部、西部和东北地区城市的平均水平分别为0.2283、0.2403、0.2235，均低于东部地区，同时也低于全国平均水平的0.2434。具体情况如图1–4所示。

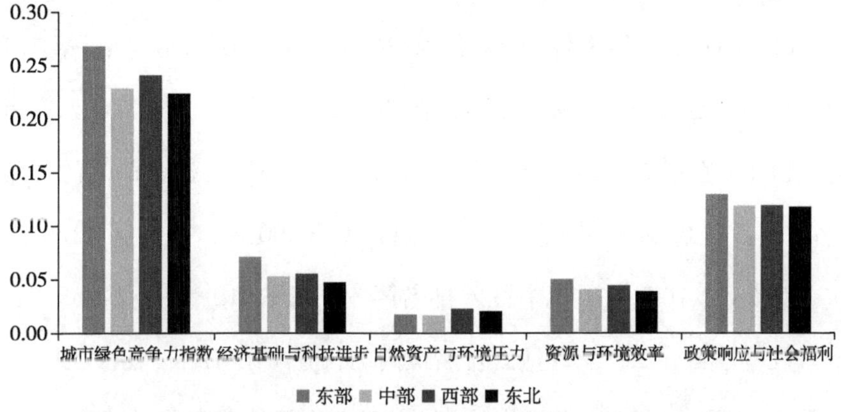

图 1–4　中国四大区域城市绿色竞争力指数及一级指标对照图

注：本图数据为四大区域中各城市绿色竞争力指数值及一级指标分数值的算术平均值。

从城市绿色竞争力排名来看，同样呈现出显著的区域化特征。东部地区多数城市排名靠前，平均位次为91；西部地区城市次之，平均位次为151；中部和东北地区多数城市总体排名比较接近，平均位次分别为180和190。总体来看，相对于中部、西部和东北地区，东部地区城市绿色竞争力优势明显。

综合排名中，排名前20的城市中，东部地区城市有14个，占到70%，仅有鄂尔多斯、西安、长沙、南宁、庆阳和安康6个城市不属于东部地区，东北地区城市未能进入前 20；排名前 50 的城市中，东部地区城市有 29 个，占到 58%，中部地区城市有 4 个，西部地区城市有 17 个，东北地区没有城市入围；在全国 125 个城市绿色竞争力综合指数高于平均水平的城市中，东部地区城市有 61 个，几乎占到总数的一半，中部地区城市有 17 个，西部地区城市有 40 个，东北地区城市仅有 7 个。

（2）区域内对比

从区域内城市绿色竞争力排名的位次差和指数值的差来看，各区域内的城市排名差异比较明显。东部地区排名最高的北京（第 1 名，指数值 0.3972）与排名最低的肇庆（第 251 名，指数值 0.2055）之间的位次差为 250，在四大区域中位差排名第三，指数值的差为 0.1917，在四大区域中指数差排名第一；中部地区排名最高的长沙（第 8 名，指数值 0.3363）与排名最低的孝感（第 279 名，指数值 0.1925）之间的位次差为 271，在四大区域中位次差排名第二，指数值的差为 0.1438，在四大区域中指数差排名第三；西部地区排名最高的鄂尔多斯（第 5 名，指数值 0.3549）与排名最低的南充（第 290 名，指数值 0.1694）之间的位次差为 285，在四大区域中位差排名第一，指数值的差为 0.1855，在四大区域中指数差排名第二；东北地区排名最高的长春（第 51 名，指数值 0.2769）与排名最低的鹤岗（第 288 名，指数值 0.1795）之间的位次差为 237，在四大区域中位差排名第四，指数值的差为 0.0974，在四大区域中指数差排名第四。

在东部地区参评的 88 个城市中，有 7 个城市位居所有参评城市的前 10 位，分别是北京、深圳、三亚、广州、厦门、青岛和上海，占东部城市的 7.95%。除去全国排名前 10 的 7 个城市外，东莞、海口、威海、湛江、衢州等 54 个城市排在全国第 11 名到第 119 名不等的位置，以上 61 个东部城市的绿色竞争力指数高于全国平均水平，占东部城市的 69.3%。而盐城、济宁、韶关、肇庆等其余 27 个城市位于所有参评城市的第 126 位到第 251 位，这些城市的指数值均低于全国平均水平。总体来看，东部地区城市绿色竞争力优势明显，多数城市位于全国平均水平之上，只有少部分城市低于平均水平，区域内的城市差距较小。

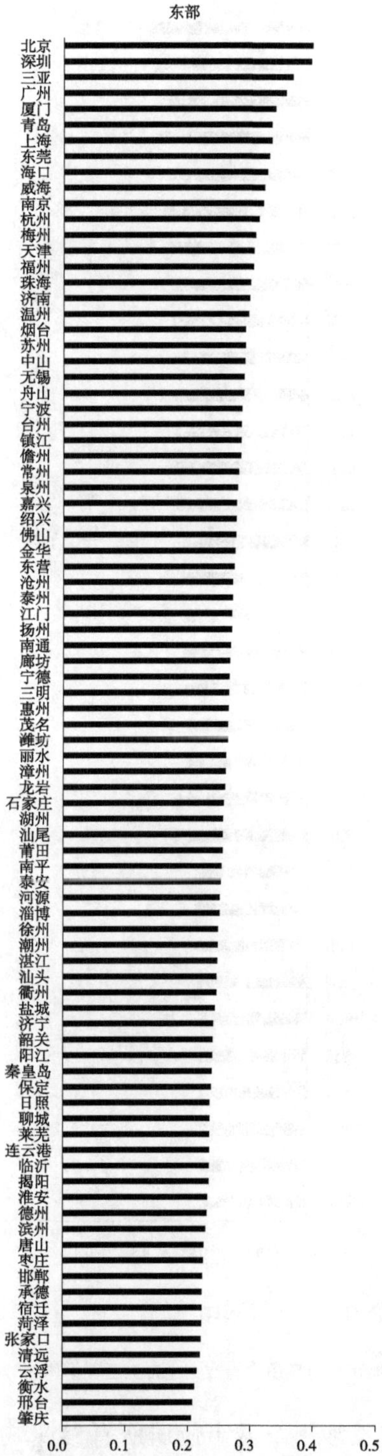

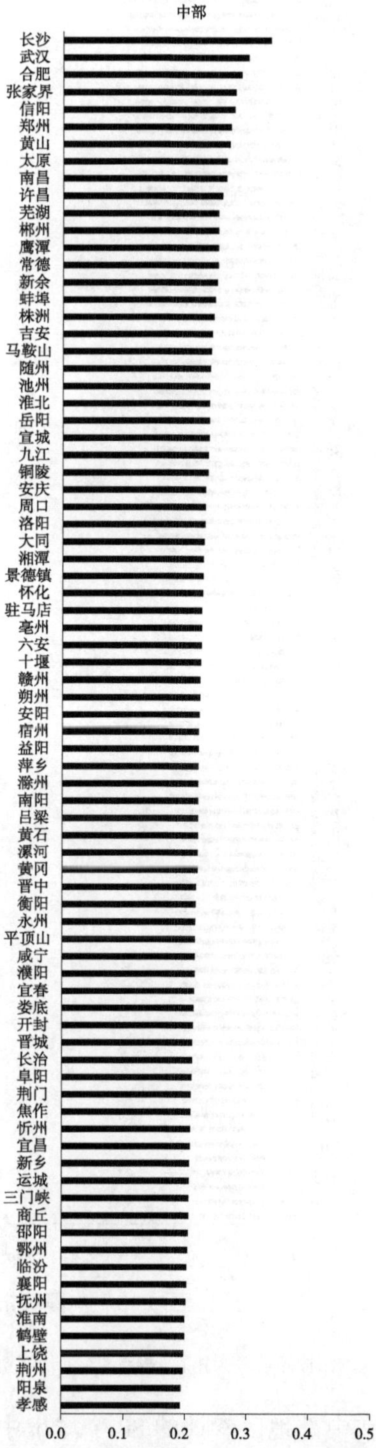

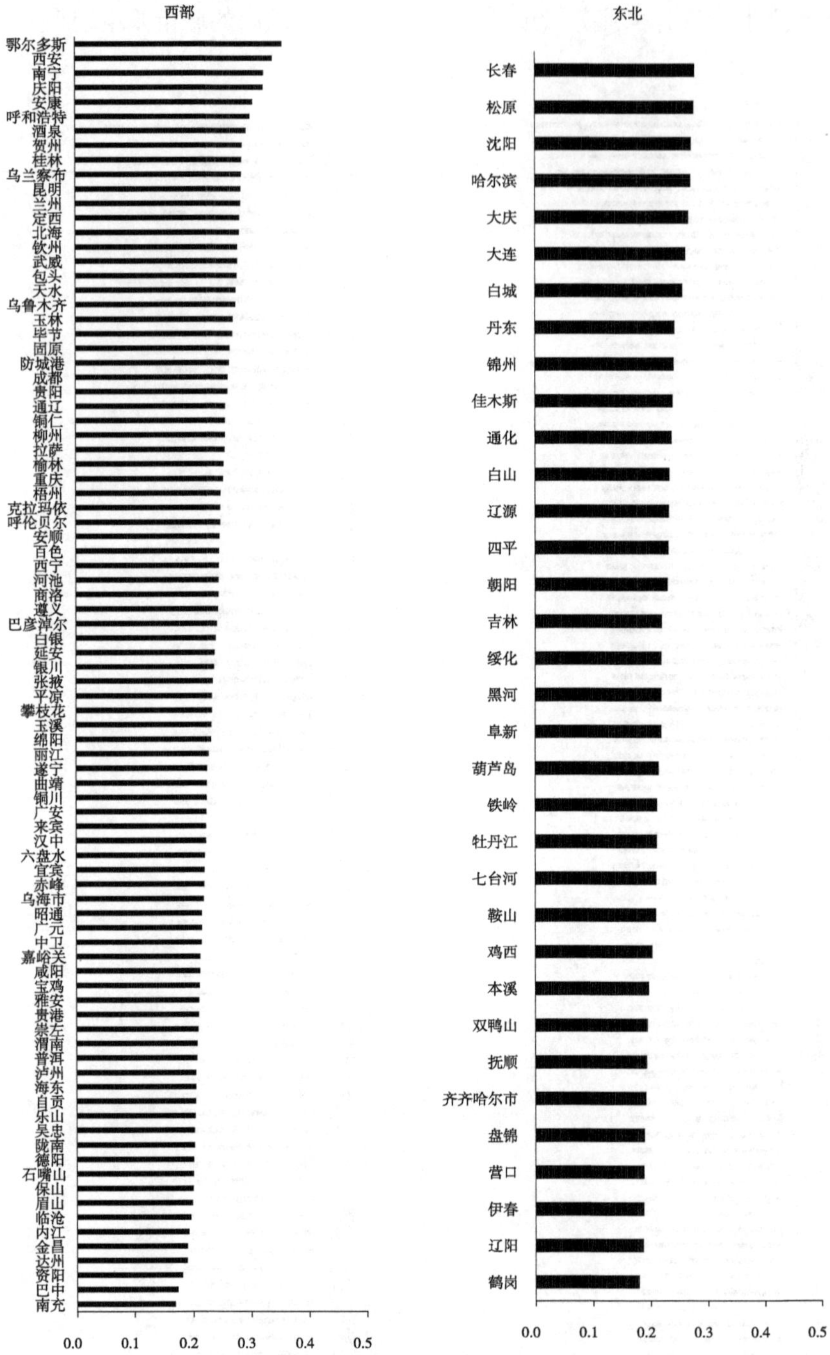

图 1-5　中国城市绿色竞争力指数区域对比

注：本图按照东部、中部、西部和东北地区划分，根据城市绿色竞争力指数大小自上至下排列。

在中部地区参评的 80 个城市中，仅有长沙 1 个城市位居所有参评城市的前10位，占中部城市的1.25%。除长沙外，武汉、合肥、郑州、常德、鹰潭、株洲等16个城市排在全国第23名到第124名不等的位置，以上17个中部城市的绿色竞争力指数高于全国平均水平，占中部城市的21.25%。而吉安、马鞍山、阳泉、孝感等其余63个城市位于所有参评城市的第128位到第279位，这些城市的指数值均低于全国平均水平。总体来看，中部地区城市绿色竞争力较东部地区处于明显劣势，超过四分之三的城市位于全国平均水平之下，仅有不足四分之一的城市高于平均水平，且差距较大。

在西部地区参评的88个城市中，仅有鄂尔多斯和西安2个城市位居所有参评城市的前10位，占西部城市的2.27%。南宁、庆阳、安康、商洛、遵义等38个城市排在全国第13名到第125名不等的位置，以上40个西部城市的绿色竞争力指数高于全国平均水平，占西部城市的45.45%。而巴彦淖尔、白银、延安、银川、巴中、南充等其余48个城市位于所有参评城市的第129位到第290位，这些城市的指数值均低于全国平均水平。总体来看，西部地区城市绿色竞争力尽管无法与东部地区城市相比，但是相比于中部城市而言，仍具有一定的优势，有近半数的城市位于全国平均水平之上，其余有一半的城市低于全国平均水平，差距相对较大。

在东北地区参评的34个城市中，没有一个参评城市位居前10位，排名最高的长春仅位列全国第51位。东北地区城市中，除长春外，松原、沈阳、哈尔滨、大庆、大连、白城6个城市排在全国第57名到第94名不等的位置，这7个东北地区城市的绿色竞争力指数高于全国平均水平，占东北地区城市的20.59%。而丹东、锦州、佳木斯、伊春、辽阳、鹤岗等其余27个城市位于所有参评城市的第127位到第288位，这些城市的指数值均低于全国平均水平。总体来看，东北地区城市绿色竞争力劣势明显，整体水平与中部地区城市相当，超过五分之四的城市位于全国平均水平之下，仅有五分之一的城市高于平均水平，且差距相对较小。但差距较小的原因是东北地区城市排名整体靠后所致，与东部地区区域内城市差距较小的原因截然相反。

2. 不同城市群城市绿色竞争力差异分析

从城市绿色竞争力指数综合排名来看，地理位置接近且经济联系密切的城市往往在城市绿色竞争力上具有较强的一致性，城市绿色竞争力的形成具有明显的城市群集聚特征。而且城市群是当前中国经济增长的引擎，同时也是中国经济实现绿色发展的主战场。因此，报告从城市群划分的角度，对中国城市绿色竞争力的表现进行分析。

截至 2018 年 3 月，国务院已经批复了 9 个国家级城市群，包括长江三角洲城市群、长江中游城市群、成渝城市群、中原城市群、哈长城市群、关中平原城市群、北部湾城市群、呼包鄂榆城市群和兰西城市群。此外，伴随着中国经济的快速增长，多地也形成了规模不一的区域性城市群，包括粤港澳大湾区、京津冀城市群、山东半岛城市群、海峡西岸城市群、辽中南城市群等等①。在中国众多城市群中，长江三角洲城市群、珠江三角洲城市群和京津冀城市群

① 中国当前形成的主要城市群有 14 个，分别为长江三角洲城市群（包括上海、无锡、杭州、苏州、常州、南京、镇江、合肥、宁波、绍兴、芜湖、台州、嘉兴、南通、铜陵、扬州、金华、舟山、湖州、盐城、泰州、宣城、池州、马鞍山、滁州和安庆）、珠江三角洲（包括深圳、广州、东莞、珠海、佛山、惠州、中山、汕尾、江门、韶关、河源、肇庆、云浮和清远）、京津冀城市群（包括北京、天津、石家庄、唐山、沧州、秦皇岛、廊坊、张家口、邯郸、保定、安阳、邢台、承德和衡水）、长江中游城市群（长沙、武汉、合肥、芜湖、南昌、铜陵、新余、襄阳、郴州、池州、常德、株洲、黄山、马鞍山、鹰潭、岳阳、湘潭、黄冈、六安、景德镇、吉安、九江、安庆、黄石、上饶、宜春、萍乡、益阳、咸宁、抚州、娄底、衡阳、宜昌、荆门、孝感、鄂州、荆州、仙桃、天门和潜江）、成渝城市群（包括成都、绵阳、重庆、资阳、南充、德阳、雅安、广安、乐山、泸州、遂宁、宜宾、自贡、达州、内江和眉山）、山东半岛城市群（包括威海、青岛、东营、济南、淄博、烟台、潍坊和日照）、哈长城市群（包括长春、大庆、哈尔滨、松原、辽源、绥化、四平、机理、牡丹江、齐齐哈尔和延边）、中原城市群（包括郑州、洛阳、许昌、蚌埠、焦作、南阳、信阳、聊城、邯郸、亳州、菏泽、开封、濮阳、商丘、安阳、平顶山、驻马店、晋城、淮北、阜阳、三门峡、邢台、鹤壁、宿州、长治、运城、漯河、周口和济源）、海峡西岸城市群（包括厦门、福州、温州、泉州、三明、丽水、汕头、龙岩、漳州、莆田、衢州、宁德、鹰潭、潮州、南平、梅州、上饶、揭阳、抚州和赣州）、辽中南城市群（包括沈阳、大连、鞍山、抚顺、本溪、丹东、营口、辽阳和盘锦）、关中平原城市群（包括西安、庆阳、天水、咸阳、铜川、宝鸡、商洛、渭南、平凉、临汾、运城和杨凌）、北部湾城市群（包括海口、南宁、北海、茂名、玉林、湛江、钦州、阳江、儋州、防城港和崇左）、呼包鄂榆城市群（呼和浩特、包头、鄂尔多斯和榆林）、兰西城市群（兰州、西宁和海东）。

是目前最具代表性的三大城市群，其规模和经济实力都名列前茅。

从城市绿色竞争力指数综合排名来看，排名前100的城市中，有多达84个城市处在地理位置不同、规模大小不一、经济实力悬殊的城市群当中，城市群成为当前中国城市绿色竞争力形成的重要载体。具体分布情况如表1-4所示。

表1-4 中国城市绿色竞争力前100强城市群分布

城市群	城市绿色竞争力分布（排名）
长江三角洲城市群	上海（10）、南京（16）、杭州（17）、苏州（29）、无锡（31）、合肥（32）、舟山（33）、宁波（36）、台州（38）、镇江（40）、常州（45）、嘉兴（53）、绍兴（54）、金华（59）、泰州（65）、扬州（70）、南通（71）、湖州（96）
珠江三角洲城市群	深圳（2）、广州（4）、东莞（11）、珠海（24）、中山（30）、佛山（55）、惠州（78）、汕尾（97）
京津冀城市群	北京（1）、天津（20）、沧州（63）、廊坊（73）、石家庄（90）
长江中游城市群	长沙（8）、武汉（23）、合肥（32）、南昌（79）
成渝城市群	成都（83）
哈长城市群	长春（51）、松原（57）、哈尔滨（66）、大庆（72）
中原城市群	信阳（52）、郑州（61）、许昌（89）
关中平原城市群	西安（6）、庆阳（14）、天水（56）
北部湾城市群	海口（12）、南宁（13）、儋州（41）、北海（44）、钦州（48）、玉林（64）、防城港（80）
山东半岛城市群	青岛（9）、威海（15）、济南（25）、烟台（28）、东营（60）、潍坊（82）
海峡西岸城市群	厦门（7）、梅州（18）、福州（21）、温州（26）、泉州（47）、宁德（74）、三明（77）、漳州（87）、龙岩（88）、莆田（98）、南平（100）
辽中南城市群	沈阳（62）、大连（85）
呼包鄂榆城市群	鄂尔多斯（5）、呼和浩特（22）、包头（50）、榆林（99）
兰西城市群	兰州（42）

（1）城市群间对比

按照中国城市绿色竞争力指标体系的测算方法，报告计算得到长三角、珠三角、京津冀三个主要城市群的绿色竞争力平均水平及排名，并绘制了这三个国家级城市群城市绿色竞争力指数比较图。珠江三角洲城市群城市绿色竞争力遥遥领先，长江三角洲城市群城市绿色竞争力紧随其后，京津冀城市群城市绿色竞争力排名第三。珠江三角洲城市群、长江三角洲城市群和京津冀城市群的绿色竞争力分别为 0.2758、0.2705、0.2523，均高于全国平均水平的 0.2434。具体情况如图 1–6 所示。

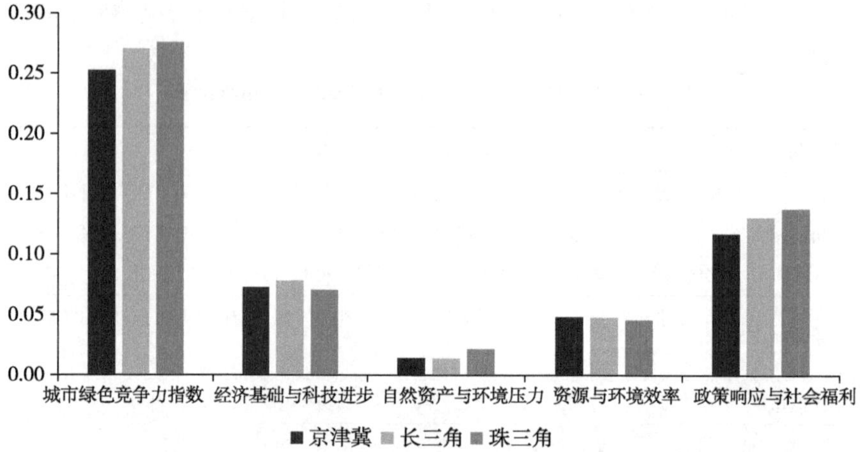

图 1–6　中国三大城市群城市绿色竞争力指数及一级指标对照图

注：本图数据为三大城市群中各城市绿色竞争力指数值及一级指标分数值的算术平均值。

从城市绿色竞争力排名来看，排名前 20 的城市中，长江三角洲城市群有 3 个，分别为上海、南京和杭州，珠江三角洲城市群有 3 个，分别为深圳、广州和东莞，京津冀城市群有 2 个，分别为北京和天津，其余城市群分布状况为：长江中游城市群 1 个（长沙），北部湾城市群 2 个（海口和南宁），山东半岛城市群 2 个（青岛和威海），关中平原城市群 2 个（西安和庆阳），呼包鄂榆城市群 1 个（鄂尔多斯），海峡西岸城市群 2 个（厦门和梅州），三亚、安康未纳入报告计算的 14 个城市群中。有 93 个城市绿色竞争力指数高于全国平均水平，其中，长江三角洲城市群有 19 个，占长江三角洲城市群城市的 73.08%，珠江三角洲城市群城市有 10 个，占珠江三角洲城市群城市的 71.43%，京津冀城市群有 5 个，占京津冀城市群中城市的 38.46%。

从城市绿色竞争力的水平来看，城市群的集聚特征十分显著。长江三角洲城市群中，绝大多数城市排名靠前，平均位次为 75，其中有 18 个城市排名前

100，占比69.23%，剩余8个城市排名也位于200名之前；珠江三角洲城市群城市中，城市排名平均位次为92，其中有9个城市排名前100，占比64%，2个城市排名位于101—200之前，3个城市排名在200名之后，占比21.43%；在京津冀城市群城市中，城市排名平均位次为135，其中有5个城市排名前100，占比38.46%，6个城市排名位于101—200之间，2个城市排名在200名之后，占比15.38%。总体上，长江三角洲城市群和珠江三角洲城市群城市绿色竞争力优势较为明显，京津冀城市群尽管整体绿色竞争力要高于全国平均水平，但在三大城市群中相对落后。

（2）城市群组内对比

从城市群内城市绿色竞争力排名的位次差和指数值的差来看，各城市群内的城市排名差异表现不一。长江三角洲城市群中排名最高的上海（第10名，指数值0.3325）与排名最低的滁州（第200名，指数值0.2199）之间的位次差为190，在三大城市群中位差排名第三，指数值的差为0.1126；珠江三角洲城市群中排名最高的深圳（第2名，指数值0.3953）与排名最低的肇庆（第251名，指数值0.2055）之间的位次差为249，在三大城市群中位差排名第一，指数值的差为0.1898，在三大城市群中位差排名第一；京津冀城市群中排名最高的北京（第1名，指数值0.3972）与排名最低的邢台（第244名，指数值0.2078）之间的位次差为243，在三大城市群中位差排名第二，指数值的差为0.1894，在三大城市群中位差排名第二。

在长江三角洲城市群中参评的26个城市中，上海市位居所有参评城市的第10位。除此之外，南京、杭州、苏州、湖州、芜湖等18个城市排在全国第16名到第103名不等的位置，以上19个长江三角洲城市群城市的绿色竞争力指数高于全国平均水平，占长江三角洲城市群城市的73.08%。有7个城市的竞争力指数值低于全国平均水平，位于所有参评城市的第126位到200位不等。

总体来看，长江三角洲城市群城市绿色竞争力优势十分明显，绝大多数城市都位于全国平均水平之上，仅有极少部分城市低于平均水平，且城市群内城市绿色竞争力差距较小。具体情况如图 1–7 所示。

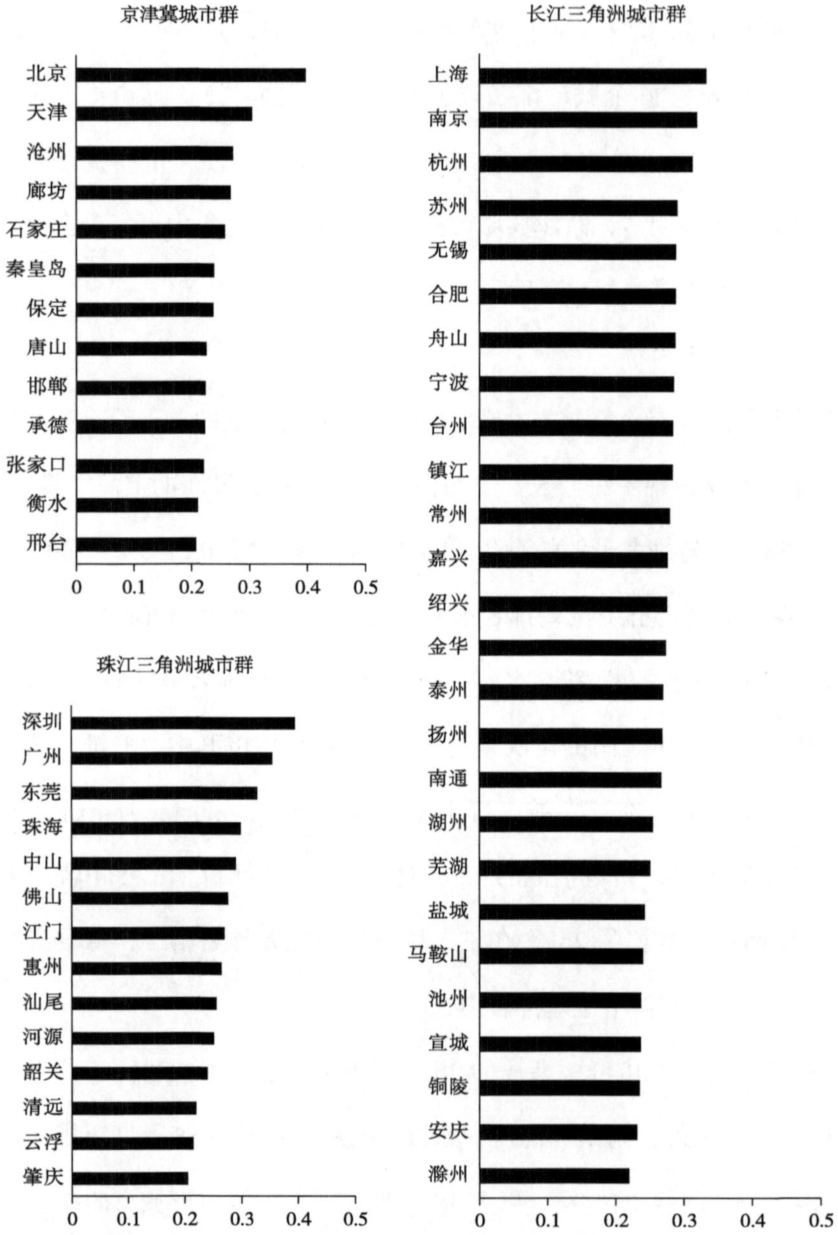

图 1–7　中国城市群绿色竞争力指数对比

注：本图按照三大城市群划分，根据城市绿色竞争力指数大小自上至下排列。

在珠江三角洲城市群参评的14个城市中，有2个城市位居所有参评城市的前10位，分别为深圳和广州，占珠江三角洲城市群城市的14.29%。除此之外，东莞、珠海、中山、汕尾和河源等8个城市排在全国第11名到第107名不等的位置，以上10个珠江三角洲城市群城市的绿色竞争力指数高于全国平均水平，占珠江三角洲城市群城市的71.43%。而韶关、清远、云浮、肇庆4个城市位于所有参评城市的第134位到第251位，这些城市的指数值均低于全国平均水平。总体来看，珠江三角洲城市群中城市绿色竞争力尽管较长江三角洲城市群城市具有微弱优势，但相比于长江三角洲城市群，珠江三角洲城市群内城市绿色竞争力水平差距相对较大。

在京津冀城市群参评的14个城市中，仅有北京1个城市位居所有参评城市的前10位，占京津冀城市群中城市的7.14%。除此之外，天津、沧州、廊坊、石家庄等4个城市排在全国第20名到第90名不等的位置，以上5个京津冀城市群中城市的绿色竞争力指数高于全国平均水平，占京津冀城市群中城市的38.46%。而秦皇岛、保定、唐山、衡水、邢台等其余8个城市位于所有参评城市的第138位到第244位，这些城市的指数值均低于全国平均水平。总体来看，京津冀城市群中城市绿色竞争力明显落后于珠江三角洲城市群和长江三角洲城市群城市，接近三分之二的城市位于全国平均水平之下，仅有三分之一稍强的城市高于全国平均水平，且城市群内城市绿色竞争力差距较大。

3. 不同人口规模城市表现

按照城市人口数量，可以将城市划分为不同规模。2014年11月20日，国务院发布《关于调整城市规模划分标准的通知》（以下简称《通知》）对中国城市规模的划分标准做出了正式调整。《通知》将中国城市划分为五类七档：城区常住人口50万以下的城市为小城市，其中20万以上50万以下的城市为Ⅰ型小城市，20万以下的城市为Ⅱ型小城市；城区常住人口50万以上100万以下的城市为中等城市；城区常住人口 100 万以上 500 万以下的城市为大城市，其中 300 万以上 500 万以下的城市为Ⅰ型大城市，100 万以上 300 万以下的城市为Ⅱ型大城市；城区常住人口 500 万以上 1000 万以下的城市为特大城市；城区常住人口 1000 万以上的城市为超大城市（以上包括本数，以下不包括本数）[①]。借鉴国务院的划分标准，报告对中国城市的规模进行了分组，并在此基础上对不同规模城市的绿色竞争力展开分析。

（1）不同规模城市组间对比

按照超大、特大、大、中、小城市的划分标准，报告绘制了 2016 中国城市绿色竞争力指数规模城市比较图[②]。从城市绿色竞争力指数来看，城市规模的影响比较明显，超大城市的绿色竞争力平均水平遥遥领先，特大城市和中等城市稍强，大城市和小城市水平相当，最为落后。其中，超大城市的平均水平达到 0.3217，远高于其他规模的城市。特大、大、中、小城市的平均水平分别为 0.2969、0.2471、0.2313、0.2377，均低于超大城市水平，其中中等城市和小城市绿色竞争力指数低于全国平均水平的 0.2434。具体情况如图 1–8 所示。

---

① 《国务院关于调整城市规模划分标准的通知》对城区和常住人口概念进行了明确定义。城区是指在市辖区和不设区的市、区、市政府驻地的实际建设连接到的居民委员会所辖区域和其他区域。常住人口包括：居住在本乡镇街道，且户口在本乡镇街道或户口待定的人；居住在本乡镇街道，且离开户口登记地所在的乡镇街道半年以上的人；户口在本乡镇街道，且外出不满半年或在境外工作学习的人。

② 关于超大城市的划分是逐渐变化的。政府层面上，2014 年发布的《国家新型城镇化规划（2014–2020 年）》按照 2010 年第六次全国人口普查数据，公布符合超大城市标准的共有 6 个，分别是北京、上海、广州、深圳、重庆和天津；2016 年，中共中央发布的《长江经济带发展规划纲要》中，进一步将武汉列为超大城市，强调要发挥上海、武汉、重庆等超大城市的引领作用，由此形成目前普遍熟知的 7 大超大城市。但是鉴于本报告是对 2016 年中国城市绿色竞争力进行评价且近年城市化进程加快，因此本报告并未采用 2010 年第六次人口普查数据对中国城市规模进行分组。为了保证报告数据的权威性和对未来城市新变化的适应性，本报告最终选定城市年末户籍人口数作为城市规模划分的标准。做出这一变化的原因在于，发改委 2018 年 3 月 9 日发布的《国家发展改革委关于实施 2018 年推进新型城镇化建设重点任务的通知》中指出，要探索租赁房屋的常住人口在城市公共户口落户，加快农业转移人口市民化。按照这一标准，并考虑到未来城市人口可能存在的新变化，故而本报告最终采用城市年末户籍人口数作为衡量城市规模的划分标准。

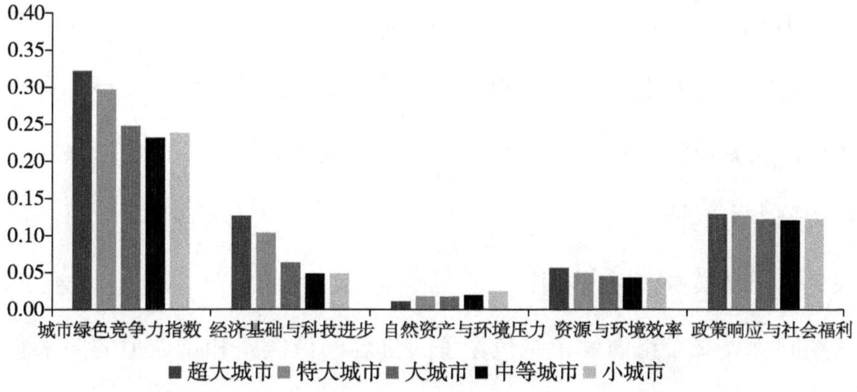

图 1-8 中国不同规模城市绿色竞争力指数及一级指标对照图

注：本图数据为按照人口规模划分的五类城市中各城市绿色竞争力指数值及一级指标分数值的算术平均值。

从城市绿色竞争力排名来看，城市绿色竞争力的规模差异明显。排名前20的城市中，超大城市有3个，分别为北京、上海和天津，特大城市有4个，分别为广州、西安、南京和杭州，大城市有9个，分别为深圳、厦门、长沙、青岛、东莞、海口、南宁、威海和安康，中等城市有2个，为三亚和梅州，小城市也有2个，分别为鄂尔多斯和庆阳；在全国125个城市绿色竞争力指数高于平均水平的城市中，4个超大城市和9个特大城市均高于全国平均水平。另外，大城市有70个，占大城市的48.95%，中等城市有24个，占中等城市的26.09%，小城市有18个，占小城市的41.86%。

具体来看，4个超大城市和9个特大城市共有13个城市，除了重庆和汕头，其他城市绿色竞争力指数排名均在前100，平均位次分别为33和44；大城市中，城市排名平均位次为135，其中有59个城市排名前100，占比41.26%，48个城市排名位于101—200之间，36个城市排名在200名之后，占比25.17%；中等城市中，城市排名平均位次为171，其中有18个城市排名前100，占比19.57%，37个城市排名位于101—200之间，37个城市排名在200名之后，占比40.22%；小城市中，城市排名平均位次为159，其中有12个城市排名前 100，占比 27.90%，13 个城市排名位于 101—200 之间，18 个城市排名在 200 名之后，占比 41.86%。总体上，超大城市和特大城市在绿色竞争力上优势明显，大城市绿色竞争力水平次之，中等城市绿色竞争力水平最低，小城市绿色竞争力水平较低。

（2）相同规模城市组内对比

从相同规模城市组内城市绿色竞争力排名的位次差和指数值的差来看，各区域内的城市排名差异比较明显。超大城市组中排名最高的北京（第 1 名，指数值 0.3972）与排名最低的重庆（第 101 名，指数值 0.2530）之间的位次差为 100，在五类分组中位差排名第五，指数值的差为 0.1442，在五类分组中位差排名第四；特大城市组中排名最高的广州（第 4 名，指数值 0.3552）与排名最低的汕头（第 118 名，指数值 0.2457）之间的位次差为 114，在五类分组中位差排名第四，指数值的差为 0.1095，在五类分组中位差排名第五；大城市组中排名最高的深圳（第 2 名，指数值 0.3953）与排名最低的南充（第 290 名，指数值 0.1694）之间的位次差为 288，在五类分组中位差排名第一，指数值的差为 0.2259，在五类分组中位差排名第一；中等城市组中排名最高的三亚（第 3 名，指数值 0.3660）与排名最低的鹤岗（第 288 名，指数值 0.1795）之间的位次差为 285，在五类分组中位差排名第二，指数值的差为 0.1865，在五类分组中位差排名第二；小城市组中排名最高的鄂尔多斯（第 5 名，指数值 0.3549）与排名最低的金昌（第 281 名，指数值 0.1897）之间的位次差为 276，在五类分组中位差排名第三，指数值的差为 0.1652，在五类分组中位差排名第三。

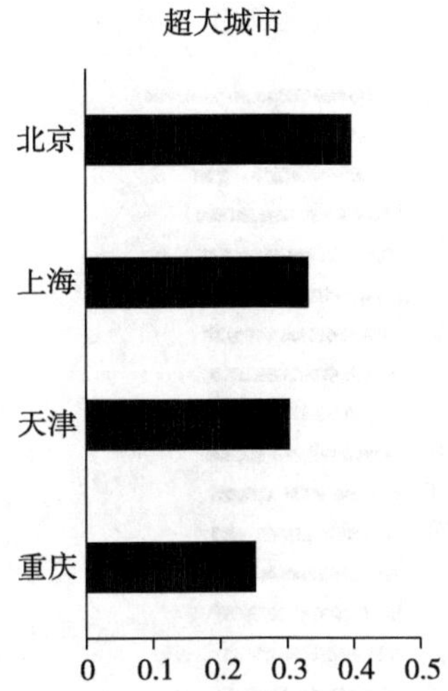

超大城市
北京
上海
天津
重庆
0
0.1
0.2
0.3
0.4
0.5

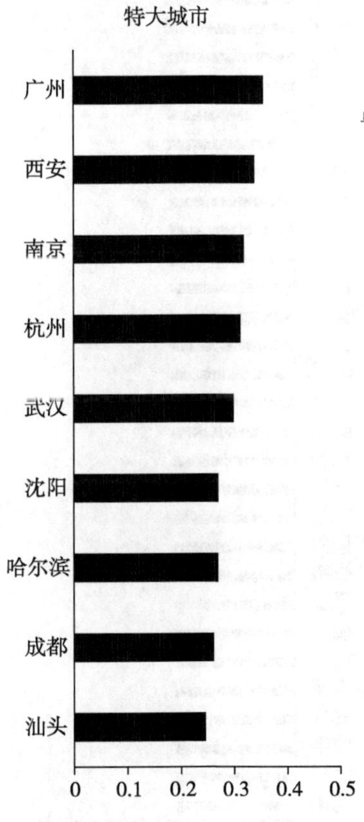

特大城市
广州
西安
南京
杭州
武汉
沈阳
哈尔滨
成都
汕头
0
0.1
0.2
0.3
0.4
0.5

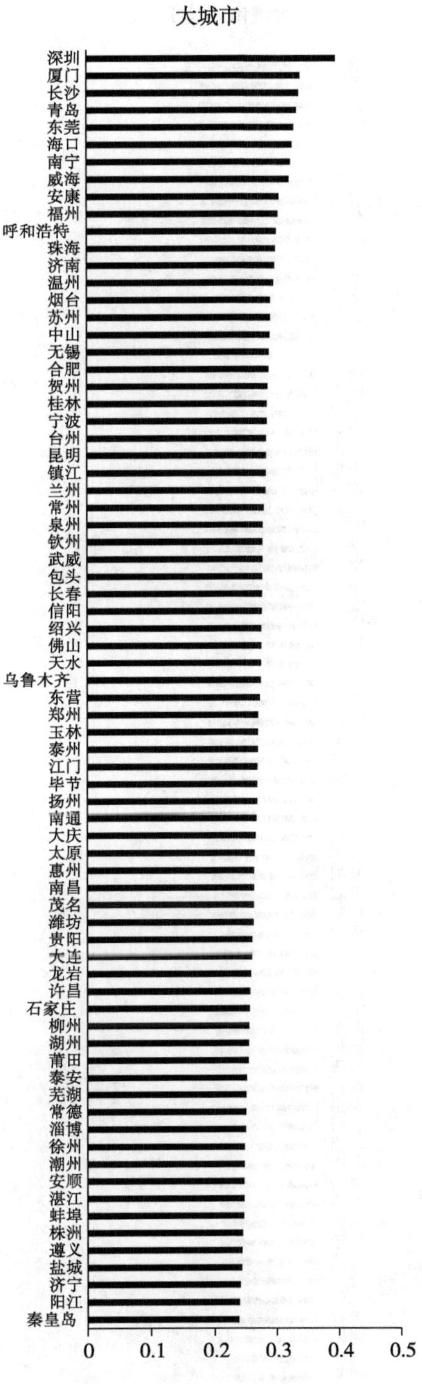

大城市
深圳
厦门
长沙
青岛
东莞
海口
南宁
威海
安康
福州
呼和浩特
珠海
济南
温州
烟台
苏州
中山
无锡
合肥
贺州
桂林
宁波
台州
昆明
镇江
兰州
常州
泉州
钦州
武威
包头
长春
信阳
绍兴
佛山
天水
乌鲁木齐
东营
郑州
玉林
泰州
江门
毕节
扬州
南通
大庆
太原
惠州
南昌
茂名
潍坊
贵阳
大连
龙岩
许昌
石家庄
柳州
湖州
莆田
泰安
芜湖
常德
淄博
徐州
潮州
安顺
湛江
蚌埠
株洲
遵义
盐城
济宁
阳江
秦皇岛
0
0.1
0.2
0.3
0.4
0.5

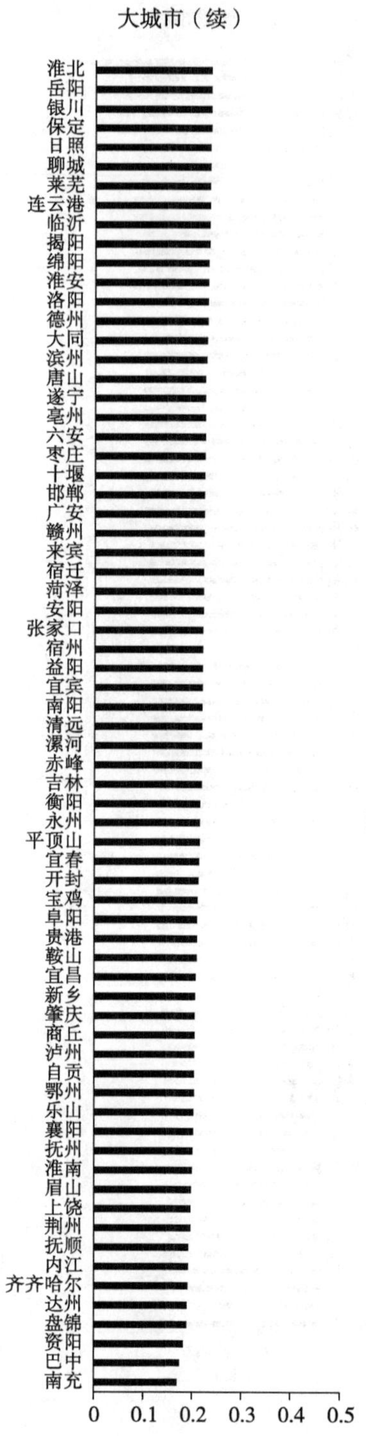
大城市（续）
淮北
岳阳
银川
保定
日照
聊城
莱芜
连云港
临沂
揭阳
绵阳
淮安
洛阳
德州
大同
滨州
唐山
遂宁
亳州
六安
枣庄
十堰
邯郸
广安
赣州
来宾
宿迁
菏泽
安阳
张家口
宿州
益阳
宜宾
南阳
清远
漯河
赤峰
吉林
衡阳
永州
平顶山
宜春
开封
宝鸡
阜阳
贵港
鞍山
宜昌
新乡
肇庆
商丘
泸州
自贡
鄂州
乐山
襄阳
抚州
淮南
眉山
上饶
荆州
抚顺
内江
齐齐哈尔
达州
盘锦
资阳
巴中
南充
0
0.1
0.2
0.3
0.4
0.5

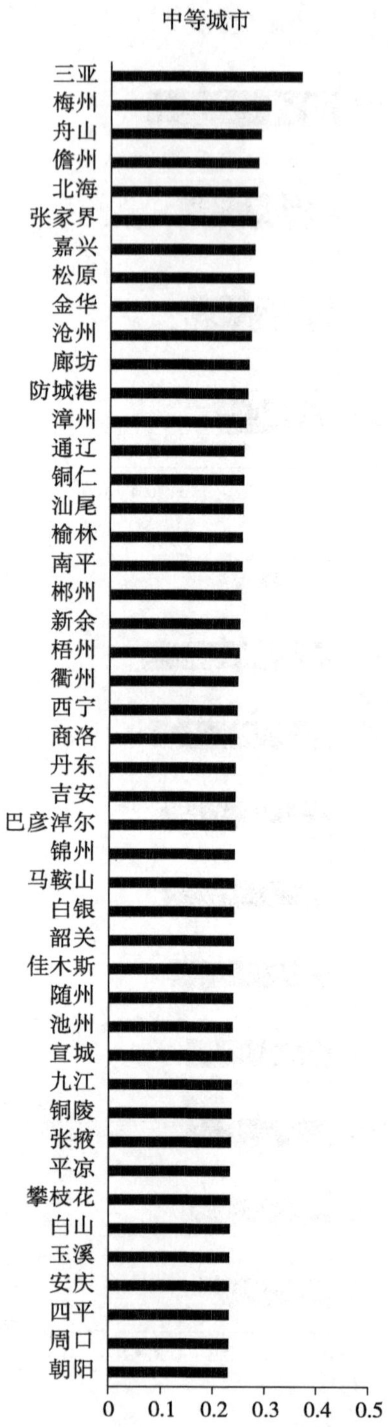
中等城市
三亚
梅州
舟山
儋州
北海
张家界
嘉兴
松原
金华
沧州
廊坊
防城港
漳州
通辽
铜仁
汕尾
榆林
南平
郴州
新余
梧州
衢州
西宁
商洛
丹东
吉安
巴彦淖尔
锦州
马鞍山
白银
韶关
佳木斯
随州
池州
宣城
九江
铜陵
张掖
平凉
攀枝花
白山
玉溪
安庆
四平
周口
朝阳
0
0.1
0.2
0.3
0.4
0.5

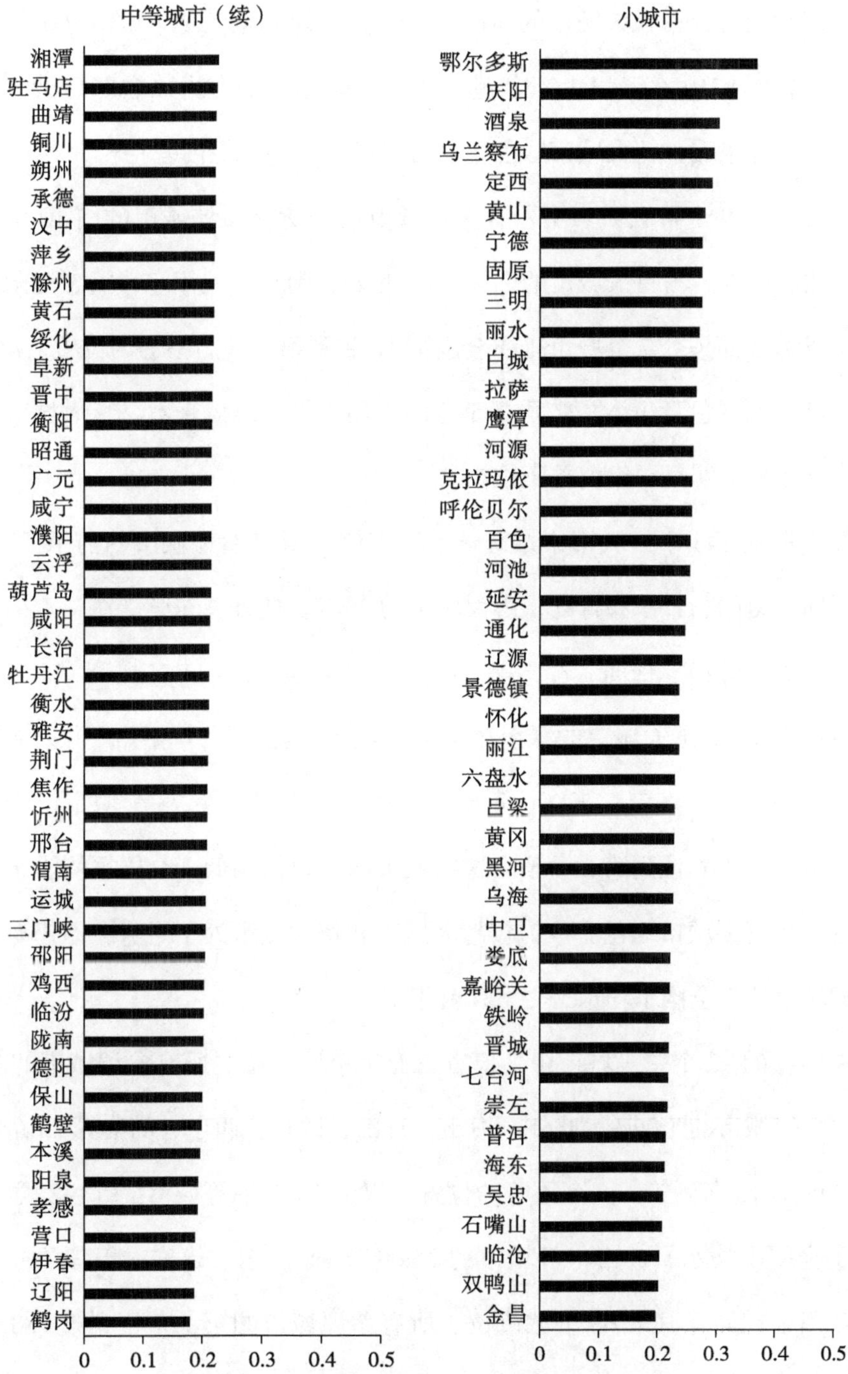

图 1-9　中国城市绿色竞争力指数城市群对比

注：本图按照超大、特大、大、中、小城市划分，根据城市绿色竞争力指数大小自上至下排列。

在参评的 4 个超大城市中，有 2 个城市位居所有参评城市的前 10 位，分别是北京和上海，占超大城市的 50%。此外，天津和重庆 2 个城市分别位于全国第 20 名和第 101 名。以上 4 个超大城市的绿色竞争力指数全部高于全国平均水平。总体来看，超大城市绿色竞争力优势明显，但组内差距较大。

在参评的 9 个特大城市中，有 2 个城市位居所有参评城市的前 10 位，分别是广州和西安，占特大城市的 22.22%。此外，南京、杭州、武汉、沈阳、哈尔滨、成都和汕头等 7 个城市排在全国第 16 名到第 118 名不等的位置，以上 9 个特大城市的绿色竞争力指数均高于全国平均水平。总体来看，特大城市绿色竞争力优势较为明显，组内差距较小。

在参评的 143 个大城市中，有 4 个城市位居所有参评城市的前 10 位，分别是深圳、厦门、长沙和青岛，占大城市的 2.8%。此外，东莞、海口、南宁、威海、安康、蚌埠、株洲、遵义等 66 个城市排在全国第 11 名到第 125 名不等的位置，以上 70 个大城市的绿色竞争力指数高于全国平均水平，占大城市的 48.95%。而盐城、济宁、阳江、资阳、巴中、南充等其余 73 个城市位于所有参评城市的第 126 位到第 290 位，这些城市的指数值均低于全国平均水平。总体来看，尽管大城市绿色竞争力较超大城市和特大城市处于劣势，但仍有接近一半的城市位于全国平均水平之上，且组内差距较小。

在参评的 92 个中等城市中，仅有三亚 1 个城市位居所有参评城市的前 10 位，占中等城市的 1.09%。此外，梅州、舟山、儋州、西宁、商洛等 23 个城市排在全国第 18 名到第 123 名不等的位置，以上 24 个中等城市的绿色竞争力指数高于全国平均水平，占中等城市的 26.09%。而丹东、吉安、巴彦淖尔、伊春、辽阳、鹤岗等其余 68 个城市位于所有参评城市的第 127 位到第 288 位，这些城市的指数值均低于全国平均水平。总体来看，中等城市绿色竞争力无法与大城市相比，近四分之三的城市低于全国平均水平，仅有四分之一的城市高于平均水平，城市绿色竞争力劣势明显，组内差距相对较小。

在参评的43个小城市中，只有鄂尔多斯位居前10位，此外，庆阳、酒泉、乌兰察布、百色、河池等其余17个城市位于所有参评城市的第14位到第122位，以上18个小城市的绿色竞争力指数高于全国平均水平，占小城市的41.86%。而延安、通化、辽源、临沧、双鸭山和金昌等其余25个城市位于所有参评城市的第139位到第281位，这些城市的指数值均低于全国平均水平。总体来看，小城市绿色竞争力劣势明显，仅有五分之二的城市的绿色竞争力指数高于平均水平，且组内差距较小。

4. 不同经济发展水平城市表现

从城市绿色竞争力指数综合排名来看，经济发展水平的高低与城市绿色竞争力的形成同样具有密切的关系。按照收入水平的高低，报告从高收入、中等偏上收入、中等偏下收入三个层次将中国城市分为三组①。

（1）不同收入水平城市组间对比

按照高收入、中等偏上和中等偏下收入的划分标准，报告绘制了2016中国城市绿色竞争力指数收入水平比较图。从城市绿色竞争力指数来看，不同收入水平城市差异非常明显，高收入城市遥遥领先，中等偏上收入城市稍强，中等偏下收入城市最为落后。其中，所有测评的高收入城市的绿色竞争力平均水平达到0.2727，远高于其他经济发展水平的城市。中等偏上和中等偏下收入城市的平均水平分别为0.2355、0.2169，均低于高收入城市，同时也低于全国平

① 世界银行2013年根据人均国民总收入将不同国家和地区按照收入水平划分为不同组别。借鉴世界银行的划分标准，并结合2016年人民币兑美元年平均汇率6.64，报告计算得出了中国城市按照人均国内生产总值划分的收入组别，包括低收入：1036美元以下（约6872元）；下中等收入：1036美元至4086美元以下（约6879元至27124元）；上中等收入：4086美元至12616美元（约27131元至83763元）；高收入：12616美元以上（约83770元）。中国目前已经步入中等收入国家，因此在城市分组中中国城市分组均落在中等收入及高收入组内。（注：国民总收入与国内生产总值之间存在一定区别。一般来说，国民总收入（亦称国民生产总值）是指一个国家或地区所有常住单位在一定时期内所获得的初次分配收入总额，其等于国内生产总值加上来自国外的净要素收入。中国2016年国内生产总值为740061亿元，国民总收入为742352亿元，两者差异较小。考虑到中国城市国内生产总值较国民总收入数据更为完备，因此本报告按照人均国内生产总值作为划分城市收入水平高低的标准。）

均水平的 0.2434。具体情况如图 1-10 所示。

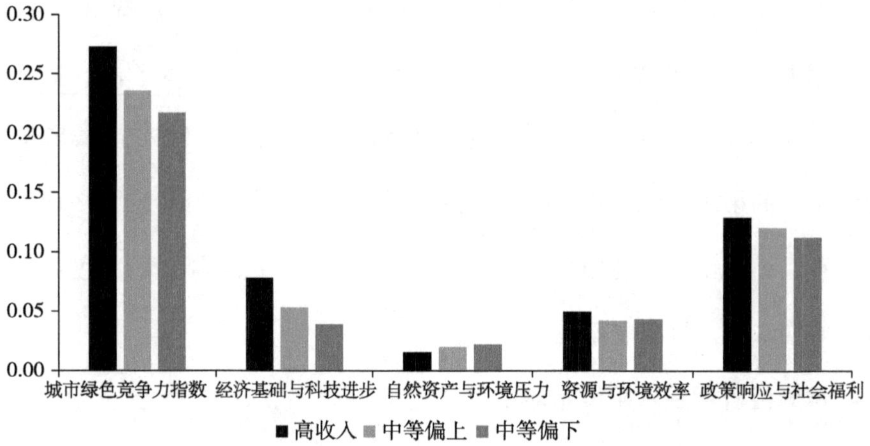

图 1-10　中国不同发展水平城市绿色竞争力指数及一级指标对照图

注：本图数据为不同收入组城市绿色竞争力指数值及一级指标分数值的算术平均值。

从城市绿色竞争力排名来看，发展水平的高低与城市绿色竞争力有着密切关系。排名前 20 的城市中，高收入城市有 12 个，分别为北京、深圳、广州、鄂尔多斯、厦门、长沙、青岛、上海、威海、南京、杭州和天津，中等偏上收入城市有 8 个，分别为三亚、西安、东莞、海口、南宁、庆阳、梅州和安康，中等偏下收入城市排名未能进入前 20；在全国 125 个城市绿色竞争力指数高于平均水平的城市中，高收入城市有 58 个，占高收入城市的 78.38%，中等偏上收入城市有 63 个，占中等偏上收入城市的 32.98%，中等偏下收入城市有 4 个，占中等偏下收入城市的 16%。

具体来看，高收入城市中，几乎所有城市排名都十分靠前，平均位次高达 82，其中有 49 个城市排名前 100，占比 66.22%，20 个城市排名位于 101–200 之间，5 个城市排名在 200 名之后；中等偏上收入城市中，城市排名平均位次为 162，其中有 48 个城市排名前 100，占比 25.13%，71 个城市排名位于 101–200 之间，74 个城市排名在 200 名之后，占比 38.74%；中等偏下收入城市中，城市排名平均位次为 209，其中有 3 个城市排名前 100，占比 12.5%，6 个城市排名位于101–200之间，16个城市排名在200名之后，占比66.67%。总体上，相对于低收入城市，高收入城市在绿色竞争力上具有十分明显的优势。

（2）同等收入水平城市组内对比

从同等收入城市组内城市的绿色竞争力排名位次差和指数值的差来看，各组组内城市排名差异不尽相同。高收入城市中排名最高的北京（第1名，指数值0.3972）与排名最低的海东（第254名，指数值0.2048）之间的位次差为253，在三组城市中位差排名第二；中等偏上收入城市中排名最高的三亚（第3名，指数值0.3660）与排名最低的南充（第290名，指数值0.1694）之间的位次差为287，在三组城市中位差排名第一；中等偏下收入城市中排名最高的定西（第43名，指数值0.2813）与排名最低的巴中（第289名，指数值0.1740）之间的位次差为246，在三组城市中位差排名第三。

在参评的74个高收入城市中，有8个城市位居所有参评城市的前10位，分别是北京、深圳、广州、鄂尔多斯、厦门、长沙、青岛和上海，占高收入城市的10.81%。此外，威海、南京、杭州、天津、徐州、株洲等50个城市排在全国第15名到第124名不等的位置，以上58个高收入城市的绿色竞争力指数高于全国平均水平，占高收入城市的78.38%。而马鞍山、岳阳、九江、宜昌、海东等16个城市的指数值低于全国平均水平。总体来看，高收入城市绿色竞争力普遍具有优势，超过四分之三的城市都位于全国平均水平之上，只有少数城市低于平均水平，组内差距较大。

在参评的191个中等偏上收入城市中，仅有三亚和西安2个城市位居所有参评城市的前10位，占中等偏上收入城市的1.05%。此外，东莞、海口、南宁、庆阳、西宁、河池、遵义等61个城市排在全国第11名到第125名不等的位置，以上63个中等偏上收入城市的绿色竞争力指数高于全国平均水平，占中等偏上收入城市的32.98%。而盐城、丹东、吉安、巴彦淖尔、盘锦、济宁、营口、资阳、南充等其余130个城市位于所有参评城市的第126位到第290位，这些城市的指数值均低于全国平均水平。总体来看，中等偏上收入城市绿色竞争力较高收入城市处于明显劣势，接近三分之二的城市位于全国平均水平之下，仅有三分之一的城市高于平均水平，组内差距相对较小。

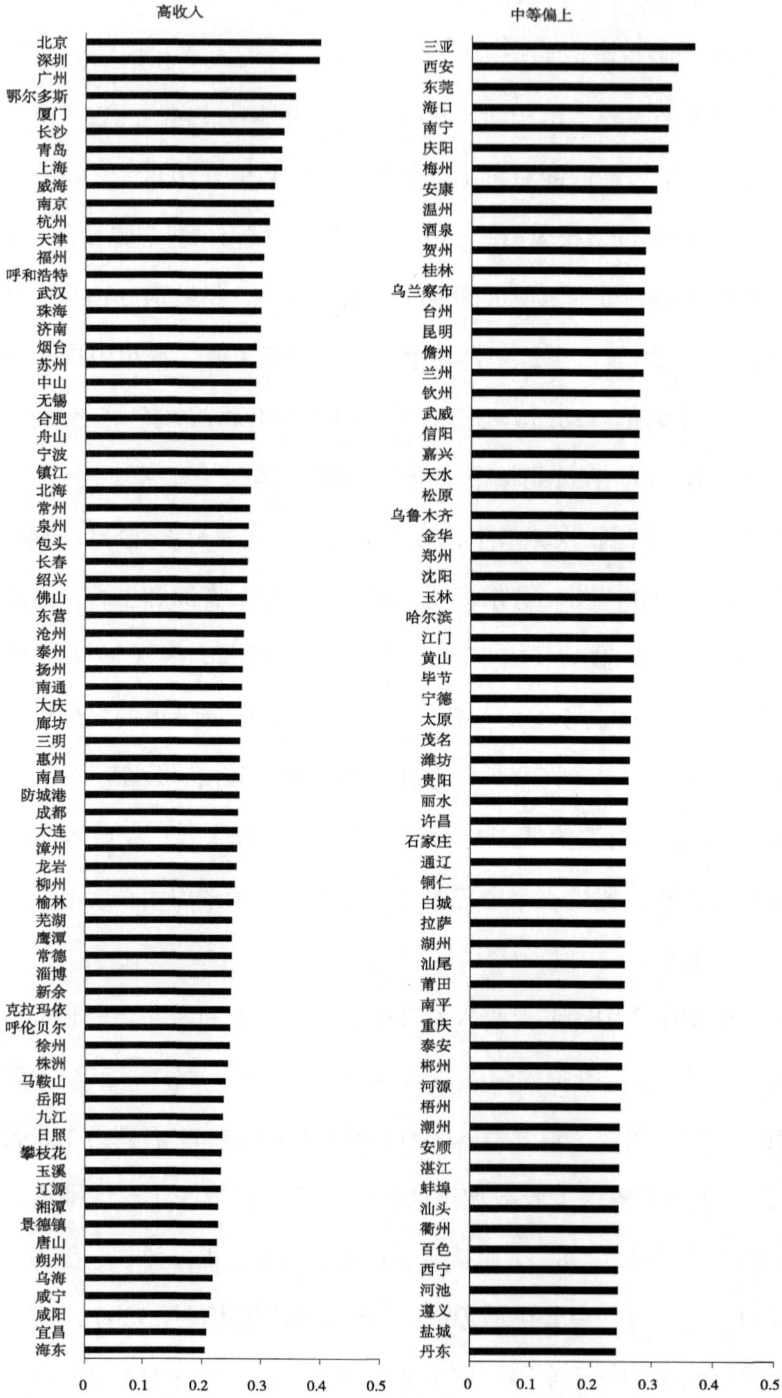

中等偏上（续1）

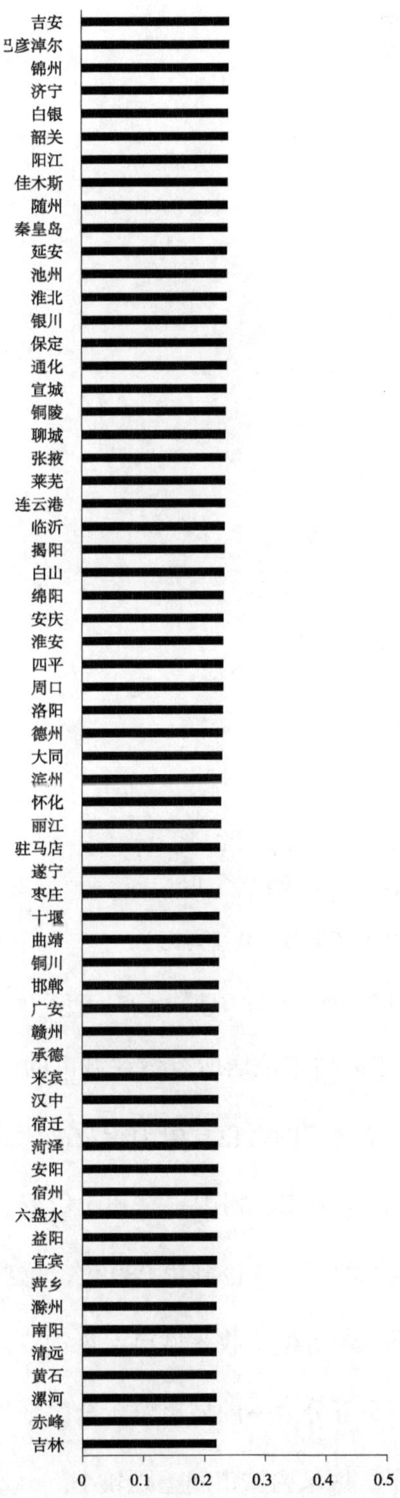

中等偏上（续2）

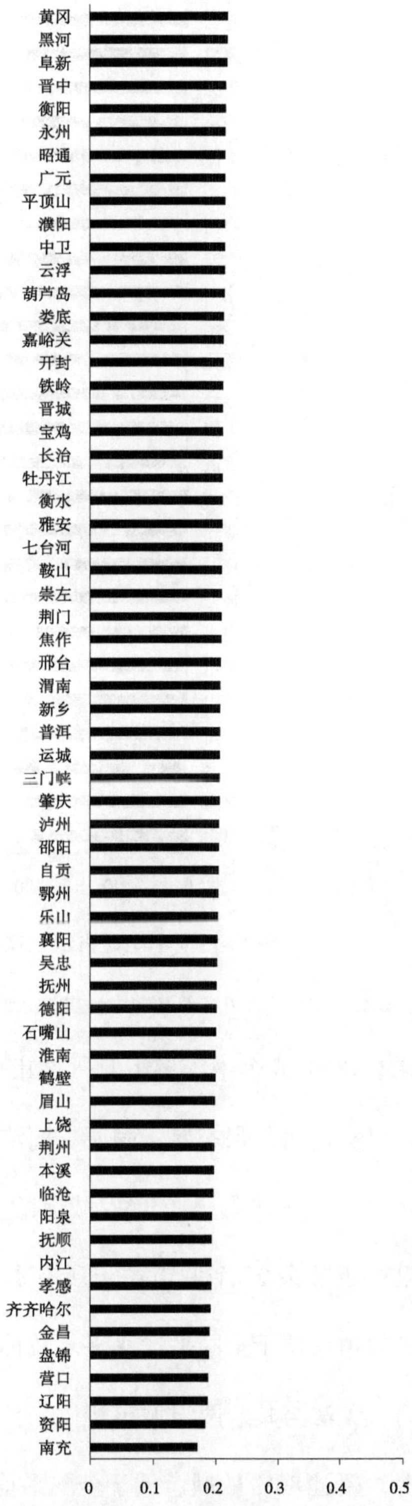

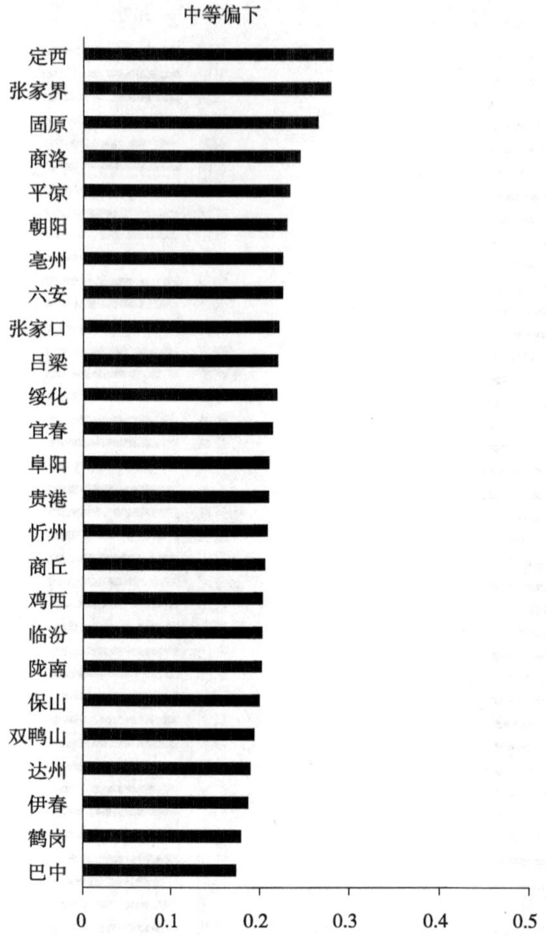

图 1-11　中国城市绿色竞争力指数不同收入水平对比

注：本图按照高收入、中等偏上和中等偏下收入划分，根据城市绿色竞争力指数大小自上至下排列。

在参评的 25 个中等偏下收入城市中，未有城市位居所有参评城市的前 10 位，且仅有定西、张家界、固原、商洛等 4 个城市的绿色竞争力指数高于全国平均水平，仅占中等偏下收入城市的 16%。而平凉、朝阳、亳州、伊春、鹤岗、巴中等其余 21 个城市位于所有参评城市的第 156 位到第 289 位，这些城市的指数值均低于全国平均水平。总体来看，中等偏下收入城市绿色竞争力最为落后，无法与其余两组城市相比，仅有不足五分之一的城市位于全国平均水平之上，超过 80% 的城市低于全国平均水平，区域内城市间差距较小。

六、本报告的框架结构及分析重点

《中国城市绿色竞争力指数报告 2019》由总论、城市经济基础与科技进步测算与分析、城市自然资产与环境压力测算与分析、城市资源与环境效率测算与分析、城市政策响应与社会福利测算与分析以及新时代中国城市绿色竞争力提升战略和附录组成。各部分围绕城市绿色竞争力这一主题，从不同角度对全国 290 个城市的绿色竞争力进行了测度、分析和专题研究。本报告框架如下：

"总论"探讨了城市绿色竞争力的内涵，建立了中国城市绿色竞争力评价指标体系，测度了全国 290 个城市绿色竞争力指数，并对报告的整体框架进行了介绍。

报告的主体内容为五章。

城市经济基础与科技进步测算与分析。该章与城市绿色竞争力指数的第一个一级指标相对应，对城市经济基础与科技进步指标进行测度及结果分析。

城市自然资产与环境压力测算与分析。该章与城市绿色竞争力指数的第二个一级指标相对应，对城市自然资产与环境压力指标进行测度及结果分析。

城市资源与环境效率测算与分析。该章与城市绿色竞争力指数的第三个一级指标相对应，对城市资源与环境效率指标进行测度及结果分析。

城市政策响应与社会福利测算与分析。该章与城市绿色竞争力指数的第四个一级指标相对应，对城市政策响应与社会福利指标进行测度及结果分析。

新时代中国城市绿色竞争力提升战略。该章中国城市绿色竞争力的现状进行综合性评价，探讨中国城市绿色竞争力提升的桎梏，指出中国城市绿色竞争力提升的重点方向。

本报告的最后部分为附录。对城市绿色竞争力指数测算指标和数据来源等进行解释。

第二章

经济基础与科技进步测算及分析

经济基础与科技进步是城市绿色竞争力的重要组成部分，是推动城市绿色发展的不竭动力。本章根据“中国城市绿色竞争力评价指标体系”中经济基础与科技进步的测度标准，利用 2016 年度数据，从经济基础和科技教育两个方面对中国 290 个地级以上城市的经济基础与科技进步指数进行了测度分析。

一、城市经济基础与科技进步的测算结果

根据“中国城市绿色竞争力评价指标体系”中经济基础与科技进步的测度体系和权重标准，对 2016 年中国 290 个城市的经济基础与科技进步指数测算结果如表 2-1 所示。

表 2-1　中国 290 个城市经济基础与科技进步指数及排名

城市	一级指标		二级指标			
	经济基础与科技进步		经济基础指标		科技教育指标	
	指数值	排名	指数值	排名	指数值	排名
北京	0.1554	1	0.0736	3	0.0817	1
广州	0.1393	2	0.0663	8	0.0730	4
上海	0.1391	3	0.0772	2	0.0619	14
天津	0.1283	4	0.0630	10	0.0654	9
南京	0.1239	5	0.0540	15	0.0699	6
武汉	0.1224	6	0.0522	18	0.0702	5
呼和浩特	0.1194	7	0.0616	11	0.0578	18
杭州	0.1174	8	0.0529	17	0.0645	10
西安	0.1139	9	0.0381	56	0.0758	3

续表

城市	一级指标		二级指标			
	经济基础与科技进步		经济基础指标		科技教育指标	
	指数值	排 名	指数值	排 名	指数值	排 名
兰州	0.1133	10	0.0367	65	0.0766	2
长沙	0.1109	11	0.0550	14	0.0559	21
乌鲁木齐	0.1103	12	0.0425	36	0.0678	7
深圳	0.1096	13	0.0687	4	0.0408	42
太原	0.1036	14	0.0361	69	0.0675	8
苏州	0.1035	15	0.0687	5	0.0348	51
海口	0.1014	16	0.0395	46	0.0619	15
济南	0.1013	17	0.0467	26	0.0547	23
鄂尔多斯	0.0992	18	0.0864	1	0.0128	284
昆明	0.0988	19	0.0345	81	0.0643	11
合肥	0.0987	20	0.0364	67	0.0623	13
无锡	0.0987	21	0.0684	6	0.0303	77
贵阳	0.0981	22	0.0344	82	0.0637	12
常州	0.0969	23	0.0630	9	0.0339	56
青岛	0.0948	24	0.0579	12	0.0369	46
珠海	0.0944	25	0.0403	44	0.0541	24
包头	0.0939	26	0.0663	7	0.0276	105
郑州	0.0927	27	0.0407	43	0.0520	26
镇江	0.0916	28	0.0568	13	0.0347	53
东莞	0.0902	29	0.0474	22	0.0428	38
威海	0.0900	30	0.0479	20	0.0421	40
大庆	0.0893	31	0.0321	95	0.0572	19
成都	0.0888	32	0.0335	87	0.0552	22
南昌	0.0882	33	0.0312	102	0.0570	20
长春	0.0879	34	0.0355	75	0.0524	25
西宁	0.0870	35	0.0289	128	0.0581	17
福州	0.0869	36	0.0382	55	0.0487	27
沈阳	0.0861	37	0.0382	53	0.0479	31
石家庄	0.0860	38	0.0376	61	0.0484	28
拉萨	0.0854	39	0.0270	144	0.0584	16

续表

城市	一级指标		二级指标			
	经济基础与科技进步		经济基础指标		科技教育指标	
	指数值	排名	指数值	排名	指数值	排名
哈尔滨	0.0843	40	0.0386	51	0.0457	35
三亚	0.0833	41	0.0425	37	0.0409	41
烟台	0.0833	42	0.0465	27	0.0368	47
芜湖	0.0823	43	0.0363	68	0.0460	34
重庆	0.0818	44	0.0338	86	0.0481	29
东营	0.0814	45	0.0530	16	0.0284	97
厦门	0.0812	46	0.0417	39	0.0396	43
绍兴	0.0802	47	0.0470	24	0.0332	60
宁波	0.0802	48	0.0492	19	0.0310	72
大连	0.0792	49	0.0473	23	0.0319	65
南宁	0.0780	50	0.0304	106	0.0475	32
中山	0.0776	51	0.0428	33	0.0348	52
佛山	0.0759	52	0.0463	28	0.0296	80
南通	0.0756	53	0.0457	30	0.0299	78
毕节	0.0753	54	0.0274	142	0.0480	30
沧州	0.0741	55	0.0361	70	0.0380	45
淄博	0.0736	56	0.0422	38	0.0314	69
洛阳	0.0735	57	0.0346	80	0.0390	44
许昌	0.0724	58	0.0475	21	0.0249	150
潍坊	0.0723	59	0.0369	64	0.0354	48
温州	0.0722	60	0.0416	40	0.0306	76
嘉兴	0.0719	61	0.0392	47	0.0326	63
扬州	0.0713	62	0.0440	31	0.0273	112
廊坊	0.0711	63	0.0387	50	0.0324	64
银川	0.0706	64	0.0282	133	0.0423	39
徐州	0.0693	65	0.0402	45	0.0291	85
丽水	0.0692	66	0.0433	32	0.0259	132
新余	0.0689	67	0.0459	29	0.0229	189
秦皇岛	0.0688	68	0.0335	88	0.0354	49
淮北	0.0684	69	0.0470	25	0.0214	212

续表

城市	一级指标		二级指标			
	经济基础与科技进步		经济基础指标		科技教育指标	
	指数值	排名	指数值	排名	指数值	排名
马鞍山	0.0667	70	0.0357	74	0.0309	73
绵阳	0.0661	71	0.0190	240	0.0472	33
湖州	0.0661	72	0.0388	48	0.0273	111
泰州	0.0660	73	0.0426	35	0.0234	177
泉州	0.0651	74	0.0380	57	0.0271	117
滨州	0.0647	75	0.0408	42	0.0239	168
台州	0.0643	76	0.0382	54	0.0261	128
蚌埠	0.0629	77	0.0281	134	0.0348	50
金华	0.0629	78	0.0387	49	0.0242	162
保定	0.0629	79	0.0199	230	0.0430	37
吉林	0.0627	80	0.0373	63	0.0255	142
三明	0.0626	81	0.0365	66	0.0261	129
盐城	0.0626	82	0.0359	72	0.0268	121
遵义	0.0624	83	0.0296	119	0.0328	62
常德	0.0623	84	0.0380	58	0.0244	159
岳阳	0.0621	85	0.0349	78	0.0272	113
唐山	0.0617	86	0.0375	62	0.0241	165
克拉玛依	0.0613	87	0.0297	118	0.0316	66
泰安	0.0612	88	0.0339	85	0.0273	110
茂名	0.0611	89	0.0299	115	0.0312	70
铜仁	0.0609	90	0.0275	139	0.0334	59
日照	0.0607	91	0.0360	71	0.0247	155
衢州	0.0602	92	0.0376	60	0.0227	194
江门	0.0601	93	0.0303	108	0.0298	79
榆林	0.0600	94	0.0351	76	0.0249	151
济宁	0.0598	95	0.0324	94	0.0274	108
惠州	0.0594	96	0.0315	99	0.0279	103
柳州	0.0594	97	0.0258	158	0.0336	57
龙岩	0.0589	98	0.0329	92	0.0260	131
临沂	0.0588	99	0.0296	120	0.0292	83

续表

城市	一级指标		二级指标			
	经济基础与科技进步		经济基础指标		科技教育指标	
	指数值	排 名	指数值	排 名	指数值	排 名
铜陵	0.0587	100	0.0292	124	0.0295	81
乌海	0.0587	101	0.0426	34	0.0161	276
湛江	0.0587	102	0.0258	156	0.0329	61
北海	0.0586	103	0.0295	122	0.0292	84
九江	0.0584	104	0.0268	147	0.0316	67
连云港	0.0580	105	0.0298	117	0.0282	98
通辽	0.0579	106	0.0383	52	0.0197	240
张家界	0.0576	107	0.0415	41	0.0161	277
桂林	0.0572	108	0.0233	190	0.0339	55
德州	0.0572	109	0.0304	107	0.0268	120
漳州	0.0570	110	0.0332	91	0.0238	170
海东	0.0568	111	0.0299	112	0.0269	118
郴州	0.0567	112	0.0309	104	0.0259	133
淮安	0.0567	113	0.0358	73	0.0210	221
崇左	0.0565	114	0.0285	131	0.0280	102
莱芜	0.0565	115	0.0291	126	0.0273	109
晋中	0.0559	116	0.0224	195	0.0335	58
儋州	0.0558	117	0.0120	286	0.0439	36
贵港	0.0553	118	0.0244	176	0.0309	74
莆田	0.0550	119	0.0264	152	0.0287	94
株洲	0.0547	120	0.0324	93	0.0223	199
潮州	0.0545	121	0.0277	137	0.0268	119
乌兰察布	0.0544	122	0.0379	59	0.0165	271
汕头	0.0544	123	0.0257	159	0.0287	92
肇庆	0.0542	124	0.0254	163	0.0288	90
宜昌	0.0542	125	0.0255	161	0.0287	93
宣城	0.0538	126	0.0319	96	0.0219	205
朔州	0.0538	127	0.0332	90	0.0206	228
固原	0.0536	128	0.0294	123	0.0242	161
贺州	0.0536	129	0.0281	135	0.0255	140

续表

城 市	一级指标		二级指标			
	经济基础与科技进步		经济基础指标		科技教育指标	
	指数值	排 名	指数值	排 名	指数值	排 名
鞍山	0.0533	130	0.0289	127	0.0244	158
六盘水	0.0533	131	0.0298	116	0.0234	176
清远	0.0530	132	0.0274	140	0.0256	137
中卫	0.0528	133	0.0292	125	0.0236	173
四平	0.0527	134	0.0262	153	0.0265	123
巴彦淖尔	0.0527	135	0.0350	77	0.0177	257
赤峰	0.0525	136	0.0287	130	0.0238	172
舟山	0.0524	137	0.0318	97	0.0206	227
怀化	0.0522	138	0.0317	98	0.0205	231
酒泉	0.0521	139	0.0289	129	0.0232	182
承德	0.0521	140	0.0249	168	0.0272	114
丹东	0.0520	141	0.0240	179	0.0280	99
广安	0.0520	142	0.0299	114	0.0221	201
玉林	0.0520	143	0.0214	216	0.0306	75
湘潭	0.0519	144	0.0270	145	0.0249	149
张掖	0.0518	145	0.0208	221	0.0310	71
黄山	0.0518	146	0.0333	89	0.0185	247
松原	0.0516	147	0.0344	83	0.0172	263
南平	0.0515	148	0.0274	141	0.0242	163
衡阳	0.0514	149	0.0296	121	0.0218	207
池州	0.0514	150	0.0302	110	0.0211	219
武威	0.0513	151	0.0171	258	0.0342	54
聊城	0.0513	152	0.0309	103	0.0203	232
枣庄	0.0513	153	0.0299	111	0.0213	213
阳泉	0.0512	154	0.0250	165	0.0262	126
天水	0.0512	155	0.0198	232	0.0314	68
呼伦贝尔	0.0512	156	0.0304	105	0.0207	225
滁州	0.0511	157	0.0250	166	0.0262	127
牡丹江	0.0510	158	0.0340	84	0.0170	268
安康	0.0509	159	0.0237	184	0.0272	115

续表

城市	一级指标		二级指标			
	经济基础与科技进步		经济基础指标		科技教育指标	
	指数值	排名	指数值	排名	指数值	排名
锦州	0.0509	160	0.0218	210	0.0290	87
新乡	0.0508	161	0.0220	205	0.0289	89
赣州	0.0507	162	0.0219	209	0.0288	91
梧州	0.0505	163	0.0248	171	0.0257	136
大同	0.0504	164	0.0265	151	0.0239	167
钦州	0.0499	165	0.0219	206	0.0280	100
韶关	0.0498	166	0.0268	149	0.0229	187
安顺	0.0497	167	0.0248	169	0.0249	152
丽江	0.0497	168	0.0221	202	0.0276	106
景德镇	0.0496	169	0.0241	178	0.0255	141
德阳	0.0496	170	0.0258	157	0.0238	171
石嘴山	0.0495	171	0.0276	138	0.0219	206
嘉峪关	0.0494	172	0.0314	100	0.0180	253
邯郸	0.0493	173	0.0238	182	0.0256	139
安庆	0.0493	174	0.0238	183	0.0256	138
菏泽	0.0492	175	0.0245	175	0.0247	153
玉溪	0.0488	176	0.0260	154	0.0229	191
安阳	0.0488	177	0.0238	181	0.0250	147
鄂州	0.0487	178	0.0246	174	0.0241	166
辽源	0.0487	179	0.0302	109	0.0184	248
黄石	0.0486	180	0.0236	186	0.0250	148
襄阳	0.0484	181	0.0218	211	0.0266	122
汉中	0.0482	182	0.0202	226	0.0280	101
攀枝花	0.0481	183	0.0188	241	0.0293	82
揭阳	0.0480	184	0.0220	204	0.0260	130
宿迁	0.0479	185	0.0299	113	0.0180	254
防城港	0.0477	186	0.0347	79	0.0131	283
三门峡	0.0476	187	0.0256	160	0.0221	202
张家口	0.0475	188	0.0242	177	0.0233	179
萍乡	0.0472	189	0.0277	136	0.0195	241

续表

城市	一级指标		二级指标			
	经济基础与科技进步		经济基础指标		科技教育指标	
	指数值	排 名	指数值	排 名	指数值	排 名
百色	0.0469	190	0.0222	201	0.0247	154
长治	0.0468	191	0.0217	212	0.0251	146
自贡	0.0468	192	0.0248	172	0.0220	203
阳江	0.0466	193	0.0283	132	0.0182	250
宝鸡	0.0463	194	0.0192	238	0.0271	116
信阳	0.0463	195	0.0171	257	0.0291	86
白城	0.0462	196	0.0229	192	0.0233	180
南阳	0.0462	197	0.0184	244	0.0278	104
永州	0.0462	198	0.0249	167	0.0213	216
咸宁	0.0460	199	0.0233	191	0.0227	192
焦作	0.0459	200	0.0237	185	0.0223	200
邢台	0.0458	201	0.0223	197	0.0236	174
咸阳	0.0456	202	0.0171	259	0.0285	96
开封	0.0456	203	0.0225	194	0.0231	183
运城	0.0456	204	0.0217	213	0.0239	169
平顶山	0.0454	205	0.0220	203	0.0234	178
吉安	0.0453	206	0.0179	249	0.0274	107
随州	0.0453	207	0.0259	155	0.0194	243
营口	0.0452	208	0.0312	101	0.0140	280
来宾	0.0452	209	0.0199	229	0.0253	144
鹰潭	0.0452	210	0.0254	162	0.0197	238
乐山	0.0448	211	0.0235	189	0.0213	215
益阳	0.0446	212	0.0271	143	0.0175	259
亳州	0.0446	213	0.0238	180	0.0207	226
通化	0.0445	214	0.0236	187	0.0209	222
宜春	0.0442	215	0.0210	219	0.0233	181
河池	0.0438	216	0.0209	220	0.0229	190
普洱	0.0438	217	0.0152	276	0.0286	95
宁德	0.0437	218	0.0235	188	0.0202	235
辽阳	0.0433	219	0.0268	150	0.0166	270

续表

城市	一级指标		二级指标			
	经济基础与科技进步		经济基础指标		科技教育指标	
	指数值	排 名	指数值	排 名	指数值	排 名
渭南	0.0433	220	0.0171	260	0.0262	124
阜阳	0.0432	221	0.0197	234	0.0235	175
达州	0.0430	222	0.0178	250	0.0253	145
梅州	0.0430	223	0.0211	218	0.0219	204
衡水	0.0430	224	0.0250	164	0.0179	255
宿州	0.0429	225	0.0140	281	0.0289	88
忻州	0.0428	226	0.0216	214	0.0212	218
眉山	0.0427	227	0.0222	199	0.0205	230
本溪	0.0427	228	0.0246	173	0.0181	252
淮南	0.0425	229	0.0181	247	0.0244	157
晋城	0.0425	230	0.0223	196	0.0202	233
昭通	0.0425	231	0.0172	255	0.0253	143
河源	0.0423	232	0.0216	215	0.0208	224
定西	0.0423	233	0.0181	248	0.0242	160
荆州	0.0422	234	0.0176	252	0.0247	156
临汾	0.0421	235	0.0219	207	0.0202	234
佳木斯	0.0419	236	0.0268	148	0.0151	278
葫芦岛	0.0416	237	0.0203	223	0.0212	217
上饶	0.0413	238	0.0213	217	0.0200	237
濮阳	0.0412	239	0.0198	231	0.0214	211
曲靖	0.0412	240	0.0149	279	0.0262	125
云浮	0.0411	241	0.0182	246	0.0229	186
平凉	0.0411	242	0.0152	277	0.0259	134
铜川	0.0408	243	0.0178	251	0.0230	184
阜新	0.0406	244	0.0182	245	0.0224	197
娄底	0.0405	245	0.0223	198	0.0182	249
汕尾	0.0404	246	0.0193	236	0.0211	220
庆阳	0.0401	247	0.0172	256	0.0230	185
延安	0.0399	248	0.0190	239	0.0209	223
抚顺	0.0398	249	0.0225	193	0.0173	262
商洛	0.0394	250	0.0152	275	0.0241	164

续表

城市	一级指标		二级指标			
	经济基础与科技进步		经济基础指标		科技教育指标	
	指数值	排名	指数值	排名	指数值	排名
宜宾	0.0393	251	0.0187	242	0.0206	229
陇南	0.0391	252	0.0201	228	0.0190	245
铁岭	0.0388	253	0.0161	267	0.0226	195
驻马店	0.0388	254	0.0158	271	0.0229	188
黄冈	0.0387	255	0.0160	269	0.0227	193
白山	0.0387	256	0.0248	170	0.0139	281
盘锦	0.0386	257	0.0269	146	0.0117	285
雅安	0.0385	258	0.0219	208	0.0166	269
荆门	0.0384	259	0.0203	225	0.0181	251
吕梁	0.0380	260	0.0163	265	0.0217	210
保山	0.0379	261	0.0162	266	0.0217	208
泸州	0.0377	262	0.0152	278	0.0225	196
白银	0.0375	263	0.0184	243	0.0191	244
广元	0.0372	264	0.0201	227	0.0171	265
邵阳	0.0371	265	0.0207	222	0.0164	273
抚州	0.0371	266	0.0154	274	0.0217	209
朝阳	0.0366	267	0.0203	224	0.0162	274
齐齐哈尔	0.0364	268	0.0222	200	0.0142	279
十堰	0.0364	269	0.0167	261	0.0197	239
吴忠	0.0363	270	0.0192	237	0.0172	264
六安	0.0358	271	0.0100	288	0.0257	135
漯河	0.0356	272	0.0194	235	0.0162	275
周口	0.0349	273	0.0136	284	0.0213	214
内江	0.0348	274	0.0154	273	0.0194	242
南充	0.0344	275	0.0143	280	0.0200	236
绥化	0.0342	276	0.0172	254	0.0170	267
商丘	0.0342	277	0.0167	262	0.0176	258
临沧	0.0342	278	0.0165	263	0.0177	256
鹤壁	0.0340	279	0.0154	272	0.0186	246
资阳	0.0337	280	0.0164	264	0.0173	260
孝感	0.0336	281	0.0112	287	0.0223	198
遂宁	0.0332	282	0.0159	270	0.0173	261

续表

城 市	一级指标		二级指标			
	经济基础与科技进步		经济基础指标		科技教育指标	
	指数值	排 名	指数值	排 名	指数值	排 名
双鸭山	0.0331	283	0.0161	268	0.0170	266
金昌	0.0308	284	0.0175	253	0.0132	282
七台河	0.0298	285	0.0197	233	0.0101	289
巴中	0.0262	286	0.0098	289	0.0164	272
鸡西	0.0250	287	0.0138	283	0.0112	286
黑河	0.0241	288	0.0138	282	0.0103	288
鹤岗	0.0201	289	0.0094	290	0.0107	287
伊春	0.0176	290	0.0122	285	0.0054	290

注：1. 本表根据“中国城市绿色竞争力评价指标体系”中的经济基础与科技进步指标体系，依据各指标 2016 年数据测算而得。2. 本表各测评城市按照经济基础与科技进步的指数值从大到小排序。3. 本表一级指标“经济基础与科技进步”指数值等于两个二级指标“经济基础”“科技教育”指数值之和。4. 本表测度结果保留 4 位小数，如果指数相同排名相同说明两市测算的指数完全一样，如果指数相同但排名不同则是小数点四舍五入的结果，说明指数值在小数点 4 位之后有差异，本章节此后所有测度结果均采用该方法保留 4 位小数。5. 以上数据及排名根据《中国城市统计年鉴 2017》《国泰安数据库 – 经济研究系列区域经济库》等测算。6. 为了便于后文进行比较分析，基于算数平均方法，我们测算出全国所有参评城市经济基础与科技进步指数平均水平为 0.0583，所有参评城市经济基础指数平均水平为 0.0296，所有参评城市科技教育指数平均水平为 0.0288。

从表 2–1 可以看到，2016 年中国 290 个城市经济基础与科技进步中，指数值最高的是北京，达到了 0.1554；最低的是伊春，为 0.0176。排在前 20 位的城市依次是：北京、广州、上海、天津、南京、武汉、呼和浩特、杭州、西安、兰州、长沙、乌鲁木齐、深圳、太原、苏州、海口、济南、鄂尔多斯、昆明、合肥。其中，二级指标中，经济基础指标排名前 20 位的城市依次为鄂尔多斯、上海、北京、深圳、苏州、无锡、包头、广州、常州、天津、呼和浩特、青岛、镇江、长沙、南京、东营、杭州、武汉、宁波、威海；科技教育指标排名前 20 的城市依次为北京、兰州、西安、广州、武汉、南京、乌鲁木齐、太原、天津、杭州、昆明、贵阳、合肥、上海、海口、拉萨、西宁、呼和浩特、大庆、南昌。2016 年中国 290 个城市经济基础与科技进步排名前 20 位和后 20 位的具体情况见图 2–1。

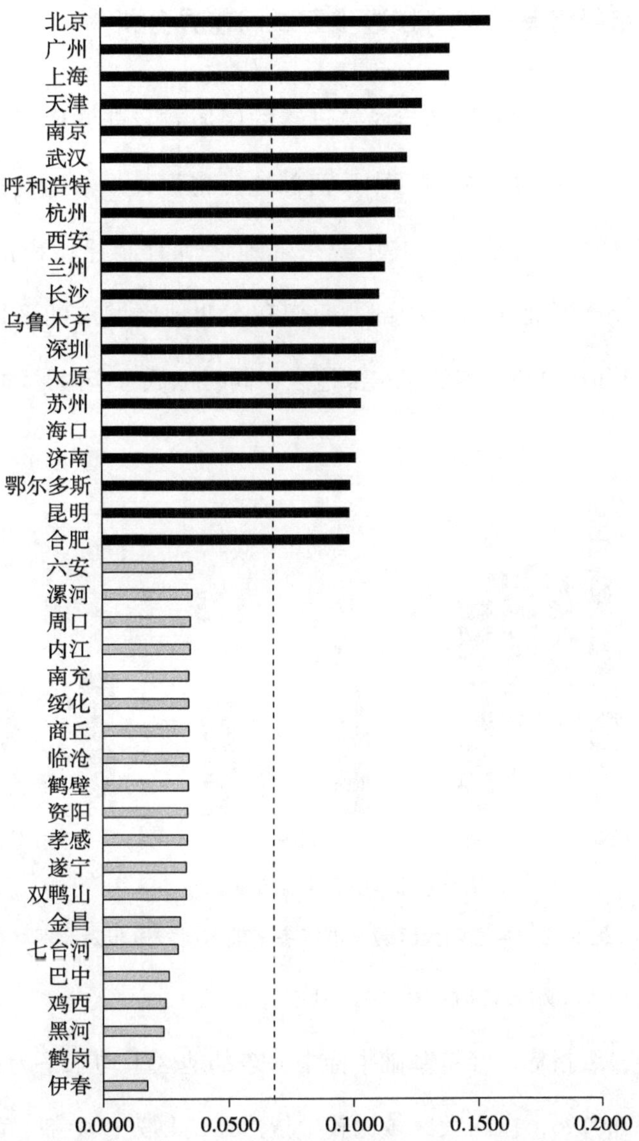

图 2–1 中国城市经济基础与科技进步排名前 20 位和后 20 位的城市

注：本图根据表 2–1 制作。指数值由高到低排列，虚线表示所有参评城市经济基础与科技进步的平均值 0.0583。

根据表 2–1 和图 2–1，下面进一步从城市经济基础与科技进步区域之间差异、区域内部差异以及 2016 年中国城市绿色竞争力指数与城市经济基础与科技进步的相关关系进行分析。

（一）城市经济基础与科技进步区域间差异分析

总体来看，城市经济基础与科技进步的区域差异非常明显，其中东部地区城市遥遥领先；其他三个地区中，西部地区稍强，中部地区次之，东北地区最弱。具体如图 2–2 所示。其中，东部地区所有测评城市的平均水平达到 0.0708，远高于其他地区。中部、西部和东北地区城市的平均水平分别为 0.0527、0.0552 和 0.0473，均低于东部地区，同时也低于全国平均水平 0.0583。

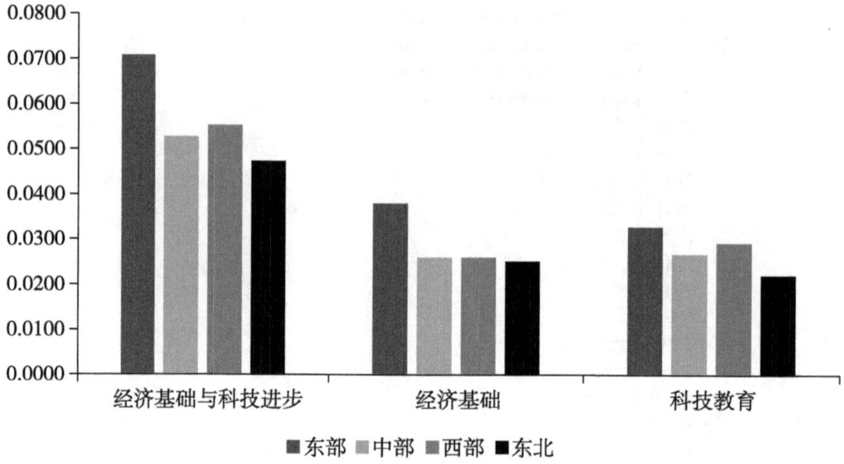

图 2–2　中国四大区域城市经济基础与科技进步对照图

注：本图数据为四大区域中各城市指数值的算数平均值。

具体到各二级指标，经济基础指标中，东部地区平均水平为 0.0380，高于全国平均水平 0.0296，在四大区域比较中依然遥遥领先；中部、西部地区平均水平为 0.0260，东北地区平均水平为 0.0252，均低于全国平均水平。

科技教育指标中，东部地区平均水平为 0.0328，高于全国平均水平 0.0288；西部地区稍高于全国水平，平均水平为 0.0292；中部地区低于全国平均水平，平均水平为 0.0267；东北地区平均水平最低，为 0.0221。

（二）城市经济基础与科技进步区域内差异分析

从城市经济基础与科技进步测算结果来看，城市排名呈现出区域化特征，东部地区多数城市排名相对靠前，平均位次为91；中部、西部及东北部地区多数城市总体排名比较接近，平均位次分别为170、159、196。各区域内部的城市排名差异十分接近。从区域内部最高位次与最低位次的位差数来看：东部地区差距为245位，中部地区、西部地区和东北地区差距分别为275位、279位和259位。

1. 东部地区城市经济基础与科技进步指数及排名

2016年中国东部地区城市经济基础与科技进步指数及排名如表2-2所示。

表2-2　中国东部地区城市经济基础与科技进步指数及排名

城市	指数值	整体排名	区域内排名	城市	指数值	整体排名	区域内排名
北京	0.1554	1	1	保定	0.0629	79	45
广州	0.1393	2	2	三明	0.0626	81	46
上海	0.1391	3	3	盐城	0.0626	82	47
天津	0.1283	4	4	唐山	0.0617	86	48
南京	0.1239	5	5	泰安	0.0612	88	49
杭州	0.1174	8	6	茂名	0.0611	89	50
深圳	0.1096	13	7	日照	0.0607	91	51
苏州	0.1035	15	8	衢州	0.0602	92	52
海口	0.1014	16	9	江门	0.0601	93	53
济南	0.1013	17	10	济宁	0.0598	95	54
无锡	0.0987	21	11	惠州	0.0594	96	55
常州	0.0969	23	12	龙岩	0.0589	98	56
青岛	0.0948	24	13	临沂	0.0588	99	57
珠海	0.0944	25	14	湛江	0.0587	102	58
镇江	0.0916	28	15	连云港	0.0580	105	59
东莞	0.0902	29	16	德州	0.0572	109	60
威海	0.0900	30	17	漳州	0.0570	110	61
福州	0.0869	36	18	淮安	0.0567	113	62

续表

城市	指数值	整体排名	区域内排名	城市	指数值	整体排名	区域内排名
石家庄	0.0860	38	19	莱芜	0.0565	115	63
三亚	0.0833	41	20	儋州	0.0558	117	64
烟台	0.0833	42	21	莆田	0.0550	119	65
东营	0.0814	45	22	潮州	0.0545	121	66
厦门	0.0812	46	23	汕头	0.0544	123	67
绍兴	0.0802	47	24	肇庆	0.0542	124	68
宁波	0.0802	48	25	清远	0.0530	132	69
中山	0.0776	51	26	舟山	0.0524	137	70
佛山	0.0759	52	27	承德	0.0521	140	71
南通	0.0756	53	28	南平	0.0515	148	72
沧州	0.0741	55	29	聊城	0.0513	152	73
淄博	0.0736	56	30	枣庄	0.0513	153	74
潍坊	0.0723	59	31	韶关	0.0498	166	75
温州	0.0722	60	32	邯郸	0.0493	173	76
嘉兴	0.0719	61	33	菏泽	0.0492	175	77
扬州	0.0713	62	34	揭阳	0.0480	184	78
廊坊	0.0711	63	35	宿迁	0.0479	185	79
徐州	0.0693	65	36	张家口	0.0475	188	80
丽水	0.0692	66	37	阳江	0.0466	193	81
秦皇岛	0.0688	68	38	邢台	0.0458	201	82
湖州	0.0661	72	39	宁德	0.0437	218	83
泰州	0.0660	73	40	梅州	0.0430	223	84
泉州	0.0651	74	41	衡水	0.0430	224	85
滨州	0.0647	75	42	河源	0.0423	232	86
台州	0.0643	76	43	云浮	0.0411	241	87
金华	0.0629	78	44	汕尾	0.0404	246	88

注：根据表 2–1 整理。

东部地区参评的 88 个城市中，有 6 个城市位居所有测评城市的前 10 位，分别是北京、广州、上海、天津、南京、杭州，占东部城市的比重为 6.82%。其中北京以 0.1554 高分位居所有测评城市之首，遥遥超过位于第二名广州的

0.1393，除去全国排名前 10 的 6 个城市外，深圳、苏州、海口等 52 个城市排在全国第 11 名到 102 名不等的位置。这 58 个东部城市的经济基础与科技进步指数高于全国平均水平，占东部城市的 65.91%，优势非常明显。而连云港、德州、漳州等其余的 30 个城市位于所有参评城市的第 103 位到 250 位，它们的指数值均低于全国平均水平。总体来看，东部地区城市的经济基础与科技进步指数处于领先地位。

从区域内部差异来看，东部地区排名最高的北京（第 1 名，指数值 0.1554）与排名最低的汕尾（第 246 名，指数值 0.0404）之间的位差为 245 位，在四大区域中位差排名第四。可见东部地区不但整体较强，而且区域内部差距也较小。

2. 中部地区城市经济基础与科技进步指数及排名

2016 年中国中部地区城市经济基础与科技进步指数及排名如表 2–3 所示。

表 2–3　中国中部地区城市经济基础与科技进步指数及排名

城市	指数值	整体排名	区域内排名	城市	指数值	整体排名	区域内排名
武汉	0.1224	6	1	三门峡	0.0476	187	41
长沙	0.1109	11	2	萍乡	0.0472	189	42
太原	0.1036	14	3	长治	0.0468	191	43
合肥	0.0987	20	4	信阳	0.0463	195	44
郑州	0.0927	27	5	南阳	0.0462	197	45
南昌	0.0882	33	6	永州	0.0462	198	46
芜湖	0.0823	43	7	咸宁	0.0460	199	47
洛阳	0.0735	57	8	焦作	0.0459	200	48
许昌	0.0724	58	9	开封	0.0456	203	49
新余	0.0689	67	10	运城	0.0456	204	50
淮北	0.0684	69	11	平顶山	0.0454	205	51
马鞍山	0.0667	70	12	吉安	0.0453	206	52
蚌埠	0.0629	77	13	随州	0.0453	207	53
常德	0.0623	84	14	鹰潭	0.0452	210	54

续表

城市	指数值	整体排名	区域内排名	城市	指数值	整体排名	区域内排名
岳阳	0.0621	85	15	益阳	0.0446	212	55
铜陵	0.0587	100	16	亳州	0.0446	213	56
九江	0.0584	104	17	宜春	0.0442	215	57
张家界	0.0576	107	18	阜阳	0.0432	221	58
郴州	0.0567	112	19	宿州	0.0429	225	59
晋中	0.0559	116	20	忻州	0.0428	226	60
株洲	0.0547	120	21	淮南	0.0425	229	61
宜昌	0.0542	125	22	晋城	0.0425	230	62
宣城	0.0538	126	23	荆州	0.0422	234	63
朔州	0.0538	127	24	临汾	0.0421	235	64
怀化	0.0522	138	25	上饶	0.0413	238	65
湘潭	0.0519	144	26	濮阳	0.0412	239	66
黄山	0.0518	146	27	娄底	0.0405	245	67
衡阳	0.0514	149	28	驻马店	0.0388	254	68
池州	0.0514	150	29	黄冈	0.0387	255	69
阳泉	0.0512	154	30	荆门	0.0384	259	70
滁州	0.0511	157	31	吕梁	0.0380	260	71
新乡	0.0508	161	32	邵阳	0.0371	265	72
赣州	0.0507	162	33	抚州	0.0371	266	73
大同	0.0504	164	34	十堰	0.0364	269	74
景德镇	0.0496	169	35	六安	0.0358	271	75
安庆	0.0493	174	36	漯河	0.0356	272	76
安阳	0.0488	177	37	周口	0.0349	273	77
鄂州	0.0487	178	38	商丘	0.0342	277	78
黄石	0.0486	180	39	鹤壁	0.0340	279	79
襄阳	0.0484	181	40	孝感	0.0336	281	80

注：根据表 2–1 整理。

中部地区参与测评的 80 个城市中，仅武汉位于所有参评城市排名前 10 位；除此之外中部还有长沙、太原、合肥、郑州等 16 个城市的经济基础与科技进步指数值高于全国所有参评城市的平均水平 0.0583。而中部城市的指数值从全国排名第107位的张家界开始，余下的63个城市指标值均小于0.0583，即低于全国平均水平，排名分布在第107位至281位之间。因此，绝大部分中部城市经济基础与科技进步指数值在全国排名较低。

从区域内部差异来看，中部地区排名最高的武汉（第6名，指数值0.1224）与排名最低的孝感（第281名，指数值0.0336）之间的位差为275位，在四大区域中位差排名第二，可见中部地区区域内部差距也较大。

3. 西部地区城市经济基础与科技进步指数及排名

2016年中国西部地区城市经济基础与科技进步指数及排名如表2–4所示。

表2–4　中国西部地区城市经济基础与科技进步指数及排名

城市	指数值	整体排名	区域内排名	城市	指数值	整体排名	区域内排名
呼和浩特	0.1194	7	1	钦州	0.0499	165	45
西安	0.1139	9	2	安顺	0.0497	167	46
兰州	0.1133	10	3	丽江	0.0497	168	47
乌鲁木齐	0.1103	12	4	德阳	0.0496	170	48
鄂尔多斯	0.0992	18	5	石嘴山	0.0495	171	49
昆明	0.0988	19	6	嘉峪关	0.0494	172	50
贵阳	0.0981	22	7	玉溪	0.0488	176	51
包头	0.0939	26	8	汉中	0.0482	182	52
成都	0.0888	32	9	攀枝花	0.0481	183	53
西宁	0.0870	35	10	防城港	0.0477	186	54
拉萨	0.0854	39	11	百色	0.0469	190	55
重庆	0.0818	44	12	自贡	0.0468	192	56
南宁	0.0780	50	13	宝鸡	0.0463	194	57
毕节	0.0753	54	14	咸阳	0.0456	202	58
银川	0.0706	64	15	来宾	0.0452	209	59
绵阳	0.0661	71	16	乐山	0.0448	211	60
遵义	0.0624	83	17	河池	0.0438	216	61
克拉玛依	0.0613	87	18	普洱	0.0438	217	62
铜仁	0.0609	90	19	渭南	0.0433	220	63
榆林	0.0600	94	20	达州	0.0430	222	64

续表

城市	指数值	整体排名	区域内排名	城市	指数值	整体排名	区域内排名
柳州	0.0594	97	21	眉山	0.0427	227	65
乌海	0.0587	101	22	昭通	0.0425	231	66
北海	0.0586	103	23	定西	0.0423	233	67
通辽	0.0579	106	24	曲靖	0.0412	240	68
桂林	0.0572	108	25	平凉	0.0411	242	69
海东	0.0568	111	26	铜川	0.0408	243	70
崇左	0.0565	114	27	庆阳	0.0401	247	71
贵港	0.0553	118	28	延安	0.0399	248	72
乌兰察布	0.0544	122	29	商洛	0.0394	250	73
固原	0.0536	128	30	宜宾	0.0393	251	74
贺州	0.0536	129	31	陇南	0.0391	252	75
六盘水	0.0533	131	32	雅安	0.0385	258	76
中卫	0.0528	133	33	保山	0.0379	261	77
巴彦淖尔	0.0527	135	34	泸州	0.0377	262	78
赤峰	0.0525	136	35	白银	0.0375	263	79
酒泉	0.0521	139	36	广元	0.0372	264	80
广安	0.0520	142	37	吴忠	0.0363	270	81
玉林	0.0520	143	38	内江	0.0348	274	82
张掖	0.0518	145	39	南充	0.0344	275	83
武威	0.0513	151	40	临沧	0.0342	278	84
天水	0.0512	155	41	资阳	0.0337	280	85
呼伦贝尔	0.0512	156	42	遂宁	0.0332	282	86
安康	0.0509	159	43	金昌	0.0308	284	87
梧州	0.0505	163	44	巴中	0.0262	286	88

注：根据表 2–1 整理。

西部地区参与测评的 88 个城市中，呼和浩特、西安、兰州进入所有参评城市前 10 位；乌鲁木齐、鄂尔多斯、昆明、贵阳等 23 个城市指数值大于 0.0583，即其经济基础与科技进步高于全国平均水平，均位于全国所有参评城市前 105 位。通辽、桂林、海东、崇左、贵港等 65 个城市经济基础与科技进步指数值小于 0.0583，低于全国平均水平。总的来说，西部城市的指数值的结构与中部城市类似，绝大多数城市经济基础与科技进步的指数值处于全国中下游水平。

从区域内部差异来看，西部地区排名最高的呼和浩特（第 7 名，指数值 0.1194）与排名最低的巴中（第 286 名，指数值 0.0262）之间的位差为 279 位，在四大区域中位差最大。可见西部地区城市经济基础与科技进步水平总体较差，区域内部差距也非常大。

4. 东北地区城市经济基础与科技进步指数及排名

2016 年中国东北地区城市经济基础与科技进步指数及排名如表 2–5 所示。

表 2–5　中国东北地区城市经济基础与科技进步指数及排名

城市	指数值	整体排名	区域内排名	城市	指数值	整体排名	区域内排名
大庆	0.0893	31	1	本溪	0.0427	228	18
长春	0.0879	34	2	佳木斯	0.0419	236	19
沈阳	0.0861	37	3	葫芦岛	0.0416	237	20
哈尔滨	0.0843	40	4	阜新	0.0406	244	21
大连	0.0792	49	5	抚顺	0.0398	249	22
吉林	0.0627	80	6	铁岭	0.0388	253	23
鞍山	0.0533	130	7	白山	0.0387	256	24
四平	0.0527	134	8	盘锦	0.0386	257	25
丹东	0.0520	141	9	朝阳	0.0366	267	26
松原	0.0516	147	10	齐齐哈尔	0.0364	268	27
牡丹江	0.0510	158	11	绥化	0.0342	276	28
锦州	0.0509	160	12	双鸭山	0.0331	283	29
辽源	0.0487	179	13	七台河	0.0298	285	30
白城	0.0462	196	14	鸡西	0.0250	287	31
营口	0.0452	208	15	黑河	0.0241	288	32
通化	0.0445	214	16	鹤岗	0.0201	289	33
辽阳	0.0433	219	17	伊春	0.0176	290	34

注：根据表 2–1 整理。

东北地区参与测评的 34 个城市中，无城市进入参评城市前 10 位的行列。大庆、长春、沈阳、哈尔滨、大连、吉林 6 个城市指数值大于 0.0583，高于全国平均水平。鞍山、四平、丹东、松原、牡丹江等其余 28 个城市的指数值都小于 0.0583，即低于全国平均水平，位居全国所有参评城市的中下游。总体来讲，东北地区绝大多数城市的经济基础与科技进步在全国排名偏于较低水平。

从区域内部差异来看，东北地区排名最高的大庆（第 31 名，指数值 0.0893）与排名最低的伊春（第 290 名，指数值 0.0176）之间的位差为 259 位，在四大区域中位差排第三位；指数值的差为 0.0717，在四大区域中最小。可见东北地区城市经济基础与科技进步较为接近，区域内部差距相对较小，但由于样本量也较小所以这种接近也有一定的相对性。

（三）城市经济基础与科技进步对中国城市绿色竞争力的影响分析

对比 2016 年中国城市绿色竞争力指数与经济基础与科技进步指数，可以看出 290 个参评城市中，有 129 个城市绿色竞争力指数排名高于经济基础与科技进步指数排名，比重为 44.48%，这些城市包括吕梁、通辽、丹东、阜新、锦州等。同时，有 159 个城市绿色竞争力指数排名低于经济基础与科技进步指数排名，如天津、石家庄、包头、营口、晋中等。北京和晋城 2 座城市绿色竞争力指数排名与经济基础与科技进步指数排名相同。

从影响程度分析，城市绿色竞争力指数排名与经济基础与科技进步指数排名差异较大（超过 50 位）的城市有 103 个，占所有城市的 35.86%；其中为正差的城市有 50 个，如太原、成都、石家庄、贵阳、自贡、拉萨等，这些城市的经济基础与科技进步对城市绿色竞争力的贡献较大；为负差的城市有 53 个，如庆阳、梅州、安康、酒泉、舟山等，这些城市的经济基础与科技进步对城市绿色竞争力的贡献较小。其中，庆阳的排名差异变化最大，其城市绿色竞争力指数位居所有测评城市第 14 位，但经济基础与科技进步指数仅为第 247 位，变化幅度达到了 233 位。同时，名次变动差异较小（50 名以内，含 50 名，不含 0）的城市共有 185 个，占所有城市的 63.79%，如深圳、三亚、广州、鄂尔多斯、西安等，说明经济基础与科技进步对城市绿色竞争力的影响效果不明显。而北京、晋城这 2 座城市的经济基础与科技进步指数与城市绿色竞争力指数排位相同，保持了一致性。2016 中国城市绿色竞争力指数排名与经济基础与科技进步排名差异超过 50 位的城市如表 2–6 所示。

表 2–6　中国城市绿色竞争力指数排名与经济基础与科技进步指数排名差异超过 50 位的城市

城市	绿色竞争力排名	经济基础与科技进步排名	位次变化	城市	绿色竞争力排名	经济基础与科技进步排名	位次变化
成都	83	32	51	安顺	115	167	–52
石家庄	90	38	52	梧州	110	163	–53
淄博	108	56	52	宜宾	198	251	–53
嘉峪关	226	172	54	固原	75	128	–53
临沂	154	99	55	吕梁	202	260	–58
拉萨	95	39	56	阳江	135	193	–58
岳阳	142	85	57	曲靖	182	240	–58
重庆	101	44	57	北海	44	103	–59
日照	149	91	58	铜川	183	243	–60
德州	167	109	58	张家界	46	107	–61
朔州	187	127	60	绥化	209	276	–67
芜湖	103	43	60	漯河	205	272	–67
达州	282	222	60	通化	145	214	–69
太原	76	14	62	随州	137	207	–70
马鞍山	132	70	62	百色	120	190	–70
贵阳	84	22	62	桂林	35	108	–73
三门峡	250	187	63	儋州	41	117	–76
自贡	256	192	64	黑河	210	288	–78
保定	144	79	65	黄山	68	146	–78
衡阳	214	149	65	吉安	128	206	–78
六盘水	196	131	65	驻马店	175	254	–79
辽阳	286	219	67	玉林	64	143	–79

续表

城市	绿色竞争力排名	经济基础与科技进步排名	位次变化	城市	绿色竞争力排名	经济基础与科技进步排名	位次变化
秦皇岛	138	68	70	乌兰察布	37	122	-85
赤峰	206	136	70	平凉	156	242	-86
清远	203	132	71	十堰	181	269	-88
淮北	141	69	72	松原	57	147	-90
牡丹江	233	158	75	六安	179	271	-92
营口	284	208	76	河池	122	216	-94
鄂州	257	178	79	贺州	34	129	-95
银川	143	64	79	白山	158	256	-98
襄阳	261	181	80	朝阳	168	267	-99
新乡	247	161	86	天水	56	155	-99
西宁	121	35	86	佳木斯	136	236	-100
中卫	221	133	88	白城	94	196	-102
唐山	176	86	90	武威	49	151	-102
绵阳	161	71	90	舟山	33	137	-104
滨州	170	75	95	鹰潭	105	210	-105
德阳	265	170	95	遂宁	177	282	-105
石嘴山	266	171	95	防城港	80	186	-106
晋中	213	116	97	周口	165	273	-108
鞍山	239	130	109	延安	139	248	-109
洛阳	166	57	109	酒泉	27	139	-112
乌海	212	101	111	钦州	48	165	-117
宜昌	245	125	120	河源	107	232	-125
贵港	238	118	120	商洛	123	250	-127
阳泉	276	154	122	白银	133	263	-130
崇左	240	114	126	安康	19	159	-140
吉林	207	80	127	信阳	52	195	-143
肇庆	251	124	127	宁德	74	218	-144
海东	254	111	143	汕尾	97	246	-149
				定西	43	233	-190
				梅州	18	223	-205
				庆阳	14	247	-233

注：1. 本表根据表 1–3 和表 2–1 整理。2. 表中排名差异为城市绿色竞争力指数排名与经济基础与科技进步指数排名之差，正值表示经济基础与科技进步指数较之于城市绿色竞争力指数进步的名次，负值表示经济基础与科技进步指数较之于城市绿色竞争力指数退后的名次。

二、城市经济基础与科技进步比较分析

2016 年的经济基础与科技进步指数占该年城市绿色竞争力指数总权重的 30%，由经济基础、科技教育 2 个二级指标及 11 个三级指标构成。11 个三级指标全部为正向指标，且每个三级指标占城市绿色竞争力指数总权重的 2.73%。本部分将以 2 个二级指标为例进行详细的分析与比较。

（一）城市经济基础指标比较

在经济基础与科技进步测度体系中，经济基础指标占经济基础与科技进步指数总权重的 54.55%，占城市绿色竞争力指数总权重的 16.38%，是经济基础与科技进步中权重最大的二级指标，因此对经济基础与科技进步指数的贡献较大。表 2–7 列出了经济基础指标下的 6 个三级指标。

表 2–7　经济基础三级指标、权重及指标属性

指标序号	指标	权重	指标属性
1	人均地区生产总值	2.73%	正
2	地区财政收入	2.73%	正
3	第一产业劳动生产率	2.73%	正
4	第二产业劳动生产率	2.73%	正
5	第三产业劳动生产率	2.73%	正
6	第三产业增加值比重	2.73%	正

注：本表内容是由本报告课题组召开的多次研讨会确定的。

根据表 2–7 所列的指标和权重，经过标准化处理综合测算，得出 2016 年中国城市经济基础指标指数及其排名情况，具体如表 2–8 所示。

表 2–8　中国 290 个城市经济基础指数及排名

城市	经济基础指标		城市	经济基础指标		城市	经济基础指标	
	指数值	排名		指数值	排名		指数值	排名
鄂尔多斯	0.0864	1	怀化	0.0317	98	晋中	0.0224	195
上海	0.0772	2	惠州	0.0315	99	晋城	0.0223	196
北京	0.0736	3	嘉峪关	0.0314	100	邢台	0.0223	197
深圳	0.0687	4	营口	0.0312	101	娄底	0.0223	198
苏州	0.0687	5	南昌	0.0312	102	眉山	0.0222	199
无锡	0.0684	6	聊城	0.0309	103	齐齐哈尔	0.0222	200
包头	0.0663	7	郴州	0.0309	104	百色	0.0222	201
广州	0.0663	8	呼伦贝尔	0.0304	105	丽江	0.0221	202
常州	0.0630	9	南宁	0.0304	106	平顶山	0.0220	203
天津	0.0630	10	德州	0.0304	107	揭阳	0.0220	204
呼和浩特	0.0616	11	江门	0.0303	108	新乡	0.0220	205
青岛	0.0579	12	辽源	0.0302	109	钦州	0.0219	206
镇江	0.0568	13	池州	0.0302	110	临汾	0.0219	207
长沙	0.0550	14	枣庄	0.0299	111	雅安	0.0219	208
南京	0.0540	15	海东	0.0299	112	赣州	0.0219	209
东营	0.0530	16	宿迁	0.0299	113	锦州	0.0218	210
杭州	0.0529	17	广安	0.0299	114	襄阳	0.0218	211
武汉	0.0522	18	茂名	0.0299	115	长治	0.0217	212
宁波	0.0492	19	六盘水	0.0298	116	运城	0.0217	213
威海	0.0479	20	连云港	0.0298	117	忻州	0.0216	214
许昌	0.0475	21	克拉玛依	0.0297	118	河源	0.0216	215
东莞	0.0474	22	遵义	0.0296	119	玉林	0.0214	216
大连	0.0473	23	临沂	0.0296	120	上饶	0.0213	217
绍兴	0.0470	24	衡阳	0.0296	121	梅州	0.0211	218
淮北	0.0470	25	北海	0.0295	122	宜春	0.0210	219
济南	0.0467	26	固原	0.0294	123	河池	0.0209	220
烟台	0.0465	27	铜陵	0.0292	124	张掖	0.0208	221
佛山	0.0463	28	中卫	0.0292	125	邵阳	0.0207	222
新余	0.0459	29	莱芜	0.0291	126	葫芦岛	0.0203	223
南通	0.0457	30	鞍山	0.0289	127	朝阳	0.0203	224
扬州	0.0440	31	西宁	0.0289	128	荆门	0.0203	225

续表

城市	经济基础指标		城市	经济基础指标		城市	经济基础指标	
	指数值	排名		指数值	排名		指数值	排名
丽水	0.0433	32	酒泉	0.0289	129	汉中	0.0202	226
中山	0.0428	33	赤峰	0.0287	130	广元	0.0201	227
乌海	0.0426	34	崇左	0.0285	131	陇南	0.0201	228
泰州	0.0426	35	阳江	0.0283	132	来宾	0.0199	229
乌鲁木齐	0.0425	36	银川	0.0282	133	保定	0.0199	230
三亚	0.0425	37	蚌埠	0.0281	134	濮阳	0.0198	231
淄博	0.0422	38	贺州	0.0281	135	天水	0.0198	232
厦门	0.0417	39	萍乡	0.0277	136	七台河	0.0197	233
温州	0.0416	40	潮州	0.0277	137	阜阳	0.0197	234
张家界	0.0415	41	石嘴山	0.0276	138	漯河	0.0194	235
滨州	0.0408	42	铜仁	0.0275	139	汕尾	0.0193	236
郑州	0.0407	43	清远	0.0274	140	吴忠	0.0192	237
珠海	0.0403	44	南平	0.0274	141	宝鸡	0.0192	238
徐州	0.0402	45	毕节	0.0274	142	延安	0.0190	239
海口	0.0395	46	益阳	0.0271	143	绵阳	0.0190	240
嘉兴	0.0392	47	拉萨	0.0270	144	攀枝花	0.0188	241
湖州	0.0388	48	湘潭	0.0270	145	宜宾	0.0187	242
金华	0.0387	49	盘锦	0.0269	146	白银	0.0184	243
廊坊	0.0387	50	九江	0.0268	147	南阳	0.0184	244
哈尔滨	0.0386	51	佳木斯	0.0268	148	阜新	0.0182	245
通辽	0.0383	52	韶关	0.0268	149	云浮	0.0182	246
沈阳	0.0382	53	辽阳	0.0268	150	淮南	0.0181	247
台州	0.0382	54	大同	0.0265	151	定西	0.0181	248
福州	0.0382	55	莆田	0.0264	152	吉安	0.0179	249
西安	0.0381	56	四平	0.0262	153	达州	0.0178	250
泉州	0.0380	57	玉溪	0.0260	154	铜川	0.0178	251
常德	0.0380	58	随州	0.0259	155	荆州	0.0176	252
乌兰察布	0.0379	59	湛江	0.0258	156	金昌	0.0175	253
衢州	0.0376	60	德阳	0.0258	157	绥化	0.0172	254
石家庄	0.0376	61	柳州	0.0258	158	昭通	0.0172	255
唐山	0.0375	62	汕头	0.0257	159	庆阳	0.0172	256

续表

城市	经济基础指标		城市	经济基础指标		城市	经济基础指标	
	指数值	排名		指数值	排名		指数值	排名
吉林	0.0373	63	三门峡	0.0256	160	信阳	0.0171	257
潍坊	0.0369	64	宜昌	0.0255	161	武威	0.0171	258
兰州	0.0367	65	鹰潭	0.0254	162	咸阳	0.0171	259
三明	0.0365	66	肇庆	0.0254	163	渭南	0.0171	260
合肥	0.0364	67	衡水	0.0250	164	十堰	0.0167	261
芜湖	0.0363	68	阳泉	0.0250	165	商丘	0.0167	262
太原	0.0361	69	滁州	0.0250	166	临沧	0.0165	263
沧州	0.0361	70	永州	0.0249	167	资阳	0.0164	264
日照	0.0360	71	承德	0.0249	168	吕梁	0.0163	265
盐城	0.0359	72	安顺	0.0248	169	保山	0.0162	266
淮安	0.0358	73	白山	0.0248	170	铁岭	0.0161	267
马鞍山	0.0357	74	梧州	0.0248	171	双鸭山	0.0161	268
长春	0.0355	75	自贡	0.0248	172	黄冈	0.0160	269
榆林	0.0351	76	本溪	0.0246	173	遂宁	0.0159	270
巴彦淖尔	0.0350	77	鄂州	0.0246	174	驻马店	0.0158	271
岳阳	0.0349	78	菏泽	0.0245	175	鹤壁	0.0154	272
防城港	0.0347	79	贵港	0.0244	176	内江	0.0154	273
洛阳	0.0346	80	张家口	0.0242	177	抚州	0.0154	274
昆明	0.0345	81	景德镇	0.0241	178	商洛	0.0152	275
贵阳	0.0344	82	丹东	0.0240	179	普洱	0.0152	276
松原	0.0344	83	亳州	0.0238	180	平凉	0.0152	277
牡丹江	0.0340	84	安阳	0.0238	181	泸州	0.0152	278
泰安	0.0339	85	邯郸	0.0238	182	曲靖	0.0149	279
重庆	0.0338	86	安庆	0.0238	183	南充	0.0143	280
成都	0.0335	87	安康	0.0237	184	宿州	0.0140	281
秦皇岛	0.0335	88	焦作	0.0237	185	黑河	0.0138	282
黄山	0.0333	89	黄石	0.0236	186	鸡西	0.0138	283
朔州	0.0332	90	通化	0.0236	187	周口	0.0136	284
漳州	0.0332	91	宁德	0.0235	188	伊春	0.0122	285

续表

城市	经济基础指标		城市	经济基础指标		城市	经济基础指标	
	指数值	排名		指数值	排名		指数值	排名
龙岩	0.0329	92	乐山	0.0235	189	儋州	0.0120	286
株洲	0.0324	93	桂林	0.0233	190	孝感	0.0112	287
济宁	0.0324	94	咸宁	0.0233	191	六安	0.0100	288
大庆	0.0321	95	白城	0.0229	192	巴中	0.0098	289
宣城	0.0319	96	抚顺	0.0225	193	鹤岗	0.0094	290
舟山	0.0318	97	开封	0.0225	194			

注：本表数据及排名根据《中国城市统计年鉴2017》《国泰安数据库–经济研究系列区域经济库》等测算。

从表 2–8 可以看出，2016 年 290 个测评城市经济基础指标测算结果介于 0.0094~0.0864 之间，极差为 0.077。其中，有 121 个城市经济基础水平高于全国平均水平 0.0296，占全部参评城市的 41.72%，如鄂尔多斯、上海、北京、深圳、苏州等，其中，鄂尔多斯、上海、北京位居所有参评城市前三位，指数值分别为 0.0864、0.0772 和 0.0736；但有 169 个城市经济基础指数低于全国平均水平，占全部参评城市百分比的 58.28%，这些城市有北海、固原、铜陵、六安、巴中、鹤岗，其中，六安、巴中和鹤岗位居所有参评城市的最后三位，指数值分别为 0.0100、0.0098 和 0.0094。

从图 2–3 可以看出，东部地区经济基础指数与经济基础与科技进步指数差距相对较小，表明东部经济基础对经济基础与科技进步的影响相对较大。分区域来看，东部地区经济基础总体指数值较高，中部、西部和东北三个地区总体水平相当。按照算术平均方法具体计算，东部地区经济基础指标平均指数值为 0.0380，中部地区与西部地区均为 0.0260，东北地区最小，为 0.0252。东部地区经济基础优势明显，其他三个地区差异不大，东北部地区稍弱。

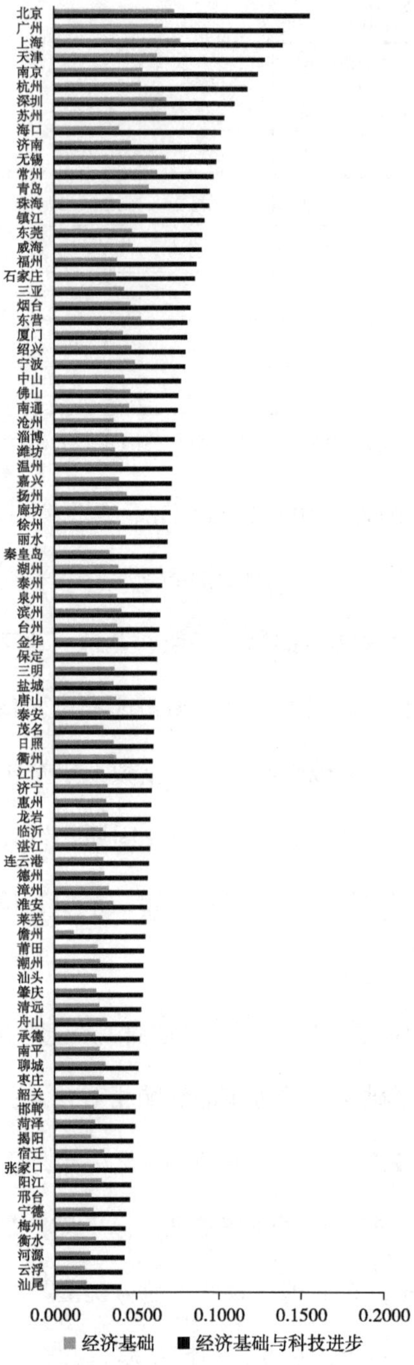
北京
广州
上海
天津
南京
杭州
深圳
苏州
海口
济南
无锡
常州
青岛
珠海
镇江
东莞
威海
福州
石家庄
三亚
烟台
东营
厦门
绍兴
宁波
中山
佛山
南通
沧州
淄博
潍坊
温州
嘉兴
扬州
廊坊
徐州
丽水
秦皇岛
湖州
泰州
泉州
滨州
台州
金华
保定
三明
盐城
唐山
泰安
茂名
日照
衢州
江门
济宁
惠州
龙岩
临沂
湛江
连云港
德州
漳州
淮安
莱芜
儋州
莆田
潮州
汕头
肇庆
清远
舟山
承德
南平
聊城
枣庄
韶关
邯郸
菏泽
揭阳
宿迁
张家口
阳江
邢台
宁德
梅州
衡水
河源
云浮
汕尾
0.0000
0.0500
0.1000
0.1500
0.2000
经济基础
经济基础与科技进步

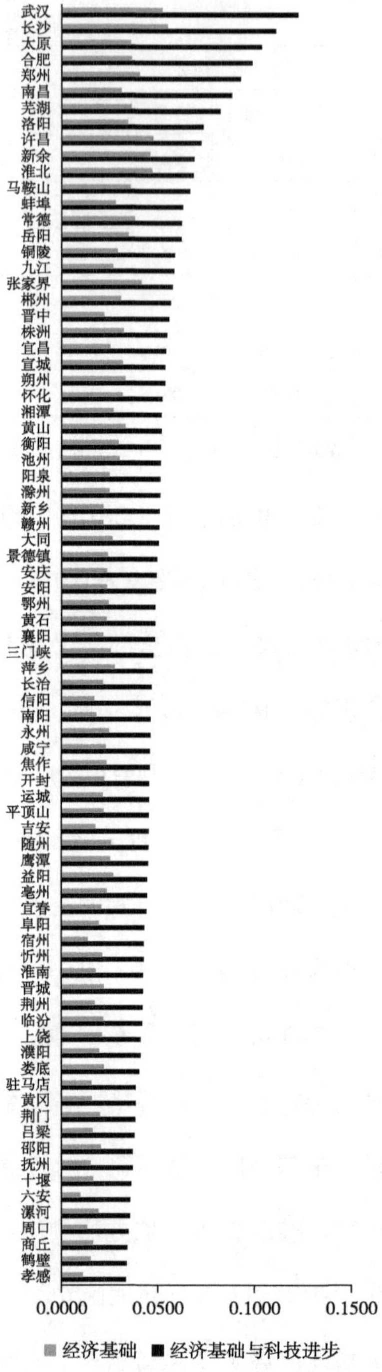
武汉
长沙
太原
合肥
郑州
南昌
芜湖
洛阳
许昌
新余
淮北
马鞍山
蚌埠
常德
岳阳
铜陵
九江
张家界
郴州
晋中
株洲
宜昌
宣城
朔州
怀化
湘潭
黄山
衡阳
池州
阳泉
滁州
新乡
赣州
大同
景德镇
安庆
安阳
鄂州
黄石
襄阳
三门峡
萍乡
长治
信阳
南阳
永州
咸宁
焦作
开封
运城
平顶山
吉安
随州
鹰潭
益阳
亳州
宜春
阜阳
宿州
忻州
淮南
晋城
荆州
临汾
上饶
濮阳
娄底
驻马店
黄冈
荆门
吕梁
邵阳
抚州
十堰
六安
漯河
周口
商丘
鹤壁
孝感
0.0000
0.0500
0.1000
0.1500
经济基础
经济基础与科技进步

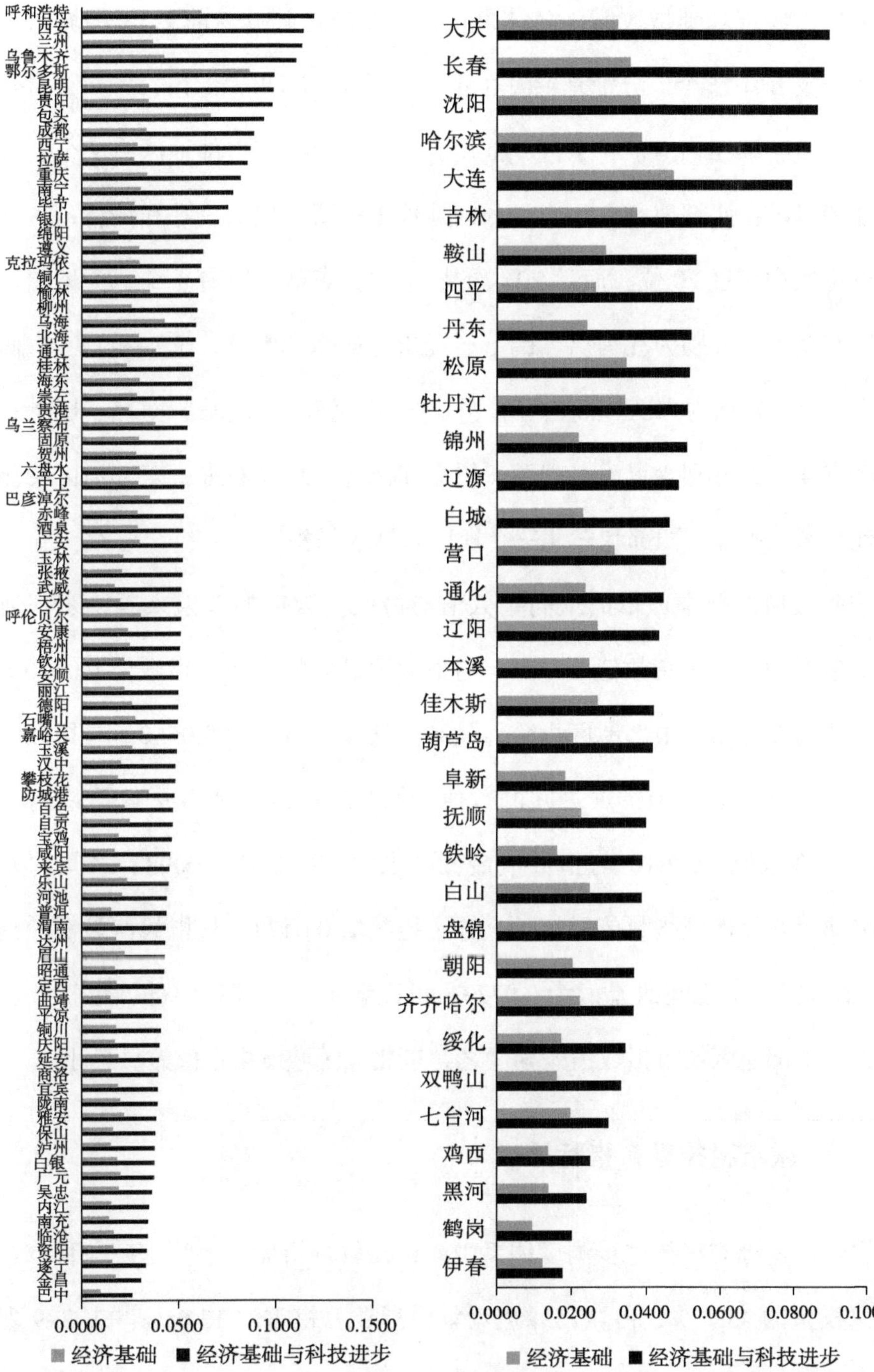

图 2-3　经济基础与科技进步和经济基础指标对比

注：图 2-3 按东部、中部、西部和东北地区划分，根据经济基础与科技进步指数大小自上至下排列。

从城市经济基础指数值排名结果看，在经济基础排名前 20 位的城市中，东部地区城市有 15 个，分别是上海、北京、深圳、苏州、无锡、广州、常州、天津、青岛、镇江、南京、东营、杭州、宁波、威海；中部地区有 2 个，分别是长沙和武汉；西部地区有 3 个，分别是鄂尔多斯、包头、呼和浩特；东北地区城市位次均超过 20 位。而后 20 位的城市中，东部地区有 1 个，为儋州；中部地区有 7 个，分别为驻马店、鹤壁、抚州、宿州、周口、孝感和六安；西部地区有 8 个，分别为内江、商洛、普洱、平凉、泸州、曲靖、南充、巴中；东北地区有 4 个，分别为黑河、鸡西、伊春和鹤岗。总体看来，东部地区明显好于其他地区，中部、西部和东北三个地区总体水平相当。

按照区域内部中城市的最高指数值与最低指数值的差值来看，东部地区指数值最高的上海（指数值 0.0772）与指数值最低的儋州（指数值 0.0120）之间的差值为 0.0652；中部地区指数值最高的长沙（指数值 0.0550）与指数值最低的六安（指数值 0.0100）之间的差值为 0.0450；西部地区指数值最高的鄂尔多斯（指数值 0.0864）与指数值最低的巴中（指数值 0.0098）之间的差值为 0.0766；东北地区指数值最高的大连（指数值 0.0473）与指数值最低的鹤岗（指数值 0.0094）之间的差值为 0.0379。可以看出，东部和西部城市指数值差异较大，中部地区城市指数值差异次之，东北地区城市指数值差异最小。

（二）城市科技教育指标比较

在经济基础与科技进步测度体系中，科技教育指标占经济基础与科技进步指数总权重的 45.45%，占城市绿色竞争力指数总权重的 13.65%。表 2-9 列出了科技教育指标下的 5 个三级指标。

根据表 2-9 所列的指标和权重，经过标准化处理综合测算，得出 2016 年中国城市科技教育指标指数及其排名情况，具体如表 2-10 所示。

表 2-9　科技教育三级指标、权重及指标属性

指标序号	指标	权重	指标属性
7	科技投入占公共财政支出比例	2.73%	正
8	万名从业人口中科学技术人员数	2.73%	正
9	全市科技从业人员数占全省的比重	2.73%	正
10	教育投入占公共财政支出比例	2.73%	正
11	每万人在校大学生人数	2.73%	正

注：本表内容是由本报告课题组召开的多次研讨会确定的。

表 2-10　中国 290 个城市科技教育指数及排名

城市	科技教育指标		城市	科技教育指标		城市	科技教育指标	
	指数值	排名		指数值	排名		指数值	排名
北京	0.0817	1	连云港	0.0282	98	铁岭	0.0226	195
兰州	0.0766	2	丹东	0.0280	99	泸州	0.0225	196
西安	0.0758	3	钦州	0.0280	100	阜新	0.0224	197
广州	0.0730	4	汉中	0.0280	101	孝感	0.0223	198
武汉	0.0702	5	崇左	0.0280	102	株洲	0.0223	199
南京	0.0699	6	惠州	0.0279	103	焦作	0.0223	200
乌鲁木齐	0.0678	7	南阳	0.0278	104	广安	0.0221	201
太原	0.0675	8	包头	0.0276	105	三门峡	0.0221	202
天津	0.0654	9	丽江	0.0276	106	自贡	0.0220	203
杭州	0.0645	10	吉安	0.0274	107	梅州	0.0219	204
昆明	0.0643	11	济宁	0.0274	108	宣城	0.0219	205
贵阳	0.0637	12	莱芜	0.0273	109	石嘴山	0.0219	206
合肥	0.0623	13	泰安	0.0273	110	衡阳	0.0218	207
上海	0.0619	14	湖州	0.0273	111	保山	0.0217	208
海口	0.0619	15	扬州	0.0273	112	抚州	0.0217	209
拉萨	0.0584	16	岳阳	0.0272	113	吕梁	0.0217	210
西宁	0.0581	17	承德	0.0272	114	濮阳	0.0214	211
呼和浩特	0.0578	18	安康	0.0272	115	淮北	0.0214	212
大庆	0.0572	19	宝鸡	0.0271	116	枣庄	0.0213	213
南昌	0.0570	20	泉州	0.0271	117	周口	0.0213	214

续表

城市	科技教育指标		城市	科技教育指标		城市	科技教育指标	
	指数值	排名		指数值	排名		指数值	排名
长沙	0.0559	21	海东	0.0269	118	乐山	0.0213	215
成都	0.0552	22	潮州	0.0268	119	永州	0.0213	216
济南	0.0547	23	德州	0.0268	120	葫芦岛	0.0212	217
珠海	0.0541	24	盐城	0.0268	121	忻州	0.0212	218
长春	0.0524	25	襄阳	0.0266	122	池州	0.0211	219
郑州	0.0520	26	四平	0.0265	123	汕尾	0.0211	220
福州	0.0487	27	渭南	0.0262	124	淮安	0.0210	221
石家庄	0.0484	28	曲靖	0.0262	125	通化	0.0209	222
重庆	0.0481	29	阳泉	0.0262	126	延安	0.0209	223
毕节	0.0480	30	滁州	0.0262	127	河源	0.0208	224
沈阳	0.0479	31	台州	0.0261	128	呼伦贝尔	0.0207	225
南宁	0.0475	32	三明	0.0261	129	亳州	0.0207	226
绵阳	0.0472	33	揭阳	0.0260	130	舟山	0.0206	227
芜湖	0.0460	34	龙岩	0.0260	131	朔州	0.0206	228
哈尔滨	0.0457	35	丽水	0.0259	132	宜宾	0.0206	229
儋州	0.0439	36	郴州	0.0259	133	眉山	0.0205	230
保定	0.0430	37	平凉	0.0259	134	怀化	0.0205	231
东莞	0.0428	38	六安	0.0257	135	聊城	0.0203	232
银川	0.0423	39	梧州	0.0257	136	晋城	0.0202	233
威海	0.0421	40	清远	0.0256	137	临汾	0.0202	234
三亚	0.0409	41	安庆	0.0256	138	宁德	0.0202	235
深圳	0.0408	42	邯郸	0.0256	139	南充	0.0200	236
厦门	0.0396	43	贺州	0.0255	140	上饶	0.0200	237
洛阳	0.0390	44	景德镇	0.0255	141	鹰潭	0.0197	238
沧州	0.0380	45	吉林	0.0255	142	十堰	0.0197	239
青岛	0.0369	46	昭通	0.0253	143	通辽	0.0197	240
烟台	0.0368	47	来宾	0.0253	144	萍乡	0.0195	241
潍坊	0.0354	48	达州	0.0253	145	内江	0.0194	242
秦皇岛	0.0354	49	长治	0.0251	146	随州	0.0194	243

续表

城市	科技教育指标		城市	科技教育指标		城市	科技教育指标	
	指数值	排名		指数值	排名		指数值	排名
蚌埠	0.0348	50	安阳	0.0250	147	白银	0.0191	244
苏州	0.0348	51	黄石	0.0250	148	陇南	0.0190	245
中山	0.0348	52	湘潭	0.0249	149	鹤壁	0.0186	246
镇江	0.0347	53	许昌	0.0249	150	黄山	0.0185	247
武威	0.0342	54	榆林	0.0249	151	辽源	0.0184	248
桂林	0.0339	55	安顺	0.0249	152	娄底	0.0182	249
常州	0.0339	56	菏泽	0.0247	153	阳江	0.0182	250
柳州	0.0336	57	百色	0.0247	154	荆门	0.0181	251
晋中	0.0335	58	日照	0.0247	155	本溪	0.0181	252
铜仁	0.0334	59	荆州	0.0247	156	嘉峪关	0.0180	253
绍兴	0.0332	60	淮南	0.0244	157	宿迁	0.0180	254
湛江	0.0329	61	鞍山	0.0244	158	衡水	0.0179	255
遵义	0.0328	62	常德	0.0244	159	临沧	0.0177	256
嘉兴	0.0326	63	定西	0.0242	160	巴彦淖尔	0.0177	257
廊坊	0.0324	64	固原	0.0242	161	商丘	0.0176	258
大连	0.0319	65	金华	0.0242	162	益阳	0.0175	259
克拉玛依	0.0316	66	南平	0.0242	163	资阳	0.0173	260
九江	0.0316	67	商洛	0.0241	164	遂宁	0.0173	261
天水	0.0314	68	唐山	0.0241	165	抚顺	0.0173	262
淄博	0.0314	69	鄂州	0.0241	166	松原	0.0172	263
茂名	0.0312	70	大同	0.0239	167	吴忠	0.0172	264
张掖	0.0310	71	滨州	0.0239	168	广元	0.0171	265
宁波	0.0310	72	运城	0.0239	169	双鸭山	0.0170	266
马鞍山	0.0309	73	漳州	0.0238	170	绥化	0.0170	267
贵港	0.0309	74	德阳	0.0238	171	牡丹江	0.0170	268
玉林	0.0306	75	赤峰	0.0238	172	雅安	0.0166	269
温州	0.0306	76	中卫	0.0236	173	辽阳	0.0166	270
无锡	0.0303	77	邢台	0.0236	174	乌兰察布	0.0165	271
南通	0.0299	78	阜阳	0.0235	175	巴中	0.0164	272

续表

城市	科技教育指标		城市	科技教育指标		城市	科技教育指标	
	指数值	排名		指数值	排名		指数值	排名
江门	0.0298	79	六盘水	0.0234	176	邵阳	0.0164	273
佛山	0.0296	80	泰州	0.0234	177	朝阳	0.0162	274
铜陵	0.0295	81	平顶山	0.0234	178	漯河	0.0162	275
攀枝花	0.0293	82	张家口	0.0233	179	乌海	0.0161	276
临沂	0.0292	83	白城	0.0233	180	张家界	0.0161	277
北海	0.0292	84	宜春	0.0233	181	佳木斯	0.0151	278
徐州	0.0291	85	酒泉	0.0232	182	齐齐哈尔	0.0142	279
信阳	0.0291	86	开封	0.0231	183	营口	0.0140	280
锦州	0.0290	87	铜川	0.0230	184	白山	0.0139	281
宿州	0.0289	88	庆阳	0.0230	185	金昌	0.0132	282
新乡	0.0289	89	云浮	0.0229	186	防城港	0.0131	283
肇庆	0.0288	90	韶关	0.0229	187	鄂尔多斯	0.0128	284
赣州	0.0288	91	驻马店	0.0229	188	盘锦	0.0117	285
汕头	0.0287	92	新余	0.0229	189	鸡西	0.0112	286
宜昌	0.0287	93	河池	0.0229	190	鹤岗	0.0107	287
莆田	0.0287	94	玉溪	0.0229	191	黑河	0.0103	288
普洱	0.0286	95	咸宁	0.0227	192	七台河	0.0101	289
咸阳	0.0285	96	黄冈	0.0227	193	伊春	0.0054	290
东营	0.0284	97	衢州	0.0227	194			

注：本表数据及排名根据《中国城市统计年鉴2017》《国泰安数据库–经济研究系列区域经济库》等测算。

从表 2–10 可以看出，2016 年 290 个测评城市科技教育指标测算结果介于 0.0054~0.0817 之间，极差为 0.0763。其中，有 91 个城市经济基础水平高于全国平均水平 0.0288，占全部参评城市的 31.38%，如北京、兰州、西安、广州、武汉等；其中，北京、兰州、西安位居所有参评城市前三位，指数值分别为 0.0817、0.0766 和 0.0758；但有 199 个城市经济基础指数低于全国平均水平，占全部参评城市百分比的 68.62%，这些城市有汕头、宜昌、莆田、黑河、七台河、伊春等；其中，黑河、七台河、伊春位居所有参评城市的最后三位，指数值分别为 0.0103、0.0101 和 0.0054。

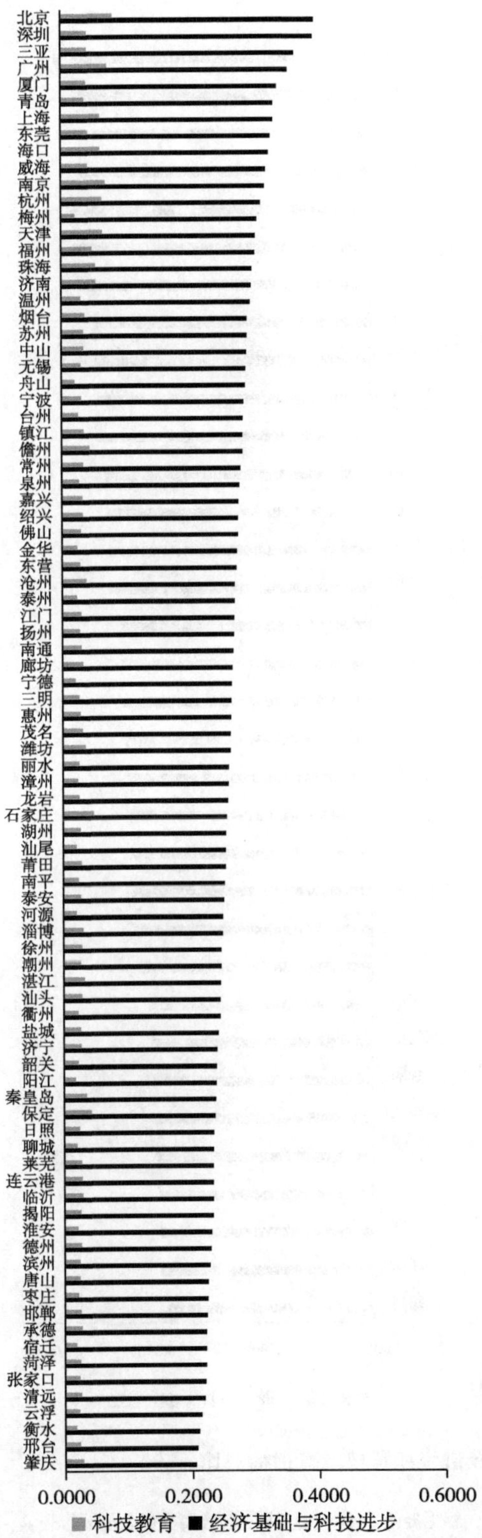
北京
深圳
三亚
广州
厦门
青岛
上海
东莞
海口
威海
南京
杭州
梅州
天津
福州
珠海
济南
温州
烟台
苏州
中山
无锡
舟山
宁波
台州
镇江
儋州
常州
泉州
嘉兴
绍兴
佛山
金华
东营
沧州
泰州
江门
扬州
南通
廊坊
宁德
三明
惠州
茂名
潍坊
丽水
漳州
龙岩
石家庄
湖州
汕尾
莆田
南平
泰安
河源
淄博
徐州
潮州
湛江
汕头
衢州
盐城
济宁
韶关
阳江
秦皇岛
保定
日照
聊城
莱芜
连云港
临沂
揭阳
淮安
德州
滨州
唐山
枣庄
邯郸
承德
宿迁
菏泽
张家口
清远
云浮
衡水
邢台
肇庆
0.0000
0.2000
0.4000
0.6000
科技教育
经济基础与科技进步

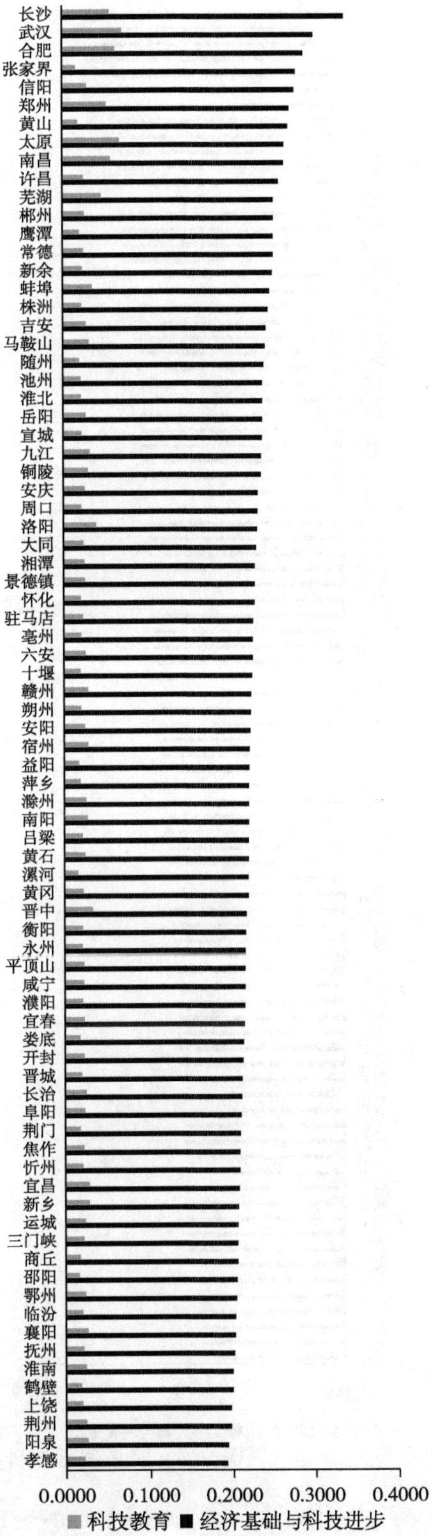
长沙
武汉
合肥
张家界
信阳
郑州
黄山
太原
南昌
许昌
芜湖
郴州
鹰潭
常德
新余
蚌埠
株洲
吉安
马鞍山
随州
池州
淮北
岳阳
宣城
九江
铜陵
安庆
周口
洛阳
大同
湘潭
景德镇
怀化
驻马店
亳州
六安
十堰
赣州
朔州
安阳
宿州
益阳
萍乡
滁州
南阳
吕梁
黄石
漯河
黄冈
晋中
衡阳
永州
平顶山
咸宁
濮阳
宜春
娄底
开封
晋城
长治
阜阳
荆门
焦作
忻州
宜昌
新乡
运城
三门峡
商丘
邵阳
鄂州
临汾
襄阳
抚州
淮南
鹤壁
上饶
荆州
阳泉
孝感
0.0000
0.1000
0.2000
0.3000
0.4000
科技教育
经济基础与科技进步

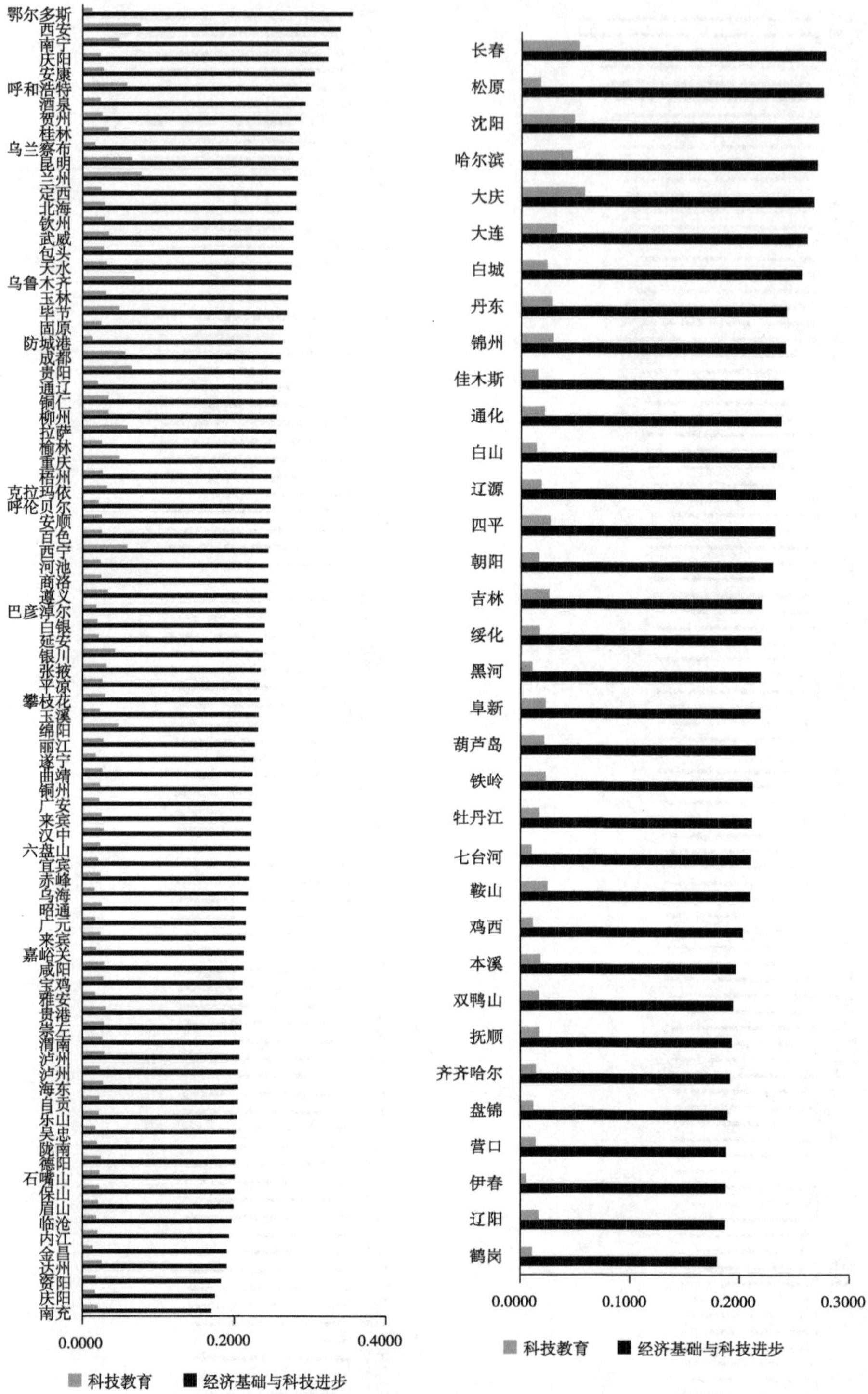

图 2–4　经济基础与科技进步和科技教育指标对比

注：图 2–4 按东部、中部、西部和东北地区划分，根据经济基础与科技进步指数大小自上至下排列。

从图 2–4 可以看出，西部地区科技教育指数同经济基础与科技进步指数差距相对较小，表明西部科技教育对经济基础与科技进步的影响相对较大。分区域来看，东部地区科技教育总体指数值较高，西部地区次之，中部地区排列第三位，东北地区稍弱。按照算术平均方法具体计算，东部地区科技教育指标平均指数值为 0.0328，中部地区与西部地区分别为 0.0267、0.0292，东北地区最小，为 0.0221。东部地区科技教育优势明显，其次为西部地区，紧接着中部地区，东北地区稍弱。

从城市科技教育指数值排名结果看，在科技教育排名前 20 位的城市中，东部地区城市有 7 个，分别是北京、广州、南京、天津、杭州、上海和海口；中部地区有 4 个，分别是武汉、太原、合肥和南昌；西部地区有 8 个，分别是兰州、西安、乌鲁木齐、昆明、贵阳、拉萨、西宁和呼和浩特；东北地区有 1 个，为大庆。而后 20 位的城市中，无东部地区城市；中部地区有 3 个，分别为邵阳、漯河和张家界；西部地区有 6 个，分别为乌兰察布、巴中、乌海、金昌、防城港和鄂尔多斯；东北地区有 11 个，分别为朝阳、佳木斯、齐齐哈尔、营口、白山、盘锦、鸡西、鹤岗、黑河、七台河和伊春。总体看来，东部地区明显好于其他地区，中部和西部地区总体水平接近，东北地区稍弱。

按照区域内部的城市中最高指数值与最低指数值的差值来看，东部地区指数值最高的北京（指数值 0.0817）与指数值最低的衡水（指数值 0.0179）之间的差值为 0.0638；中部地区指数值最高的武汉（指数值 0.0702）与指数值最低的张家界（指数值 0.0161）之间的差值为 0.0541；西部地区指数值最高的兰州（指数值 0.0766）与指数值最低的鄂尔多斯（指数值 0.0128）之间的差值为 0.0638；东北地区指数值的最高大庆（指数值 0.0572）与指数值最低的伊春（指数值 0.0054）之间的差值为 0.0518。从中可以看出，东部和西部城市指数值差异相同，且最大；中部地区城市指数值差异次之；东北地区城市指数值差异最小。

第三章

城市自然资产与环境压力测算及分析

城市自然资产与环境压力衡量的是城市资源储量丰裕程度以及人们生产生活排放对环境带来的压力大小。城市自然资产是一个城市自然资源禀赋的体现，也是绿色竞争力形成的基础条件，环境压力则直接反映了城市发展对环境系统造成的影响。本章根据“中国城市绿色竞争力评价指标体系”中对自然资产与环境压力的测度标准，利用 2016 年的年度数据，从资源储量和环境压力两个方面对中国 290 个城市的自然资产与环境压力进行了测度与分析。

一、城市自然资产与环境压力的测算结果

根据“中国城市绿色竞争力体系”中自然资产与环境压力的测度体系和权重标准，中国 290 个城市的自然资产与环境压力测算结果如表 3–1 所示。

表 3–1　中国 290 个城市自然资产与环境压力指数及排名

城 市	一级指标		二级指标			
	自然资产与环境压力		资源储量指标		环境压力指标	
	指数值	排 名	指数值	指数值	指数值	排 名
酒泉	0.0749	1	0.0044	286	0.0705	1
梅州	0.0657	2	0.0146	55	0.0511	2
庆阳	0.0572	3	0.0088	184	0.0483	4
定西	0.0559	4	0.0057	265	0.0502	3
安康	0.0507	5	0.0145	57	0.0363	6
河池	0.0486	6	0.0161	33	0.0325	9
随州	0.0467	7	0.0133	80	0.0334	7
贺州	0.0445	8	0.0160	37	0.0285	11

续表

城市	一级指标		二级指标			
	自然资产与环境压力		资源储量指标		环境压力指标	
	指数值	排 名	指数值	指数值	指数值	排 名
钦州	0.0441	9	0.0152	43	0.0290	10
天水	0.0430	10	0.0058	260	0.0372	5
黑河	0.0414	11	0.0269	2	0.0145	39
玉林	0.0397	12	0.0118	112	0.0279	12
南宁	0.0382	13	0.0143	62	0.0239	18
黄山	0.0379	14	0.0259	3	0.0120	60
武威	0.0377	15	0.0044	287	0.0333	8
梧州	0.0367	16	0.0170	21	0.0197	24
桂林	0.0363	17	0.0088	187	0.0275	14
张家界	0.0360	18	0.0147	52	0.0213	21
江门	0.0359	19	0.0118	111	0.0241	17
呼伦贝尔	0.0355	20	0.0215	5	0.0141	44
佳木斯	0.0353	21	0.0207	7	0.0146	38
清远	0.0351	22	0.0163	29	0.0188	25
白城	0.0348	23	0.0195	9	0.0153	34
西安	0.0348	24	0.0103	146	0.0245	16
崇左	0.0342	25	0.0164	27	0.0177	28
百色	0.0338	26	0.0164	28	0.0174	30
六安	0.0336	27	0.0105	136	0.0230	20
固原	0.0327	28	0.0095	171	0.0232	19
周口	0.0322	29	0.0046	283	0.0276	13
松原	0.0320	30	0.0189	10	0.0131	51
汕尾	0.0317	31	0.0107	133	0.0210	22
信阳	0.0317	32	0.0062	251	0.0255	15
伊春	0.0315	33	0.0239	4	0.0076	103
温州	0.0313	34	0.0163	32	0.0151	36
南平	0.0306	35	0.0184	14	0.0123	54
厦门	0.0303	36	0.0105	142	0.0198	23
商洛	0.0300	37	0.0137	73	0.0163	31
拉萨	0.0297	38	0.0211	6	0.0087	87

续表

城市	一级指标		二级指标			
	自然资产与环境压力		资源储量指标		环境压力指标	
	指数值	排 名	指数值	指数值	指数值	排 名
玉溪	0.0296	39	0.0283	1	0.0013	273
乌兰察布	0.0293	40	0.0160	36	0.0133	47
河源	0.0288	41	0.0167	23	0.0121	56
怀化	0.0284	42	0.0163	31	0.0121	57
朝阳	0.0280	43	0.0125	94	0.0155	32
绥化	0.0278	44	0.0098	161	0.0180	27
普洱	0.0275	45	0.0172	18	0.0103	74
宁德	0.0264	46	0.0150	44	0.0114	64
莆田	0.0264	47	0.0123	100	0.0141	43
齐齐哈尔	0.0262	48	0.0127	90	0.0135	45
十堰	0.0262	49	0.0144	60	0.0118	61
防城港	0.0260	50	0.0147	50	0.0113	67
北海	0.0260	51	0.0146	54	0.0114	66
丽江	0.0259	52	0.0173	17	0.0086	88
舟山	0.0254	53	0.0188	11	0.0066	116
来宾	0.0254	54	0.0136	76	0.0118	62
丽水	0.0248	55	0.0186	13	0.0062	124
南阳	0.0247	56	0.0100	156	0.0146	37
揭阳	0.0246	57	0.0102	150	0.0144	40
龙岩	0.0246	58	0.0180	15	0.0066	115
黄冈	0.0245	59	0.0103	149	0.0142	41
长沙	0.0243	60	0.0121	105	0.0122	55
延安	0.0241	61	0.0120	106	0.0120	58
吉安	0.0240	62	0.0163	30	0.0077	99
深圳	0.0239	63	0.0150	45	0.0089	84
鄂尔多斯	0.0239	64	0.0204	8	0.0035	195
鸡西	0.0238	65	0.0122	101	0.0116	63
宜宾	0.0238	66	0.0096	169	0.0142	42
永州	0.0237	67	0.0125	93	0.0111	69
陇南	0.0237	68	0.0083	204	0.0154	33

续表

城市	一级指标		二级指标			
	自然资产与环境压力		资源储量指标		环境压力指标	
	指数值	排 名	指数值	指数值	指数值	排 名
毕节	0.0236	69	0.0129	87	0.0107	72
广元	0.0233	70	0.0124	97	0.0109	70
白银	0.0233	71	0.0059	256	0.0175	29
丹东	0.0232	72	0.0148	48	0.0084	90
漳州	0.0232	73	0.0147	51	0.0084	89
赣州	0.0230	74	0.0170	20	0.0060	130
柳州	0.0229	75	0.0167	24	0.0062	125
亳州	0.0225	76	0.0046	284	0.0180	26
青岛	0.0225	77	0.0111	122	0.0114	65
平凉	0.0225	78	0.0098	163	0.0127	52
三亚	0.0224	79	0.0148	47	0.0076	101
抚州	0.0221	80	0.0152	42	0.0069	110
承德	0.0220	81	0.0146	56	0.0074	104
鹰潭	0.0219	82	0.0142	63	0.0076	100
张掖	0.0218	83	0.0087	188	0.0131	50
铜仁	0.0218	84	0.0129	88	0.0088	85
雅安	0.0218	85	0.0142	65	0.0076	102
上饶	0.0217	86	0.0137	71	0.0079	97
台州	0.0213	87	0.0131	83	0.0082	93
牡丹江	0.0213	88	0.0159	38	0.0054	144
阜新	0.0213	89	0.0132	81	0.0081	96
邵阳	0.0206	90	0.0082	209	0.0125	53
遂宁	0.0206	91	0.0074	228	0.0132	48
潮州	0.0206	92	0.0131	84	0.0074	105
漯河	0.0203	93	0.0050	278	0.0153	35
哈尔滨	0.0203	94	0.0132	82	0.0071	109
攀枝花	0.0203	95	0.0136	75	0.0066	114
三明	0.0203	96	0.0169	22	0.0033	200
绍兴	0.0203	97	0.0174	16	0.0029	211
铁岭	0.0202	98	0.0112	119	0.0091	83

续表

城市	一级指标		二级指标			
	自然资产与环境压力		资源储量指标		环境压力指标	
	指数值	排 名	指数值	指数值	指数值	排 名
通化	0.0201	99	0.0165	26	0.0037	189
郴州	0.0201	100	0.0144	59	0.0057	136
韶关	0.0201	101	0.0171	19	0.0030	207
岳阳	0.0199	102	0.0106	134	0.0093	80
通辽	0.0199	103	0.0137	72	0.0061	126
宣城	0.0198	104	0.0141	66	0.0057	138
驻马店	0.0196	105	0.0063	250	0.0133	46
衡水	0.0195	106	0.0082	207	0.0113	68
巴彦淖尔	0.0194	107	0.0137	74	0.0057	135
东莞	0.0193	108	0.0188	12	0.0006	286
云浮	0.0193	109	0.0147	53	0.0047	162
池州	0.0192	110	0.0140	68	0.0052	150
赤峰	0.0191	111	0.0109	126	0.0082	94
肇庆	0.0190	112	0.0161	34	0.0029	210
杭州	0.0188	113	0.0152	41	0.0036	192
株洲	0.0187	114	0.0144	58	0.0043	175
金华	0.0187	115	0.0136	77	0.0051	151
咸宁	0.0187	116	0.0123	98	0.0064	122
绵阳	0.0186	117	0.0121	104	0.0065	118
常德	0.0186	118	0.0112	118	0.0074	107
安庆	0.0185	119	0.0102	151	0.0083	91
宝鸡	0.0185	120	0.0131	85	0.0054	146
遵义	0.0184	121	0.0142	64	0.0042	179
保定	0.0184	122	0.0064	248	0.0120	59
衢州	0.0184	123	0.0165	25	0.0019	261
七台河	0.0183	124	0.0160	35	0.0022	245
安顺	0.0182	125	0.0116	113	0.0066	117
汉中	0.0181	126	0.0125	96	0.0057	137
益阳	0.0180	127	0.0119	108	0.0060	128
双鸭山	0.0177	128	0.0154	40	0.0024	236

续表

城市	一级指标		二级指标			
	自然资产与环境压力		资源储量指标		环境压力指标	
	指数值	排 名	指数值	指数值	指数值	排 名
宜昌	0.0177	129	0.0143	61	0.0034	197
阜阳	0.0177	130	0.0044	285	0.0132	49
惠州	0.0176	131	0.0148	49	0.0029	212
福州	0.0175	132	0.0127	91	0.0049	155
临沧	0.0175	133	0.0129	89	0.0047	163
景德镇	0.0174	134	0.0157	39	0.0018	263
沧州	0.0174	135	0.0079	216	0.0096	78
葫芦岛	0.0173	136	0.0091	177	0.0082	92
广州	0.0172	137	0.0125	95	0.0048	157
宜春	0.0172	138	0.0134	79	0.0038	186
张家口	0.0172	139	0.0105	140	0.0067	113
九江	0.0171	140	0.0140	69	0.0032	204
昭通	0.0170	141	0.0071	234	0.0099	77
泉州	0.0168	142	0.0139	70	0.0029	209
本溪	0.0167	143	0.0148	46	0.0019	259
锦州	0.0167	144	0.0111	123	0.0056	140
阳江	0.0166	145	0.0126	92	0.0040	183
商丘	0.0165	146	0.0071	235	0.0095	79
茂名	0.0165	147	0.0058	259	0.0107	73
襄阳	0.0165	148	0.0104	144	0.0061	127
沈阳	0.0164	149	0.0109	130	0.0055	143
萍乡	0.0162	150	0.0141	67	0.0022	247
儋州	0.0162	151	0.0118	109	0.0043	174
铜川	0.0161	152	0.0109	128	0.0052	149
濮阳	0.0161	153	0.0061	254	0.0101	76
长春	0.0161	154	0.0103	147	0.0058	134
南充	0.0160	155	0.0089	180	0.0071	108
蚌埠	0.0159	156	0.0052	274	0.0107	71
威海	0.0158	157	0.0112	120	0.0047	161
海口	0.0158	158	0.0080	214	0.0078	98

续表

城市	一级指标		二级指标			
	自然资产与环境压力		资源储量指标		环境压力指标	
	指数值	排名	指数值	指数值	指数值	排名
泸州	0.0157	159	0.0113	117	0.0044	167
荆州	0.0157	160	0.0054	268	0.0103	75
白山	0.0156	161	0.0099	159	0.0056	139
北京	0.0156	162	0.0096	168	0.0060	131
大庆	0.0156	163	0.0130	86	0.0025	225
烟台	0.0154	164	0.0105	137	0.0049	156
成都	0.0153	165	0.0085	195	0.0068	111
咸阳	0.0153	166	0.0093	174	0.0060	129
泰安	0.0151	167	0.0096	167	0.0055	141
巴中	0.0151	168	0.0122	103	0.0029	208
四平	0.0150	169	0.0096	166	0.0053	147
菏泽	0.0149	170	0.0082	205	0.0067	112
洛阳	0.0149	171	0.0105	139	0.0044	169
宿州	0.0149	172	0.0062	252	0.0087	86
鹤岗	0.0148	173	0.0122	102	0.0026	223
贵港	0.0148	174	0.0101	154	0.0047	159
荆门	0.0146	175	0.0104	145	0.0043	176
开封	0.0144	176	0.0053	271	0.0091	82
嘉兴	0.0144	177	0.0118	110	0.0026	224
衡阳	0.0143	178	0.0109	129	0.0034	196
宁波	0.0143	179	0.0115	115	0.0028	214
重庆	0.0143	180	0.0104	143	0.0039	184
新余	0.0143	181	0.0134	78	0.0008	283
吉林	0.0141	182	0.0123	99	0.0019	260
临沂	0.0141	183	0.0092	176	0.0049	154
三门峡	0.0140	184	0.0120	107	0.0021	249
汕头	0.0139	185	0.0065	245	0.0074	106
南通	0.0138	186	0.0088	185	0.0051	152
合肥	0.0138	187	0.0047	282	0.0092	81
保山	0.0138	188	0.0110	124	0.0027	219

续表

城市	一级指标		二级指标			
	自然资产与环境压力		资源储量指标		环境压力指标	
	指数值	排 名	指数值	指数值	指数值	排 名
抚顺	0.0137	189	0.0105	135	0.0032	203
自贡	0.0137	190	0.0078	218	0.0060	132
湛江	0.0136	191	0.0083	200	0.0053	148
宿迁	0.0136	192	0.0077	221	0.0060	133
昆明	0.0136	193	0.0115	114	0.0020	251
呼和浩特	0.0135	194	0.0115	116	0.0020	254
聊城	0.0135	195	0.0080	213	0.0054	145
淮安	0.0134	196	0.0069	239	0.0065	119
德州	0.0134	197	0.0098	164	0.0036	191
中山	0.0133	198	0.0051	276	0.0082	95
秦皇岛	0.0132	199	0.0109	131	0.0023	238
娄底	0.0132	200	0.0112	121	0.0021	250
连云港	0.0131	201	0.0098	162	0.0033	201
南京	0.0131	202	0.0107	132	0.0024	233
吴忠	0.0131	203	0.0089	181	0.0042	178
渭南	0.0130	204	0.0083	201	0.0047	160
滁州	0.0129	205	0.0065	246	0.0064	121
辽阳	0.0128	206	0.0101	155	0.0028	217
榆林	0.0127	207	0.0105	141	0.0023	243
营口	0.0127	208	0.0101	153	0.0026	221
潍坊	0.0127	209	0.0095	170	0.0032	202
济南	0.0126	210	0.0083	202	0.0043	173
鞍山	0.0125	211	0.0098	160	0.0026	220
辽源	0.0123	212	0.0076	224	0.0048	158
盐城	0.0122	213	0.0072	232	0.0050	153
日照	0.0122	214	0.0103	148	0.0020	255
曲靖	0.0122	215	0.0100	158	0.0023	244
泰州	0.0121	216	0.0058	258	0.0063	123
朔州	0.0121	217	0.0087	190	0.0034	198
石家庄	0.0121	218	0.0087	189	0.0033	199

续表

城市	一级指标		二级指标			
	自然资产与环境压力		资源储量指标		环境压力指标	
	指数值	排 名	指数值	指数值	指数值	排 名
济宁	0.0121	219	0.0077	220	0.0044	170
达州	0.0120	220	0.0085	193	0.0035	194
湖州	0.0119	221	0.0100	157	0.0019	256
贵阳	0.0119	222	0.0102	152	0.0017	264
湘潭	0.0119	223	0.0105	138	0.0014	270
平顶山	0.0118	224	0.0073	231	0.0045	165
廊坊	0.0118	225	0.0080	215	0.0038	188
盘锦	0.0117	226	0.0097	165	0.0019	257
新乡	0.0117	227	0.0075	226	0.0041	180
徐州	0.0116	228	0.0076	223	0.0040	182
枣庄	0.0115	229	0.0084	198	0.0031	205
六盘水	0.0115	230	0.0110	125	0.0005	287
孝感	0.0115	231	0.0050	279	0.0064	120
金昌	0.0114	232	0.0090	178	0.0024	235
郑州	0.0113	233	0.0083	203	0.0030	206
包头	0.0113	234	0.0093	175	0.0020	253
扬州	0.0113	235	0.0058	262	0.0055	142
忻州	0.0112	236	0.0084	197	0.0028	216
邯郸	0.0112	237	0.0068	240	0.0044	168
莱芜	0.0111	238	0.0088	183	0.0023	240
克拉玛依	0.0111	239	0.0109	127	0.0002	289
珠海	0.0111	240	0.0089	179	0.0022	246
资阳	0.0111	241	0.0088	186	0.0024	237
东营	0.0110	242	0.0071	233	0.0039	185
眉山	0.0110	243	0.0085	194	0.0025	228
晋中	0.0109	244	0.0066	243	0.0044	171
长治	0.0108	245	0.0087	192	0.0022	248
大同	0.0108	246	0.0065	247	0.0043	172
广安	0.0107	247	0.0079	217	0.0029	213
淄博	0.0105	248	0.0093	173	0.0012	275
滨州	0.0105	249	0.0094	172	0.0011	280
鹤壁	0.0104	250	0.0081	211	0.0023	239
安阳	0.0103	251	0.0057	263	0.0045	164
乐山	0.0103	252	0.0083	199	0.0019	258

续表

城市	一级指标		二级指标			
	自然资产与环境压力		资源储量指标		环境压力指标	
	指数值	排 名	指数值	指数值	指数值	排 名
邢台	0.0102	253	0.0076	222	0.0026	222
阳泉	0.0102	254	0.0067	242	0.0035	193
常州	0.0102	255	0.0087	191	0.0015	267
许昌	0.0101	256	0.0059	255	0.0041	181
唐山	0.0100	257	0.0088	182	0.0012	276
运城	0.0099	258	0.0062	253	0.0038	187
南昌	0.0099	259	0.0056	266	0.0043	177
大连	0.0097	260	0.0070	236	0.0027	218
佛山	0.0096	261	0.0084	196	0.0012	274
西宁	0.0095	262	0.0082	206	0.0014	271
海东	0.0095	263	0.0077	219	0.0017	265
吕梁	0.0093	264	0.0069	238	0.0024	234
黄石	0.0093	265	0.0081	212	0.0012	277
镇江	0.0092	266	0.0074	227	0.0018	262
临汾	0.0090	267	0.0065	244	0.0025	227
石嘴山	0.0089	268	0.0082	208	0.0008	284
中卫	0.0089	269	0.0074	229	0.0015	268
兰州	0.0087	270	0.0043	288	0.0044	166
内江	0.0087	271	0.0073	230	0.0013	272
苏州	0.0087	272	0.0075	225	0.0011	279
太原	0.0085	273	0.0049	281	0.0036	190
铜陵	0.0084	274	0.0067	241	0.0017	266
乌鲁木齐	0.0084	275	0.0081	210	0.0002	288
德阳	0.0083	276	0.0058	261	0.0025	226
无锡	0.0081	277	0.0069	237	0.0012	278
武汉	0.0081	278	0.0053	272	0.0028	215
焦作	0.0080	279	0.0057	264	0.0023	241
银川	0.0078	280	0.0054	270	0.0024	230
芜湖	0.0078	281	0.0055	267	0.0023	242
上海	0.0073	282	0.0049	280	0.0024	232
淮北	0.0073	283	0.0053	273	0.0020	252
晋城	0.0072	284	0.0063	249	0.0009	282
马鞍山	0.0069	285	0.0059	257	0.0010	281
鄂州	0.0066	286	0.0052	275	0.0014	269

续表

城市	一级指标		二级指标			
	自然资产与环境压力		资源储量指标		环境压力指标	
	指数值	排名	指数值	指数值	指数值	排名
天津	0.0064	287	0.0040	289	0.0024	231
乌海	0.0057	288	0.0051	277	0.0006	285
嘉峪关	0.0055	289	0.0054	269	0.0001	290
淮南	0.0045	290	0.0020	290	0.0025	229

注：1. 本表根据“中国城市绿色竞争力评价指标体系”中自然资产与环境压力的指数指标体系，依据各指标 2016 年数据测算而得。2. 本表各参评城市按照自然资产与环境压力指数从大到小排序。3. 本表一级指标“自然资产与环境压力”指数值为测算结果标准化处理后进行打分，指数值越高，城市综合自然资产与环境压力越小；两个二级指标“资源储量”和“环境压力”指数值为标准化后进行逆处理，并且每个城市进行打分，分数越高，资源储量越大，环境压力越小。4. 本表测度结果保留 4 位小数，如果指数相同排名相同说明两市测算的指数完全一样，如果指数相同但排名不同则是小数点四舍五入的结果，说明指数值在小数点后 4 位之后有差异。5. 以上数据及排名根据《中国统计年鉴 2017》《2016 中国环境统计年报》《中国环境统计年鉴 2017》《中国城市统计年鉴 2017》《中国区域经济统计年鉴 2017》等测算。6. 为了便于后文进行比较分析，基于算数平均方法，我们测算出全国所有参评城市自然资产与环境压力指数的平均值为 0.0190。

从表 3-1 中可以看出，2016 年中国 290 个城市自然资产与环境压力测算中，指数值最高的是酒泉市，达到 0.0749，资源储量指数值为 0.0044，在所有城市中排名第 286，但环境压力指数值为 0.0705，在所有城市中排名第一，说明环境压力最小，生产生活中对环境破坏程度小；指数值最低的是淮南市，仅为 0.0045，在资源储备以及环境治理保护上压力较大。在 290 个城市中，有 112 个城市自然资产与环境压力指数值高出或等于全国平均水平。排在前 20 位的城市依次是：酒泉、梅州、庆阳、定西、安康、河池、随州、贺州、钦州、天水、黑河、玉林、南宁、黄山、武威、梧州、桂林、张家界、江门、呼伦贝尔。其中，资源储量指标排名前 20 位的城市依次是：玉溪、黑河、黄山、伊春、呼伦贝尔、拉萨、佳木斯、鄂尔多斯、白城、松原、舟山、东莞、丽水、南平、龙岩、绍兴、丽江、普洱、韶关、赣州；环境压力指标排名前 20 位的城市依次是：酒泉、梅州、定西、庆阳、天水、安康、随州、武威、河池、钦州、贺州、玉林、周口、信阳、桂林、西安、江门、南宁、固原、六安。2016

年中国290个城市自然资产与环境压力排名前20位和后20位的具体情况如图3–1所示。

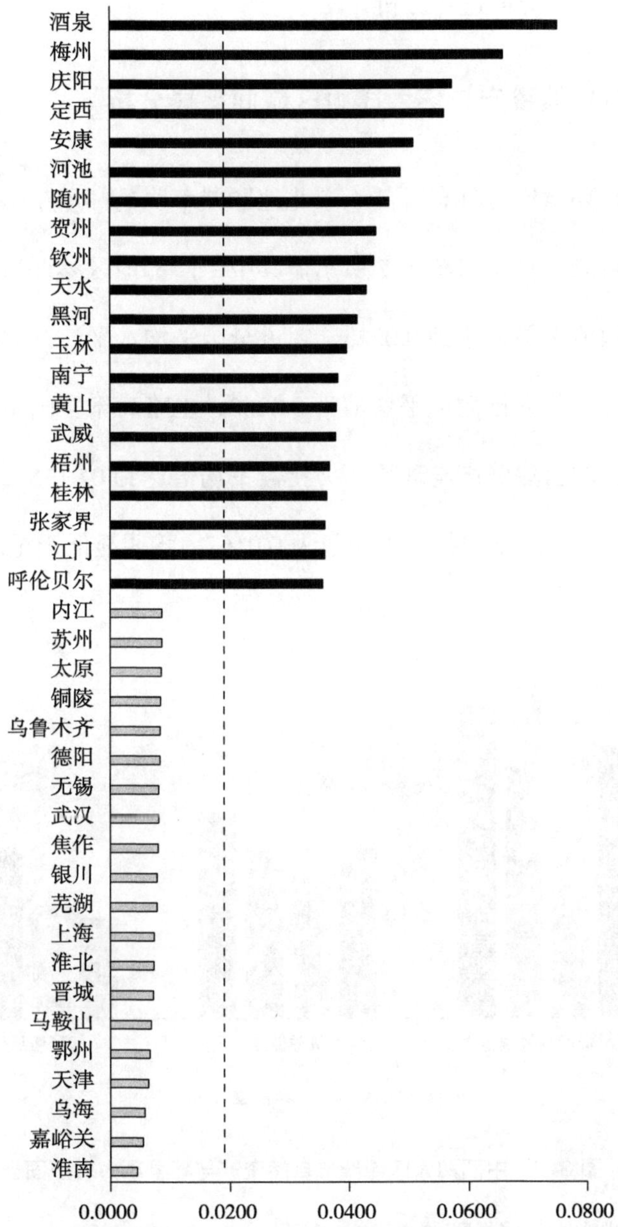

图3–1　中国城市自然资产与环境压力排名前20位和后20位的城市

注：本图根据表3–1制作。指数值由高到低排列，虚线表示所有参评城市自然资产与环境压力的平均值0.0190。

根据表 3–1 和图 3–1，下面进一步从城市自然资产与环境压力区域间差异、区域内差异以及 2016 年中国城市绿色竞争力指数与城市自然资产与环境压力的相关关系三个方面进行分析。

（一）城市自然资产与环境压力区域间差异分析

自然资产与环境压力具有西部、东北地区城市明显好于东部地区和中部城市的地域分化格局。具体如图 3–2 所示。其中，西部地区参评城市的自然资产与环境压力指数值平均值达到 0.0223，超过全国平均水平；东北地区参评城市的自然资产与环境压力指数值平均值为 0.0202，也略高于全国平均水平；而东部地区参评城市的自然资产与环境压力指数平均值达到 0.0175，中部地区参评城市的自然资产与环境压力指数平均值为 0.0167，均明显低于全国平均水平。

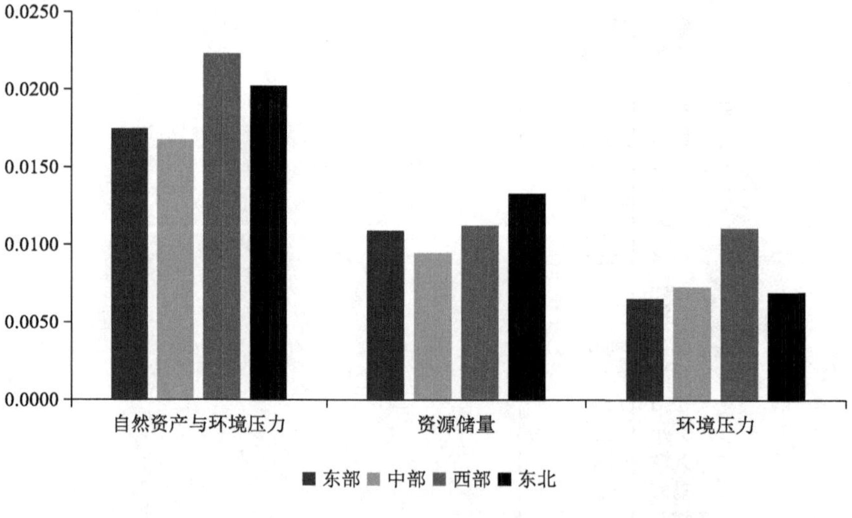

图 3–2 中国四大区域城市自然资产与环境压力对照图

注：本图数据为四大区域中各城市指数值的算数平均值。

二级指标方面，资源储量指标中，除东北地区资源储量比较高外，其他三个区域的差别并不那么明显，东北部城市平均水平达到 0.0133，位居首位，高于全国平均水平（0.0109）；西部城市平均水平略高于全国平均水平，达到0.0112；东部地区城市与全国平均水平一致；中部地区城市平均水平低于全国平均水平，为0.0094。

环境压力指标中，西部城市平均水平为0.0111，高于其他区域，环境压力最小。东北地区城市平均水平达到0.0069，中部城市平均水平为0.0073，而东部城市平均水平为0.0065，环境压力最大，且低于全国平均水平。

（二）城市自然资产与环境压力区域内差异分析

城市自然资产与环境压力在区域间呈现西部城市较好，东北地区城市次之，东部、中部城市较弱的局面，区域内部各城市之间的差异较为明显，存在地区间的不平衡。

1. 东部地区自然资产与环境压力指数及排名

2016年中国东部地区城市自然资源与环境压力指数及排名如表3-2所示。

表3-2　中国东部地区城市自然资产与环境压力指数及排名

城市	指数值	整体排名	区域内排名	城市	指数值	整体排名	区域内排名
梅州	0.0657	2	1	烟台	0.0154	164	45
江门	0.0359	19	2	泰安	0.0151	167	46
清远	0.0351	22	3	菏泽	0.0149	170	47
汕尾	0.0317	31	4	嘉兴	0.0144	177	48
温州	0.0313	34	5	宁波	0.0143	179	49
南平	0.0306	35	6	临沂	0.0141	183	50
厦门	0.0303	36	7	汕头	0.0139	185	51
河源	0.0288	41	8	南通	0.0138	186	52
宁德	0.0264	46	9	湛江	0.0136	191	53
莆田	0.0264	47	10	宿迁	0.0136	192	54
舟山	0.0254	53	11	聊城	0.0135	195	55
丽水	0.0248	55	12	淮安	0.0134	196	56
揭阳	0.0246	57	13	德州	0.0134	197	57

续表

城市	指数值	整体排名	区域内排名	城市	指数值	整体排名	区域内排名
龙岩	0.0246	58	14	中山	0.0133	198	58
深圳	0.0239	63	15	秦皇岛	0.0132	199	59
漳州	0.0232	73	16	连云港	0.0131	201	60
青岛	0.0225	77	17	南京	0.0131	202	61
三亚	0.0224	79	18	潍坊	0.0127	209	62
承德	0.0220	81	19	济南	0.0126	210	63
台州	0.0213	87	20	盐城	0.0122	213	64
潮州	0.0206	92	21	日照	0.0122	214	65
三明	0.0203	96	22	泰州	0.0121	216	66
绍兴	0.0203	97	23	石家庄	0.0121	218	67
韶关	0.0201	101	24	济宁	0.0121	219	68
衡水	0.0195	106	25	湖州	0.0119	221	69
东莞	0.0193	108	26	廊坊	0.0118	225	70
云浮	0.0193	109	27	徐州	0.0116	228	71
肇庆	0.0190	112	28	枣庄	0.0115	229	72
杭州	0.0188	113	29	扬州	0.0113	235	73
金华	0.0187	115	30	邯郸	0.0112	237	74
保定	0.0184	122	31	莱芜	0.0111	238	75
衢州	0.0184	123	32	珠海	0.0111	240	76
惠州	0.0176	131	33	东营	0.0110	242	77
福州	0.0175	132	34	淄博	0.0105	248	78
沧州	0.0174	135	35	滨州	0.0105	249	79
广州	0.0172	137	36	邢台	0.0102	253	80
张家口	0.0172	139	37	常州	0.0102	255	81
泉州	0.0168	142	38	唐山	0.0100	257	82
阳江	0.0166	145	39	佛山	0.0096	261	83
茂名	0.0165	147	40	镇江	0.0092	266	84
儋州	0.0162	151	41	苏州	0.0087	272	85
威海	0.0158	157	42	无锡	0.0081	277	86
海口	0.0158	158	43	上海	0.0073	282	87
北京	0.0156	162	44	天津	0.0064	287	88

注：根据表 3–1 整理。

东部地区参评的88个城市中，只有1个城市位居所有参评城市的前10位，仅占东部参评城市的1.14%。梅州以0.0657的指数值位居所有参评城市第一位，远高于其他东部参评城市。东部有27个城市高于全国平均水平，占东部参评城市的30.7%。而东部的其余61个城市的自然资产与环境压力指数值低于全国平均水平，其中天津以0.0064的指数值位居所有参评城市的最后一位。东部大部分城市自然资产与环境压力水平位居全国中游和下游，需要着力改善。

2. 中部地区城市自然资产与环境压力指数及排名

2016年中国中部地区城市自然资产与环境压力指数及排名如表3-3所示。

表3-3　中国中部地区城市自然资产与环境压力指数及排名

城市	指数值	整体排名	区域内排名	城市	指数值	整体排名	区域内排名
随州	0.0467	7	1	荆州	0.0157	160	41
黄山	0.0379	14	2	洛阳	0.0149	171	42
张家界	0.0360	18	3	宿州	0.0149	172	43
六安	0.0336	27	4	荆门	0.0146	175	44
周口	0.0322	29	5	开封	0.0144	176	45
信阳	0.0317	32	6	衡阳	0.0143	178	46
怀化	0.0284	42	7	新余	0.0143	181	47
十堰	0.0262	49	8	三门峡	0.0140	184	48
南阳	0.0247	56	9	合肥	0.0138	187	49
黄冈	0.0245	59	10	娄底	0.0132	200	50
长沙	0.0243	60	11	滁州	0.0129	205	51
吉安	0.0240	62	12	朔州	0.0121	217	52
永州	0.0237	67	13	湘潭	0.0119	223	53
赣州	0.0230	74	14	平顶山	0.0118	224	54
亳州	0.0225	76	15	新乡	0.0117	227	55
抚州	0.0221	80	16	孝感	0.0115	231	56
鹰潭	0.0219	82	17	郑州	0.0113	233	57
上饶	0.0217	86	18	忻州	0.0112	236	58
邵阳	0.0206	90	19	晋中	0.0109	244	59
漯河	0.0203	93	20	长治	0.0108	245	60

续表

城市	指数值	整体排名	区域内排名	城市	指数值	整体排名	区域内排名
郴州	0.0201	100	21	大同	0.0108	246	61
岳阳	0.0199	102	22	鹤壁	0.0104	250	62
宣城	0.0198	104	23	安阳	0.0103	251	63
驻马店	0.0196	105	24	阳泉	0.0102	254	64
池州	0.0192	110	25	许昌	0.0101	256	65
株洲	0.0187	114	26	运城	0.0099	258	66
咸宁	0.0187	116	27	南昌	0.0099	259	67
常德	0.0186	118	28	吕梁	0.0093	264	68
安庆	0.0185	119	29	黄石	0.0093	265	69
益阳	0.0180	127	30	临汾	0.0090	267	70
宜昌	0.0177	129	31	太原	0.0085	273	71
阜阳	0.0177	130	32	铜陵	0.0084	274	72
景德镇	0.0174	134	33	武汉	0.0081	278	73
宜春	0.0172	138	34	焦作	0.0080	279	74
九江	0.0171	140	35	芜湖	0.0078	281	75
商丘	0.0165	146	36	淮北	0.0073	283	76
襄阳	0.0165	148	37	晋城	0.0072	284	77
萍乡	0.0162	150	38	马鞍山	0.0069	285	78
濮阳	0.0161	153	39	鄂州	0.0066	286	79
蚌埠	0.0159	156	40	淮南	0.0045	290	80

注：根据表 3-1 整理。

中部地区参评的 80 个城市中，只有随州一个市位居所有参评城市的前 10 位。整个中部地区有 25 个城市自然资产与环境压力高于全国平均水平，剩下的 55 个城市自然资产与环境压力均低于全国平均水平，其中淮南以 0.0045 的指数值位居所有中部地区参评城市的最后一位，中部大部分城市自然资产与环境压力在全国排名靠后。

3. 西部地区城市自然资产与环境压力指数及排名

2016 年中国西部地区城市自然资产与环境压力指数及排名如表 3-4 所示。

表 3-4　中国西部地区城市自然资产与环境压力指数及排名

城市	指数值	整体排名	区域内排名	城市	指数值	整体排名	区域内排名
酒泉	0.0749	1	1	绵阳	0.0186	117	45
庆阳	0.0572	3	2	宝鸡	0.0185	120	46
定西	0.0559	4	3	遵义	0.0184	121	47
安康	0.0507	5	4	安顺	0.0182	125	48
河池	0.0486	6	5	汉中	0.0181	126	49
贺州	0.0445	8	6	临沧	0.0175	133	50
钦州	0.0441	9	7	昭通	0.0170	141	51
天水	0.0430	10	8	铜川	0.0161	152	52
玉林	0.0397	12	9	南充	0.0160	155	53
南宁	0.0382	13	10	泸州	0.0157	159	54
武威	0.0377	15	11	成都	0.0153	165	55
梧州	0.0367	16	12	咸阳	0.0153	166	56
桂林	0.0363	17	13	巴中	0.0151	168	57
呼伦贝尔	0.0355	20	14	贵港	0.0148	174	58
西安	0.0348	24	15	重庆	0.0143	180	59
崇左	0.0342	25	16	保山	0.0138	188	60
百色	0.0338	26	17	自贡	0.0137	190	61
固原	0.0327	28	18	昆明	0.0136	193	62
商洛	0.0300	37	19	呼和浩特	0.0135	194	63
拉萨	0.0297	38	20	吴忠	0.0131	203	64
玉溪	0.0296	39	21	渭南	0.0130	204	65
乌兰察布	0.0293	40	22	榆林	0.0127	207	66
普洱	0.0275	45	23	曲靖	0.0122	215	67
防城港	0.0260	50	24	达州	0.0120	220	68
北海	0.0260	51	25	贵阳	0.0119	222	69
丽江	0.0259	52	26	六盘水	0.0115	230	70
来宾	0.0254	54	27	金昌	0.0114	232	71
延安	0.0241	61	28	包头	0.0113	234	72
鄂尔多斯	0.0239	64	29	克拉玛依	0.0111	239	73
宜宾	0.0238	66	30	资阳	0.0111	241	74
陇南	0.0237	68	31	眉山	0.0110	243	75
毕节	0.0236	69	32	广安	0.0107	247	76

续表

城市	指数值	整体排名	区域内排名	城市	指数值	整体排名	区域内排名
广元	0.0233	70	33	乐山	0.0103	252	77
白银	0.0233	71	34	西宁	0.0095	262	78
柳州	0.0229	75	35	海东	0.0095	263	79
平凉	0.0225	78	36	石嘴山	0.0089	268	80
张掖	0.0218	83	37	中卫	0.0089	269	81
铜仁	0.0218	84	38	兰州	0.0087	270	82
雅安	0.0218	85	39	内江	0.0087	271	83
遂宁	0.0206	91	40	乌鲁木齐	0.0084	275	84
攀枝花	0.0203	95	41	德阳	0.0083	276	85
通辽	0.0199	103	42	银川	0.0078	280	86
巴彦淖尔	0.0194	107	43	乌海	0.0057	288	87
赤峰	0.0191	111	44	嘉峪关	0.0055	289	88

注：根据表 3-1 整理。

西部地区参评的 88 个城市中，有 8 个城市位居所有参评城市的前 10 位，分别是酒泉、庆阳、定西、安康、河池、贺州、钦州、天水，占西部参评城市的 9.09%，西部地区共有 44 个城市的自然资产与环境压力指数值均高于全国平均水平。而西部的绵阳、宝鸡和遵义等 44 个城市的自然资产与环境压力指数值均低于全国平均水平，其中嘉峪关以 0.0055 的指数值位居所有西部地区参评城市的最后一位。西部地区有一半的城市自然资产与环境压力指数值位居全国上游。

4. 东北地区城市自然资产与环境压力指数及排名

2016 年中国东北地区城市自然资产与环境压力指数及排名如表 3-5 所示。

表 3-5　中国东北地区城市自然资产与环境压力指数及排名

城市	指数值	整体排名	区域内排名	城市	指数值	整体排名	区域内排名
黑河	0.0414	11	1	葫芦岛	0.0173	136	18
佳木斯	0.0353	21	2	本溪	0.0167	143	19
白城	0.0348	23	3	锦州	0.0167	144	20

续表

城市	指数值	整体排名	区域内排名	城市	指数值	整体排名	区域内排名
松原	0.0320	30	4	沈阳	0.0164	149	21
伊春	0.0315	33	5	长春	0.0161	154	22
朝阳	0.0280	43	6	白山	0.0156	161	23
绥化	0.0278	44	7	大庆	0.0156	163	24
齐齐哈尔	0.0262	48	8	四平	0.0150	169	25
鸡西	0.0238	65	9	鹤岗	0.0148	173	26
丹东	0.0232	72	10	吉林	0.0141	182	27
牡丹江	0.0213	88	11	抚顺	0.0137	189	28
阜新	0.0213	89	12	辽阳	0.0128	206	29
哈尔滨	0.0203	94	13	营口	0.0127	208	30
铁岭	0.0202	98	14	鞍山	0.0125	211	31
通化	0.0201	99	15	辽源	0.0123	212	32
七台河	0.0183	124	16	盘锦	0.0117	226	33
双鸭山	0.0177	128	17	大连	0.0097	260	34

注：根据表 3–1 整理。

东北地区参评的 34 个城市中，黑河市自然资产与环境压力指数值排名位居所有参评城市中的第 11 位，是区域内指数值最高的参评城市。佳木斯、白城、通化等 15 个城市的自然资产与环境压力指数值也高于全国平均水平，占整个东北地区的 44.12%。而七台河、双鸭山、葫芦岛等 15 个城市的自然资产与环境压力指数值低于全国平均水平，其中大连以 0.0097 的指数值位居东北地区参评城市的最后一位。东北地区自然资产与环境压力指数值位居全国中上游的偏多。

（三）城市自然资产与环境压力对中国城市绿色竞争力的影响分析

对比 2016 中国城市绿色竞争力发展指数与城市自然资产与环境压力指数后发现，290 个参评城市中，有 154 个自然资产与环境压力指数值排名高于中国城市绿色竞争力发展指数值排名，这表明这些城市自然资产禀赋的丰裕以及相对较小的环境压力推高了城市整体绿色发展水平，如伊春、齐齐哈尔、崇左等；有 134 个城市自然资产与环境压力指数值排名低于中国城市绿色竞争力发展指数排名，这表明这些城市自然资产的匮乏、环境压力较大，不足以支撑城市整体绿色发展，如北京、天津、上海、长沙等；而南宁市、毕节市的自然资产与环境压力指数值排名与中国城市绿色竞争力排名相同，城市自然资源禀赋条件以及适中的环境压力与城市绿色发展水平一致。

从影响的程度看，城市自然资产与环境压力与中国城市绿色竞争力发展指数排名差异较大（超过 50 名）的城市有 187 个。如北京、上海、苏州和广州等，这表明这些城市的自然资产禀赋与环境保护能力对绿色发展指数总排名影响明显，竞争力受到明显制约与影响；其中，上海市的排名差异最大，其自然资产与环境压力指数值排名位居所有参评城市第 282 位，但其绿色竞争力发展指数排在第 10 位，名次变化达到 272 位。有 103 个城市排名差异较小或者排名没有变化（50 名以内），如南宁、哈尔滨、北海、宿迁等，这表明这些城市的资源禀赋及环境保护潜力对绿色竞争力发展指数总排名影响不明显。如表 3–6 所示。

表 3–6　中国城市绿色竞争力指数排名与城市自然资产与环境压力指数排名差异超过 50 位的城市

城市	绿色竞争力排名	自然资产与环境压力排名	位次变化	城市	绿色竞争力排名	自然资产与环境压力排名	位次变化
莆田	98	47	51	长沙	8	60	–52
开封	227	176	51	辽源	160	212	–52
玉林	64	12	52	湘潭	171	223	–52
黄山	68	14	54	惠州	78	131	–53
丹东	127	72	55	邯郸	184	237	–53
张家口	194	139	55	晋城	230	284	–54
拉萨	95	38	57	金华	59	115	–56

续表

城市	绿色竞争力排名	自然资产与环境压力排名	位次变化	城市	绿色竞争力排名	自然资产与环境压力排名	位次变化
盘锦	283	226	57	安阳	193	251	–58
吴忠	262	203	59	鄂尔多斯	5	64	–59
白银	133	71	62	深圳	2	63	–61
攀枝花	157	95	62	秦皇岛	138	199	–61
咸阳	228	166	62	黄石	204	265	–61
达州	282	220	62	广安	185	247	–62
汉中	190	126	64	吕梁	202	264	–62
贵港	238	174	64	嘉峪关	226	289	–63
南平	100	35	65	泰安	102	167	–65
汕尾	97	31	66	日照	149	214	–65
河源	107	41	66	茂名	81	147	–66
吉安	128	62	66	汕头	118	185	–67
荆门	241	175	66	青岛	9	77	–68
三门峡	250	184	66	沧州	63	135	–72
自贡	256	190	66	新余	109	181	–72
濮阳	220	153	67	湛江	116	191	–75
张掖	151	83	68	三亚	3	79	–76
驻马店	175	105	70	乌海	212	288	–76
益阳	197	127	70	大同	169	246	–77
白城	94	23	71	重庆	101	180	–79
昭通	216	141	75	滨州	170	249	–79
营口	284	208	76	唐山	176	257	–81
延安	139	61	78	成都	83	165	–82
平凉	156	78	78	莱芜	152	238	–86
保山	267	188	79	沈阳	62	149	–87
辽阳	286	206	80	盐城	126	213	–87
商洛	123	37	86	济宁	131	219	–88
遂宁	177	91	86	大庆	72	163	–91
宜春	224	138	86	泉州	47	142	–95
葫芦岛	223	136	87	杭州	17	113	–96
抚顺	277	189	88	东莞	11	108	–97

续表

城市	绿色竞争力排名	自然资产与环境压力排名	位次变化	城市	绿色竞争力排名	自然资产与环境压力排名	位次变化
呼伦贝尔	112	20	92	长春	51	154	–103
梧州	110	16	94	榆林	99	207	–108
百色	120	26	94	儋州	41	151	–110
泸州	253	159	94	福州	21	132	–111
赤峰	206	111	95	南通	71	186	–115
揭阳	155	57	98	徐州	113	228	–115
亳州	178	76	102	嘉兴	53	177	–124
咸宁	219	116	103	湖州	96	221	–125
商丘	252	146	106	铜陵	148	274	–126
承德	188	81	107	潍坊	82	209	–127
阜阳	237	130	107	石家庄	90	218	–128
宝鸡	231	120	111	克拉玛依	111	239	–128
赣州	186	74	112	广州	4	137	–133
漯河	205	93	112	烟台	28	164	–136
七台河	236	124	112	银川	143	280	–137
荆州	272	160	112	贵阳	84	222	–138
云浮	222	109	113	淄博	108	248	–140
襄阳	261	148	113	西宁	121	262	–141
佳木斯	136	21	115	威海	15	157	–142
鹤岗	288	173	115	淮北	141	283	–142
河池	122	6	116	宁波	36	179	–143
宜昌	245	129	116	海口	12	158	–146
玉溪	159	39	120	泰州	65	216	–151
巴中	289	168	121	廊坊	73	225	–152
丽江	174	52	122	马鞍山	132	285	–153
阜新	211	89	122	昆明	39	193	–154
朝阳	168	43	125	合肥	32	187	–155
衡水	234	106	128	北京	1	162	–161
随州	137	7	130	扬州	70	235	–165
本溪	273	143	130	许昌	89	256	–167
怀化	173	42	131	中山	30	198	–168

续表

城市	绿色竞争力排名	自然资产与环境压力排名	位次变化	城市	绿色竞争力排名	自然资产与环境压力排名	位次变化
铁岭	229	98	131	呼和浩特	22	194	–172
十堰	181	49	132	郑州	61	233	–172
宜宾	198	66	132	大连	85	260	–175
来宾	189	54	135	芜湖	103	281	–178
南充	290	155	135	南昌	79	259	–180
周口	165	29	136	东营	60	242	–182
肇庆	251	112	139	包头	50	234	–184
临沧	274	133	141	济南	25	210	–185
南阳	201	56	145	南京	16	202	–186
牡丹江	233	88	145	太原	76	273	–197
广元	217	70	147	佛山	55	261	–206
双鸭山	275	128	147	常州	45	255	–210
永州	215	67	148	珠海	24	240	–216
黄冈	208	59	149	乌鲁木齐	58	275	–217
雅安	235	85	150	镇江	40	266	–226
六安	179	27	152	兰州	42	270	–228
绥化	209	44	165	苏州	29	272	–243
邵阳	255	90	165	无锡	31	277	–246
清远	203	22	181	武汉	23	278	–255
抚州	264	80	184	天津	20	287	–267
上饶	271	86	185	上海	10	282	–272
鸡西	259	65	194				
陇南	263	68	195				
黑河	210	11	199				
普洱	248	45	203				
崇左	240	25	215				
齐齐哈尔	280	48	232				
伊春	285	33	252				

注：1. 本表根据表 1–3 和表 3–1 整理。2. 表中排名差异为城市绿色竞争力指数排名与自然资产与环境压力指数排名之差，正值表示自然资产与环境压力指数较之于城市绿色竞争力指数进步的名次，负值表示自然资产与环境压力指数较之于城市绿色竞争力指数退后的名次。

二、城市自然资产与环境压力比较分析

城市自然资产与环境压力占 2016 中国城市绿色竞争力发展指数总权重的 20%，共由 12 个三级指标构成，包含 4 个正指标和 8 个逆指标。

（一）城市资源储量指标比较

城市资源储量指标占总体权重的 6.67%，相对于环境压力指标，该指标对自然资产与环境压力的贡献很小。从指标结构上看，资源储量指标只包括 4 个三级指标，但是均为正指标。

表 3–7　资源储量三级指标、权重及指标属性

指标序号	指标	权重	指标属性
12	人均耕地面积	1.667%	正
13	人均水资源量	1.667%	正
14	人均绿地面积	1.667%	正
15	森林覆盖率	1.667%	正

注：本表内容是由本报告课题组召开的多次研讨会确定的。

在对三级指标的原始数据进行标准化处理的基础上，我们得到 2016 年中国 290 个城市资源储量指标指数及其排名情况，如表 3–8 所示。

表 3–8　中国 290 个城市资源储量指数及排名

城市	资源储量指标		城市	资源储量指标		城市	资源储量指标	
	指数值	排名		指数值	排名		指数值	排名
玉溪	0.0283	1	吉林	0.0123	99	忻州	0.0084	197
黑河	0.0269	2	莆田	0.0123	100	枣庄	0.0084	198
黄山	0.0259	3	鸡西	0.0122	101	乐山	0.0083	199
伊春	0.0239	4	鹤岗	0.0122	102	湛江	0.0083	200
呼伦贝尔	0.0215	5	巴中	0.0122	103	渭南	0.0083	201
拉萨	0.0211	6	绵阳	0.0121	104	济南	0.0083	202

续表

城市	资源储量指标		城市	资源储量指标		城市	资源储量指标	
	指数值	排名		指数值	排名		指数值	排名
佳木斯	0.0207	7	长沙	0.0121	105	郑州	0.0083	203
鄂尔多斯	0.0204	8	延安	0.0120	106	陇南	0.0083	204
白城	0.0195	9	三门峡	0.0120	107	菏泽	0.0082	205
松原	0.0189	10	益阳	0.0119	108	西宁	0.0082	206
舟山	0.0188	11	儋州	0.0118	109	衡水	0.0082	207
东莞	0.0188	12	嘉兴	0.0118	110	石嘴山	0.0082	208
丽水	0.0186	13	江门	0.0118	111	邵阳	0.0082	209
南平	0.0184	14	玉林	0.0118	112	乌鲁木齐	0.0081	210
龙岩	0.0180	15	安顺	0.0116	113	鹤壁	0.0081	211
绍兴	0.0174	16	昆明	0.0115	114	黄石	0.0081	212
丽江	0.0173	17	宁波	0.0115	115	聊城	0.0080	213
普洱	0.0172	18	呼和浩特	0.0115	116	海口	0.0080	214
韶关	0.0171	19	泸州	0.0113	117	廊坊	0.0080	215
赣州	0.0170	20	常德	0.0112	118	沧州	0.0079	216
梧州	0.0170	21	铁岭	0.0112	119	广安	0.0079	217
三明	0.0169	22	威海	0.0112	120	自贡	0.0078	218
河源	0.0167	23	娄底	0.0112	121	海东	0.0077	219
柳州	0.0167	24	青岛	0.0111	122	济宁	0.0077	220
衢州	0.0165	25	锦州	0.0111	123	宿迁	0.0077	221
通化	0.0165	26	保山	0.0110	124	邢台	0.0076	222
崇左	0.0164	27	六盘水	0.0110	125	徐州	0.0076	223
百色	0.0164	28	赤峰	0.0109	126	辽源	0.0076	224
清远	0.0163	29	克拉玛依	0.0109	127	苏州	0.0075	225
吉安	0.0163	30	铜川	0.0109	128	新乡	0.0075	226
怀化	0.0163	31	衡阳	0.0109	129	镇江	0.0074	227
温州	0.0163	32	沈阳	0.0109	130	遂宁	0.0074	228
河池	0.0161	33	秦皇岛	0.0109	131	中卫	0.0074	229
肇庆	0.0161	34	南京	0.0107	132	内江	0.0073	230
七台河	0.0160	35	汕尾	0.0107	133	平顶山	0.0073	231
乌兰察布	0.0160	36	岳阳	0.0106	134	盐城	0.0072	232
贺州	0.0160	37	抚顺	0.0105	135	东营	0.0071	233

续表

城市	资源储量指标		城市	资源储量指标		城市	资源储量指标	
	指数值	排名		指数值	排名		指数值	排名
牡丹江	0.0159	38	六安	0.0105	136	昭通	0.0071	234
景德镇	0.0157	39	烟台	0.0105	137	商丘	0.0071	235
双鸭山	0.0154	40	湘潭	0.0105	138	大连	0.0070	236
杭州	0.0152	41	洛阳	0.0105	139	无锡	0.0069	237
抚州	0.0152	42	张家口	0.0105	140	吕梁	0.0069	238
钦州	0.0152	43	榆林	0.0105	141	淮安	0.0069	239
宁德	0.0150	44	厦门	0.0105	142	邯郸	0.0068	240
深圳	0.0150	45	重庆	0.0104	143	铜陵	0.0067	241
本溪	0.0148	46	襄阳	0.0104	144	阳泉	0.0067	242
三亚	0.0148	47	荆门	0.0104	145	晋中	0.0066	243
丹东	0.0148	48	西安	0.0103	146	临汾	0.0065	244
惠州	0.0148	49	长春	0.0103	147	汕头	0.0065	245
防城港	0.0147	50	日照	0.0103	148	滁州	0.0065	246
漳州	0.0147	51	黄冈	0.0103	149	大同	0.0065	247
张家界	0.0147	52	揭阳	0.0102	150	保定	0.0064	248
云浮	0.0147	53	安庆	0.0102	151	晋城	0.0063	249
北海	0.0146	54	贵阳	0.0102	152	驻马店	0.0063	250
梅州	0.0146	55	营口	0.0101	153	信阳	0.0062	251
承德	0.0146	56	贵港	0.0101	154	宿州	0.0062	252
安康	0.0145	57	辽阳	0.0101	155	运城	0.0062	253
株洲	0.0144	58	南阳	0.0100	156	濮阳	0.0061	254
郴州	0.0144	59	湖州	0.0100	157	许昌	0.0059	255
十堰	0.0144	60	曲靖	0.0100	158	白银	0.0059	256
宜昌	0.0143	61	白山	0.0099	159	马鞍山	0.0059	257
南宁	0.0143	62	鞍山	0.0098	160	泰州	0.0058	258
鹰潭	0.0142	63	绥化	0.0098	161	茂名	0.0058	259
遵义	0.0142	64	连云港	0.0098	162	天水	0.0058	260
雅安	0.0142	65	平凉	0.0098	163	德阳	0.0058	261
宣城	0.0141	66	德州	0.0098	164	扬州	0.0058	262
萍乡	0.0141	67	盘锦	0.0097	165	安阳	0.0057	263
池州	0.0140	68	四平	0.0096	166	焦作	0.0057	264
九江	0.0140	69	泰安	0.0096	167	定西	0.0057	265
泉州	0.0139	70	北京	0.0096	168	南昌	0.0056	266
上饶	0.0137	71	宜宾	0.0096	169	芜湖	0.0055	267
通辽	0.0137	72	潍坊	0.0095	170	荆州	0.0054	268

续表

城市	资源储量指标		城市	资源储量指标		城市	资源储量指标	
	指数值	排名		指数值	排名		指数值	排名
商洛	0.0137	73	固原	0.0095	171	嘉峪关	0.0054	269
巴彦淖尔	0.0137	74	滨州	0.0094	172	银川	0.0054	270
攀枝花	0.0136	75	淄博	0.0093	173	开封	0.0053	271
来宾	0.0136	76	咸阳	0.0093	174	武汉	0.0053	272
金华	0.0136	77	包头	0.0093	175	淮北	0.0053	273
新余	0.0134	78	临沂	0.0092	176	蚌埠	0.0052	274
宜春	0.0134	79	葫芦岛	0.0091	177	鄂州	0.0052	275
随州	0.0133	80	金昌	0.0090	178	中山	0.0051	276
阜新	0.0132	81	珠海	0.0089	179	乌海	0.0051	277
哈尔滨	0.0132	82	南充	0.0089	180	漯河	0.0050	278
台州	0.0131	83	吴忠	0.0089	181	孝感	0.0050	279
潮州	0.0131	85	唐山	0.0088	183	上海	0.0049	281
宝鸡	0.0131	86	莱芜	0.0088	184	太原	0.0049	282
大庆	0.0130	87	庆阳	0.0088	185	合肥	0.0047	283
毕节	0.0129	88	南通	0.0088	186	周口	0.0046	284
铜仁	0.0129	89	资阳	0.0088	187	亳州	0.0046	285
临沧	0.0129	90	桂林	0.0088	188	阜阳	0.0044	286
齐齐哈尔	0.0127	91	张掖	0.0087	189	酒泉	0.0044	287
福州	0.0127	92	石家庄	0.0087	190	武威	0.0044	288
阳江	0.0126	93	朔州	0.0087	191	兰州	0.0043	289
永州	0.0125	94	常州	0.0087	192	天津	0.0040	290
朝阳	0.0125	95	长治	0.0087	193			
广州	0.0125	96	达州	0.0085	194			
汉中	0.0125	97	眉山	0.0085	195			
广元	0.0124	98	成都	0.0085	196			

注：本表数据及排名根据《中国统计年鉴 2016》《2016 中国环境统计年报》《中国环境统计年鉴 2017》《中国城市统计年鉴 2017》等测算。

从表 3-8 可以看出，全国 290 个城市的资源储量指标测算结果介于 0.0040~0.0283 之间，总体差距并不大。其中指数值高于或等于全国平均水平 0.0109 的城市有 131 个，占全部参评城市的 45.17%。其中前 20 位的城市分别为玉溪、黑河、黄山、伊春、呼伦贝尔、拉萨、佳木斯、鄂尔多斯、白城、松原、舟山、东莞、丽水、南平、龙岩、绍兴、丽江、普洱、韶关和赣州，并有159个城市的资源储量指标指数值低于全部参评城市资源储量平均水平。

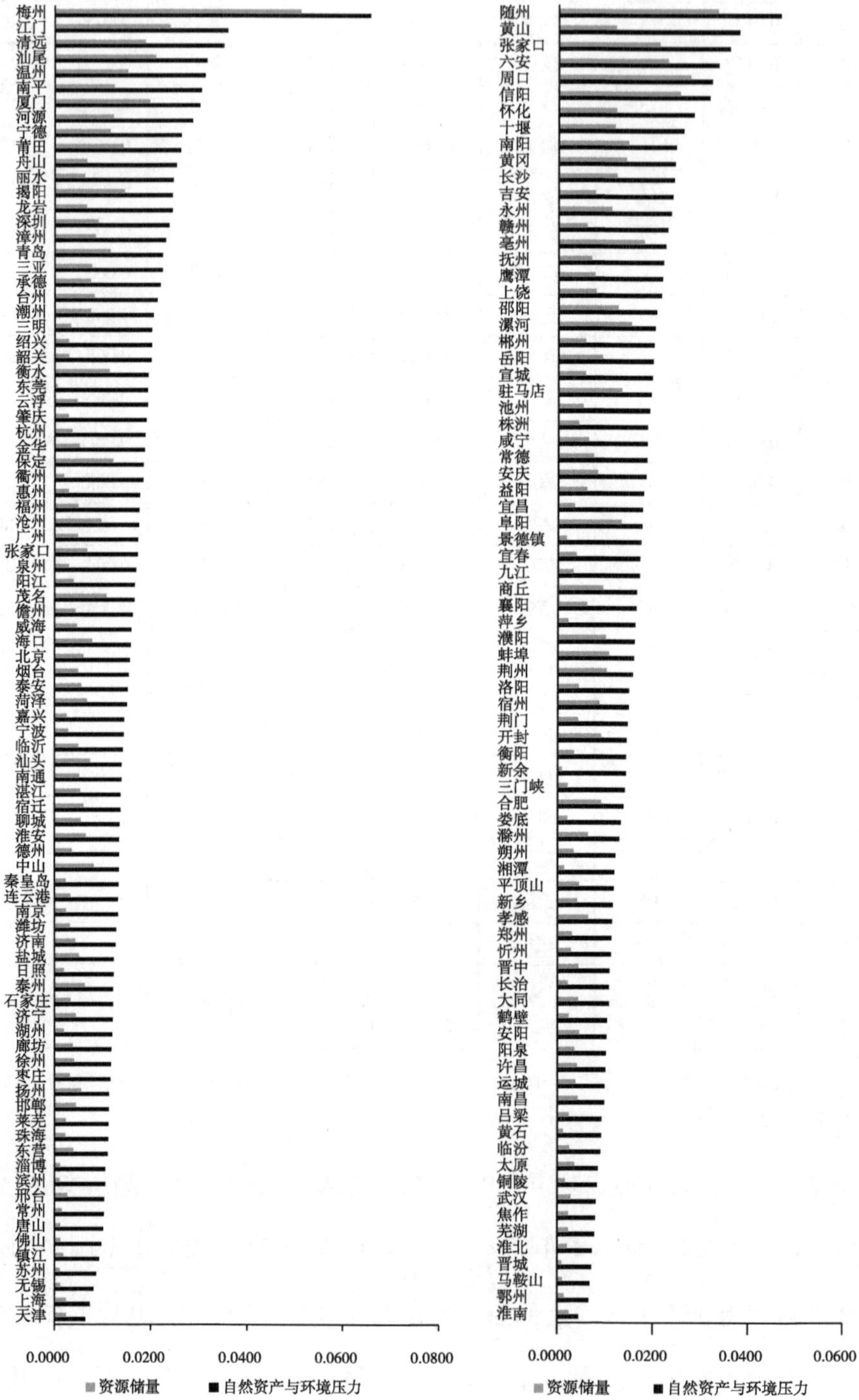

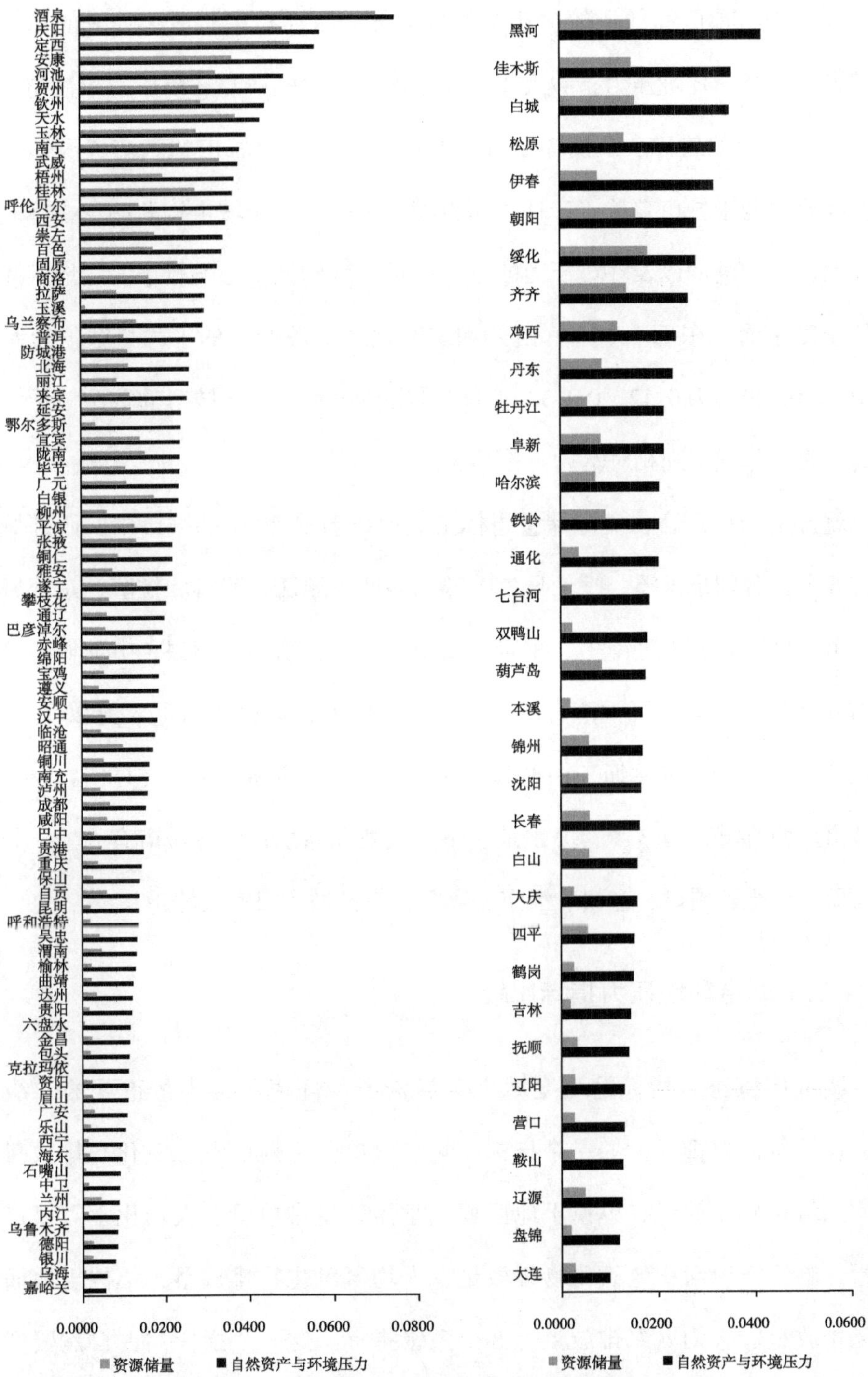

图 3-3 自然资产与环境压力和资源储量指标对比

注：图 3-3 按东部、中部、西部和东北地区划分，根据自然资产与环境压力指数大小自上至下排列。

为了进行地区间的比较，从东部、中部、西部和东北地区划分的角度，根据自然资产与环境压力指数大小顺序给出了自然资产与环境压力指数与城市资源储量指标的对比。从图 3-3 可以看出所有的参评城市的城市资源储量指数值都要远低于城市自然资产环境压力潜力水平，表明城市资源储量指标对城市自然资产的增加以及环境压力的减小的贡献度较低，影响较小。从地区间差异的角度来看，东部、中部、西部和东北地区资源储量的平均指数值分别为 0.0109、0.0094、0.0112、0.0133，可以看出平均而言东北城市的资源储量水平较高，而中部城市则相对落后。

就排名结果而言，资源储量指标指数值排名前 20 位的城市中，西部城市占有 6 个，分别是玉溪、呼伦贝尔、鄂尔多斯、丽江、普洱和拉萨；东部城市占 7 个，分别是丽水、南平、龙岩、韶关、舟山、东莞和绍兴；中部城市只有黄山和赣州；东北地区城市有 5 个城市资源储量指数值排名进入前 20 位，分别是黑河、伊春、佳木斯、白城和松原。而资源储量指标指数值排名后 10 位的城市里西部城市有 3 个，分别是兰州、武威和酒泉；中部城市有 6 个，分别是太原、合肥、周口、亳州、淮南、阜阳；东部城市只有天津市。

（二）城市环境压力指标比较

城市环境压力指标是测度城市自然资产和环境压力中最重要的二级指标，也是所占权重最大的一个指标。它包含单位土地面积二氧化硫排放量、人均二氧化硫排放量、单位土地面积化学需氧量排放量、人均化学需氧量排放量、单位土地面积氮氧化物排放量、人均氮氧化物排放量、单位土地面积氨氮排放量、人均氨氮排放量等 8 个三级指标。这 8 个指标共占自然资产与环境压力指标的 66.67%，每个指标占总权重均为 1.67%，具体情况如表 3-9 所示。

表 3-9　环境压力三级指标、权重及指标属性

指标序号	指标	权重	指标属性
16	单位土地面积二氧化硫排放量	1.67%	逆
17	人均二氧化硫排放量	1.67%	逆
18	单位土地面积化学需氧量排放量	1.67%	逆
19	人均化学需氧量排放量	1.67%	逆
20	单位土地面积氮氧化物排放量	1.67%	逆
21	人均氮氧化物排放量	1.67%	逆
22	单位土地面积氨氮排放量	1.67%	逆
23	人均氨氮排放量	1.67%	逆

注：本表内容是由本报告课题组召开的多次研讨会确定的。

在对三级指标原始数据加以标准化处理后，根据表 3-9 中所示的权重，计算得出了本次参评的 290 个城市的环境压力指标的指数值。测算结果和排名如表 3-10 所示。

表 3-10　中国 290 个城市环境压力指数及排名

城市	环境压力指标		城市	环境压力指标		城市	环境压力指标	
	指数值	排名		指数值	排名		指数值	排名
酒泉	0.0705	1	吉安	0.0077	99	宜昌	0.0034	197
梅州	0.0511	2	鹰潭	0.0076	100	朔州	0.0034	198
定西	0.0502	3	三亚	0.0076	101	石家庄	0.0033	199
庆阳	0.0483	4	雅安	0.0076	102	三明	0.0033	200
天水	0.0372	5	伊春	0.0076	103	连云港	0.0033	201
安康	0.0363	6	承德	0.0074	104	潍坊	0.0032	202
随州	0.0334	7	潮州	0.0074	105	抚顺	0.0032	202
武威	0.0333	8	汕头	0.0074	106	九江	0.0032	202
河池	0.0325	9	常德	0.0074	107	枣庄	0.0031	205
钦州	0.0290	10	南充	0.0071	108	郑州	0.0030	206
贺州	0.0285	11	哈尔滨	0.0071	109	韶关	0.0030	207
玉林	0.0279	12	抚州	0.0069	110	巴中	0.0029	208
周口	0.0276	13	成都	0.0068	111	泉州	0.0029	209
桂林	0.0275	14	菏泽	0.0067	112	肇庆	0.0029	210

续表

城市	环境压力指标		城市	环境压力指标		城市	环境压力指标	
	指数值	排名		指数值	排名		指数值	排名
信阳	0.0255	15	张家口	0.0067	113	绍兴	0.0029	211
西安	0.0245	16	攀枝花	0.0066	114	惠州	0.0029	212
江门	0.0241	17	龙岩	0.0066	115	广安	0.0029	213
南宁	0.0239	18	舟山	0.0066	116	宁波	0.0028	214
固原	0.0232	19	安顺	0.0066	117	武汉	0.0028	215
六安	0.0230	20	绵阳	0.0065	118	忻州	0.0028	216
张家界	0.0213	21	淮安	0.0065	119	辽阳	0.0028	217
汕尾	0.0210	22	孝感	0.0064	120	大连	0.0027	217
厦门	0.0198	23	滁州	0.0064	121	保山	0.0027	217
梧州	0.0197	24	咸宁	0.0064	122	鞍山	0.0026	220
清远	0.0188	25	泰州	0.0063	123	营口	0.0026	221
亳州	0.0180	26	丽水	0.0062	124	邢台	0.0026	222
绥化	0.0180	27	柳州	0.0062	125	鹤岗	0.0026	223
崇左	0.0177	28	通辽	0.0061	126	嘉兴	0.0026	224
白银	0.0175	29	襄阳	0.0061	127	大庆	0.0025	225
百色	0.0174	30	益阳	0.0060	128	德阳	0.0025	226
商洛	0.0163	31	咸阳	0.0060	129	临汾	0.0025	227
朝阳	0.0155	32	赣州	0.0060	130	眉山	0.0025	228
陇南	0.0154	33	北京	0.0060	131	淮南	0.0025	229
白城	0.0153	34	自贡	0.0060	132	银川	0.0024	229
漯河	0.0153	35	宿迁	0.0060	133	天津	0.0024	229
温州	0.0151	36	长春	0.0058	134	上海	0.0024	229
南阳	0.0146	37	巴彦淖尔	0.0057	135	南京	0.0024	233
佳木斯	0.0146	38	郴州	0.0057	136	吕梁	0.0024	234
黑河	0.0145	39	汉中	0.0057	137	金昌	0.0024	235
揭阳	0.0144	40	宣城	0.0057	138	双鸭山	0.0024	236
黄冈	0.0142	41	白山	0.0056	139	资阳	0.0024	237
宜宾	0.0142	42	锦州	0.0056	140	秦皇岛	0.0023	238
莆田	0.0141	43	泰安	0.0055	141	鹤壁	0.0023	239
呼伦贝尔	0.0141	44	扬州	0.0055	142	莱芜	0.0023	240
齐齐哈尔	0.0135	45	沈阳	0.0055	143	焦作	0.0023	241

续表

城市	环境压力指标		城市	环境压力指标		城市	环境压力指标	
	指数值	排名		指数值	排名		指数值	排名
驻马店	0.0133	46	牡丹江	0.0054	144	芜湖	0.0023	242
乌兰察布	0.0133	47	聊城	0.0054	145	榆林	0.0023	243
遂宁	0.0132	48	宝鸡	0.0054	146	曲靖	0.0023	244
阜阳	0.0132	49	四平	0.0053	147	七台河	0.0022	245
张掖	0.0131	50	湛江	0.0053	148	珠海	0.0022	246
松原	0.0131	51	铜川	0.0052	149	萍乡	0.0022	247
平凉	0.0127	52	池州	0.0052	150	长治	0.0022	248
邵阳	0.0125	53	金华	0.0051	151	三门峡	0.0021	249
南平	0.0123	54	南通	0.0051	152	娄底	0.0021	250
长沙	0.0122	55	盐城	0.0050	153	昆明	0.0020	251
河源	0.0121	56	临沂	0.0049	154	淮北	0.0020	252
怀化	0.0121	57	福州	0.0049	155	包头	0.0020	253
延安	0.0120	58	烟台	0.0049	156	呼和浩特	0.0020	253
保定	0.0120	59	广州	0.0048	157	日照	0.0020	255
黄山	0.0120	60	辽源	0.0048	158	湖州	0.0019	255
十堰	0.0118	61	贵港	0.0047	159	盘锦	0.0019	255
来宾	0.0118	62	渭南	0.0047	160	乐山	0.0019	258
鸡西	0.0116	63	威海	0.0047	161	本溪	0.0019	259
宁德	0.0114	64	云浮	0.0047	162	吉林	0.0019	260
青岛	0.0114	65	临沧	0.0047	163	衢州	0.0019	260
北海	0.0114	66	安阳	0.0045	164	镇江	0.0018	262
防城港	0.0113	67	平顶山	0.0045	165	景德镇	0.0018	263
衡水	0.0113	68	兰州	0.0044	166	贵阳	0.0017	264
永州	0.0111	69	泸州	0.0044	166	海东	0.0017	265
广元	0.0109	70	邯郸	0.0044	166	铜陵	0.0017	266
蚌埠	0.0107	71	洛阳	0.0044	169	常州	0.0015	267
毕节	0.0107	72	济宁	0.0044	170	中卫	0.0015	268
茂名	0.0107	73	晋中	0.0044	171	鄂州	0.0014	269
普洱	0.0103	74	大同	0.0043	172	湘潭	0.0014	269
荆州	0.0103	75	济南	0.0043	173	西宁	0.0014	269
濮阳	0.0101	76	儋州	0.0043	174	内江	0.0013	269

续表

城市	环境压力指标		城市	环境压力指标		城市	环境压力指标	
	指数值	排名		指数值	排名		指数值	排名
昭通	0.0099	77	株洲	0.0043	175	玉溪	0.0013	273
沧州	0.0096	78	荆门	0.0043	176	佛山	0.0012	274
商丘	0.0095	79	南昌	0.0043	177	淄博	0.0012	275
岳阳	0.0093	80	吴忠	0.0042	177	唐山	0.0012	276
合肥	0.0092	81	遵义	0.0042	177	黄石	0.0012	277
开封	0.0091	82	新乡	0.0041	177	无锡	0.0012	278
铁岭	0.0091	83	许昌	0.0041	177	苏州	0.0011	279
深圳	0.0089	84	徐州	0.0040	182	滨州	0.0011	280
铜仁	0.0088	85	阳江	0.0040	183	马鞍山	0.0010	281
宿州	0.0087	86	重庆	0.0039	184	晋城	0.0009	282
拉萨	0.0087	87	东营	0.0039	185	新余	0.0008	283
丽江	0.0086	88	宜春	0.0038	186	石嘴山	0.0008	284
漳州	0.0084	89	运城	0.0038	187	乌海	0.0006	285
丹东	0.0084	90	廊坊	0.0038	188	东莞	0.0006	286
安庆	0.0083	91	通化	0.0037	189	六盘水	0.0005	287
葫芦岛	0.0082	92	太原	0.0036	190	乌鲁木齐	0.0002	288
台州	0.0082	93	德州	0.0036	191	克拉玛依	0.0002	289
赤峰	0.0082	94	杭州	0.0036	192	嘉峪关	0.0001	290
中山	0.0082	95	阳泉	0.0035	193			
阜新	0.0081	96	达州	0.0035	194			
上饶	0.0079	97	鄂尔多斯	0.0035	195			
海口	0.0078	98	衡阳	0.0034	196			

注：本表数据及排名根据《中国统计年鉴 2016》《2016 中国环境统计年报》《中国环境统计年鉴 2017》《中国城市统计年鉴 2017》等测算。

从表 3-10 中可以看到，排名最高的酒泉市城市环境压力指数值为 0.0705，排名第 290 位的嘉峪关市城市环境压力指标指数值为 0.0001，相差较大。这说明在不同城市由于自然环境天然性和后天人为对环境破坏程度不同导致环境压力有很大幅度的波动。由于经济发展结构不同以及对环境破坏程度不同，西部地区城市的环境压力明显小于东部城市，就排名情况来看，290 个参评城市中，有 95 个城市的城市环境压力指数值高于全国平均水平 0.0082，其中前 20 位的城市分别是酒泉、梅州、定西、庆阳、天水、安康、随州、武威、河池、钦州、贺州、玉林、周口、桂林、信阳、西安、江门、南宁、固原、六安。有195个城市环境压力指数值低于全国平均水平。

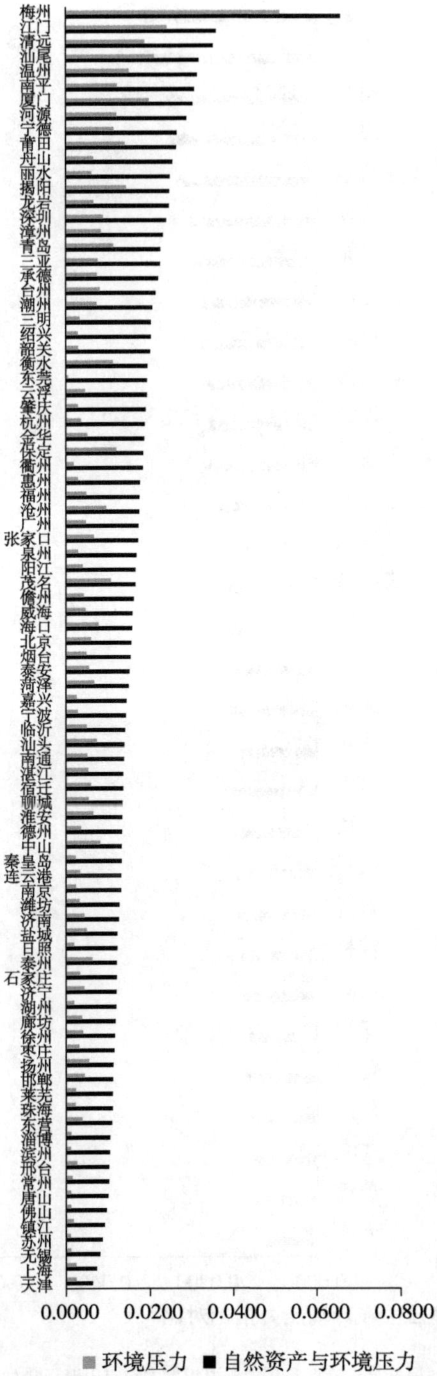

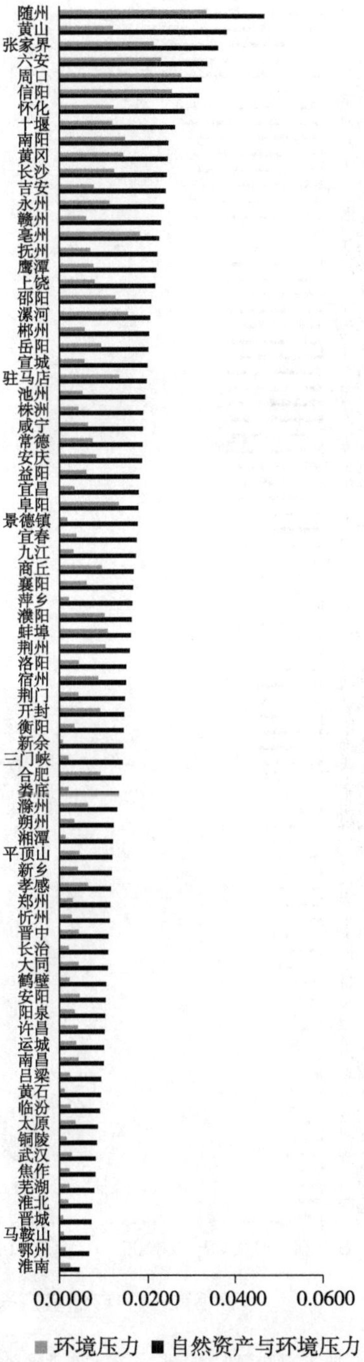

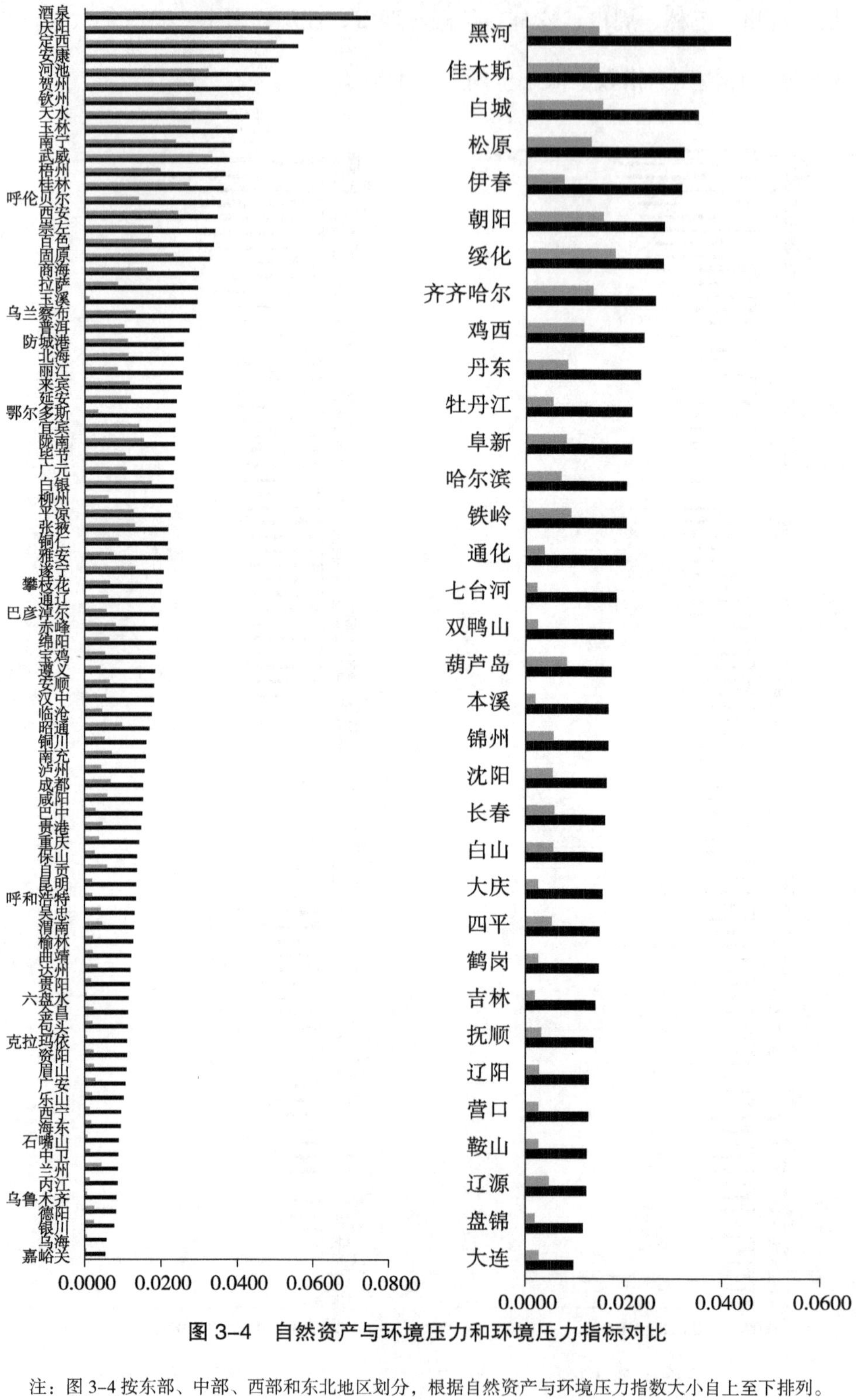

图 3-4　自然资产与环境压力和环境压力指标对比

注：图 3-4 按东部、中部、西部和东北地区划分，根据自然资产与环境压力指数大小自上至下排列。

图 3-4 按照不同地区显示了城市自然资产与环境压力与城市环境压力指标的对比，城市自然资产与环境压力和城市环境压力指标之间有着较强的一致性，表明城市环境压力指标对城市自然资产与环境压力做出了很大的贡献，影响较大。但东部地区的东莞、泉州、衢州，中部地区的景德镇、新余、湘潭，西部地区的玉溪、鄂尔多斯、克拉玛依、六盘水，东北地区的本溪、双鸭山、七台河等城市都存在环境压力指数值远低于自然资产与环境压力指数值的现象，表明其环境压力指标对自然资产与环境压力的影响要弱于其他城市。

从指标值来看，东部、中部、西部和东北地区城市环境压力指数的平均水平分别为 0.0065、0.0073、0.0111、0.0069，可以看出平均而言西部城市的环境压力较小，而中部和东北城市次之，东部城市环境压力指数值较低，面临较大的环境压力。从排名的角度看，西部地区在城市环境压力指标排名前 20 的城市中占到了 14 个。

第四章

资源与环境效率测算及分析

资源与环境效率衡量的是城市经济、生活等活动和对资源的利用效率以及对环境带来的负外部性。本章根据"中国城市绿色竞争力指数指标体系"中资源与环境效率的测度标准，利用 2016 年的年度数据，从资源效率、环境效率两个方面对中国 290 个城市的资源与环境效率进行了测度。

一、城市资源与环境效率的测算结果

根据"中国城市绿色竞争力指数指标体系"中资源与环境效率的测度体系和权重标准，中国 290 个城市的资源与环境效率测算结果如表 4–1 所示。

表 4–1　中国 290 个城市资源与环境效率指数及排名

城市	一级指标		二级指标			
	资源与环境效率指标		资源效率指标		环境效率指标	
	指数值	排名	指数值	排名	指数值	排名
庆阳	0.1110	1	0.0584	2	0.0526	2
深圳	0.0946	2	0.0154	279	0.0792	1
安康	0.0854	3	0.0373	92	0.0480	4
北京	0.0834	4	0.0331	169	0.0503	3
青岛	0.0833	5	0.0374	89	0.0459	5
信阳	0.0817	6	0.0448	19	0.0369	13
定西	0.0809	7	0.0464	13	0.0345	15
防城港	0.0791	8	0.0373	91	0.0417	8
南宁	0.0755	9	0.0327	175	0.0428	7
张家界	0.0750	10	0.0385	70	0.0365	14
威海	0.0734	11	0.0407	41	0.0327	17

续表

城市	一级指标		二级指标			
	资源与环境效率指标		资源效率指标		环境效率指标	
	指数值	排名	指数值	排名	指数值	排名
宁德	0.0732	12	0.0530	3	0.0202	40
厦门	0.0730	13	0.0298	206	0.0431	6
三亚	0.0719	14	0.0337	159	0.0382	10
西安	0.0716	15	0.0314	188	0.0402	9
北海	0.0694	16	0.0355	128	0.0339	16
桂林	0.0686	17	0.0313	190	0.0373	12
松原	0.0683	18	0.0404	44	0.0279	23
长沙	0.0671	19	0.0355	130	0.0316	18
天水	0.0665	20	0.0286	221	0.0380	11
榆林	0.0657	21	0.0601	1	0.0056	198
白城	0.0654	22	0.0437	25	0.0217	37
武威	0.0645	23	0.0356	126	0.0289	20
济南	0.0643	24	0.0373	93	0.0270	25
玉林	0.0640	25	0.0363	114	0.0277	24
泰州	0.0639	26	0.0457	16	0.0182	45
舟山	0.0634	27	0.0379	76	0.0255	26
中山	0.0629	28	0.0332	165	0.0296	19
福州	0.0620	29	0.0367	106	0.0253	27
周口	0.0612	30	0.0488	7	0.0124	78
鄂尔多斯	0.0611	31	0.0473	11	0.0138	65
烟台	0.0611	32	0.0394	52	0.0217	36
梅州	0.0604	33	0.0320	184	0.0284	22
沧州	0.0603	34	0.0471	12	0.0132	69
贺州	0.0601	35	0.0376	85	0.0225	31
钦州	0.0600	36	0.0382	72	0.0217	35
金华	0.0597	37	0.0454	17	0.0143	62
泰安	0.0594	38	0.0463	14	0.0131	71
衡水	0.0586	39	0.0479	8	0.0107	92
廊坊	0.0584	40	0.0495	5	0.0090	114
长春	0.0581	41	0.0372	95	0.0209	39

续表

城市	一级指标		二级指标			
	资源与环境效率指标		资源效率指标		环境效率指标	
	指数值	排名	指数值	排名	指数值	排名
固原	0.0574	42	0.0352	132	0.0222	33
台州	0.0571	43	0.0390	62	0.0182	46
温州	0.0571	44	0.0285	223	0.0286	21
泉州	0.0565	45	0.0474	10	0.0091	111
乌兰察布	0.0564	46	0.0380	74	0.0185	44
广州	0.0562	47	0.0340	151	0.0222	32
吕梁	0.0556	48	0.0525	4	0.0031	250
天津	0.0554	49	0.0390	59	0.0164	51
漯河	0.0554	50	0.0424	33	0.0130	75
哈尔滨	0.0553	51	0.0374	88	0.0179	47
商洛	0.0550	52	0.0434	28	0.0116	80
扬州	0.0545	53	0.0393	55	0.0153	54
东营	0.0544	54	0.0391	56	0.0152	57
许昌	0.0540	55	0.0461	15	0.0079	135
绥化	0.0540	56	0.0435	27	0.0105	93
安阳	0.0539	57	0.0429	29	0.0110	89
朝阳	0.0535	58	0.0333	164	0.0202	41
辽源	0.0535	59	0.0404	43	0.0131	73
盐城	0.0532	60	0.0447	20	0.0084	127
茂名	0.0528	61	0.0415	37	0.0113	86
徐州	0.0526	62	0.0388	65	0.0138	66
漳州	0.0524	63	0.0446	21	0.0079	137
三明	0.0524	64	0.0475	9	0.0049	218
梧州	0.0523	65	0.0331	170	0.0192	42
江门	0.0518	66	0.0291	214	0.0227	30
汕尾	0.0517	67	0.0393	54	0.0124	77
潍坊	0.0514	68	0.0451	18	0.0063	181
莆田	0.0513	69	0.0340	152	0.0174	48
通辽	0.0513	70	0.0413	39	0.0100	99
南通	0.0512	71	0.0387	68	0.0125	76

续表

城市	一级指标		二级指标			
	资源与环境效率指标		资源效率指标		环境效率指标	
	指数值	排名	指数值	排名	指数值	排名
柳州	0.0511	72	0.0339	154	0.0172	49
驻马店	0.0511	73	0.0424	32	0.0086	122
嘉兴	0.0509	74	0.0442	22	0.0068	168
南平	0.0507	75	0.0414	38	0.0093	110
保定	0.0506	76	0.0417	35	0.0089	118
延安	0.0505	77	0.0438	23	0.0066	172
海东	0.0503	78	0.0488	6	0.0014	283
常德	0.0501	79	0.0425	30	0.0076	147
菏泽	0.0501	80	0.0422	34	0.0078	138
宁波	0.0501	81	0.0355	129	0.0145	61
白银	0.0499	82	0.0268	236	0.0231	29
兰州	0.0494	83	0.0343	142	0.0151	59
铜川	0.0494	84	0.0376	84	0.0118	79
上海	0.0493	85	0.0338	158	0.0155	53
宿迁	0.0492	86	0.0390	60	0.0102	97
随州	0.0490	87	0.0272	234	0.0219	34
常州	0.0490	88	0.0381	73	0.0109	91
平凉	0.0490	89	0.0375	87	0.0115	83
吉安	0.0489	90	0.0436	26	0.0052	205
咸宁	0.0488	91	0.0417	36	0.0071	159
临沂	0.0487	92	0.0384	71	0.0103	94
济宁	0.0483	93	0.0394	51	0.0089	117
商丘	0.0481	94	0.0393	53	0.0088	119
酒泉	0.0480	95	0.0234	256	0.0246	28
无锡	0.0480	96	0.0377	82	0.0102	96
郑州	0.0478	97	0.0339	153	0.0139	64
镇江	0.0476	98	0.0366	107	0.0110	88
四平	0.0476	99	0.0403	45	0.0073	154
毕节	0.0475	100	0.0425	31	0.0050	211
鹰潭	0.0473	101	0.0398	49	0.0075	149

续表

城市	一级指标		二级指标			
	资源与环境效率指标		资源效率指标		环境效率指标	
	指数值	排名	指数值	排名	指数值	排名
安顺	0.0471	102	0.0387	67	0.0084	128
德州	0.0470	103	0.0375	86	0.0094	109
丽水	0.0468	104	0.0390	61	0.0078	140
湖州	0.0468	105	0.0403	46	0.0065	176
枣庄	0.0467	106	0.0391	58	0.0076	146
邢台	0.0466	107	0.0437	24	0.0029	254
合肥	0.0466	108	0.0275	230	0.0191	43
莱芜	0.0465	109	0.0366	109	0.0099	100
濮阳	0.0465	110	0.0388	66	0.0077	143
平顶山	0.0463	111	0.0377	81	0.0085	123
杭州	0.0461	112	0.0331	171	0.0131	72
武汉	0.0458	113	0.0345	140	0.0114	85
邯郸	0.0458	114	0.0368	100	0.0090	113
遂宁	0.0457	115	0.0389	63	0.0068	166
佳木斯	0.0457	116	0.0245	249	0.0212	38
河源	0.0457	117	0.0305	197	0.0152	56
聊城	0.0457	118	0.0361	119	0.0095	107
开封	0.0456	119	0.0368	102	0.0089	116
亳州	0.0455	120	0.0379	77	0.0076	145
日照	0.0447	121	0.0379	75	0.0068	167
阳江	0.0447	122	0.0366	108	0.0081	133
蚌埠	0.0445	123	0.0344	141	0.0101	98
连云港	0.0442	124	0.0367	105	0.0075	148
龙岩	0.0441	125	0.0358	124	0.0083	130
渭南	0.0439	126	0.0389	64	0.0049	213
河池	0.0438	127	0.0324	181	0.0114	84
苏州	0.0437	128	0.0352	131	0.0085	124
郴州	0.0436	129	0.0386	69	0.0050	209
湛江	0.0436	130	0.0379	78	0.0058	193
沈阳	0.0435	131	0.0272	233	0.0163	52

续表

城市	一级指标		二级指标			
	资源与环境效率指标		资源效率指标		环境效率指标	
	指数值	排名	指数值	排名	指数值	排名
淄博	0.0434	132	0.0362	118	0.0072	156
资阳	0.0434	133	0.0399	48	0.0035	242
娄底	0.0433	134	0.0400	47	0.0034	245
白山	0.0433	135	0.0378	79	0.0055	202
南京	0.0433	136	0.0300	200	0.0132	68
宜宾	0.0432	137	0.0362	116	0.0070	161
广元	0.0432	138	0.0343	143	0.0090	115
广安	0.0432	139	0.0397	50	0.0035	243
咸阳	0.0431	140	0.0341	148	0.0090	112
潮州	0.0428	141	0.0358	121	0.0069	164
淮安	0.0427	142	0.0312	191	0.0115	81
大连	0.0427	143	0.0364	111	0.0063	182
营口	0.0426	144	0.0341	146	0.0085	125
宿州	0.0426	145	0.0378	80	0.0049	219
安庆	0.0426	146	0.0371	97	0.0055	203
曲靖	0.0425	147	0.0373	94	0.0052	206
自贡	0.0423	148	0.0363	112	0.0060	190
芜湖	0.0423	149	0.0341	147	0.0082	132
中卫	0.0422	150	0.0412	40	0.0010	286
宣城	0.0421	151	0.0357	125	0.0064	177
南昌	0.0419	152	0.0341	149	0.0078	139
临沧	0.0419	153	0.0405	42	0.0014	284
儋州	0.0418	154	0.0368	99	0.0049	216
湘潭	0.0418	155	0.0376	83	0.0041	234
珠海	0.0417	156	0.0320	183	0.0097	104
石家庄	0.0417	157	0.0347	137	0.0070	162
绍兴	0.0415	158	0.0346	138	0.0070	163
惠州	0.0415	159	0.0345	139	0.0069	165
黄冈	0.0413	160	0.0314	189	0.0099	102
丹东	0.0413	161	0.0339	157	0.0074	150

续表

城市	一级指标		二级指标			
	资源与环境效率指标		资源效率指标		环境效率指标	
	指数值	排名	指数值	排名	指数值	排名
池州	0.0413	162	0.0349	134	0.0064	179
张掖	0.0412	163	0.0318	186	0.0095	108
内江	0.0411	164	0.0391	57	0.0020	275
株洲	0.0411	165	0.0349	135	0.0062	186
汉中	0.0411	166	0.0339	155	0.0072	158
呼伦贝尔	0.0409	167	0.0363	113	0.0046	223
成都	0.0409	168	0.0310	192	0.0099	103
鹤壁	0.0409	169	0.0367	103	0.0042	233
益阳	0.0406	170	0.0369	98	0.0037	240
永州	0.0405	171	0.0326	176	0.0079	136
泸州	0.0403	172	0.0374	90	0.0030	253
葫芦岛	0.0403	173	0.0325	177	0.0078	142
昭通	0.0398	174	0.0348	136	0.0049	215
通化	0.0397	175	0.0335	162	0.0062	183
黄山	0.0396	176	0.0297	207	0.0099	101
汕头	0.0394	177	0.0332	166	0.0062	187
阜阳	0.0394	178	0.0330	172	0.0064	178
达州	0.0393	179	0.0365	110	0.0028	259
崇左	0.0392	180	0.0239	253	0.0153	55
新余	0.0391	181	0.0359	120	0.0032	247
衢州	0.0391	182	0.0363	115	0.0029	258
眉山	0.0388	183	0.0367	104	0.0021	273
大同	0.0388	184	0.0332	167	0.0056	197
乐山	0.0386	185	0.0371	96	0.0015	282
淮北	0.0386	186	0.0358	122	0.0027	262
锦州	0.0386	187	0.0310	193	0.0076	144
盘锦	0.0385	188	0.0328	174	0.0057	196
绵阳	0.0384	189	0.0339	156	0.0045	225
海口	0.0383	190	0.0305	196	0.0078	141
黄石	0.0383	191	0.0358	123	0.0024	269

续表

城市	一级指标		二级指标			
	资源与环境效率指标		资源效率指标		环境效率指标	
	指数值	排名	指数值	排名	指数值	排名
景德镇	0.0381	192	0.0355	127	0.0026	267
晋城	0.0380	193	0.0362	117	0.0017	278
萍乡	0.0379	194	0.0325	179	0.0055	201
佛山	0.0379	195	0.0296	209	0.0082	131
鄂州	0.0378	196	0.0317	187	0.0061	189
南阳	0.0378	197	0.0235	255	0.0142	63
衡阳	0.0377	198	0.0337	160	0.0040	236
保山	0.0376	199	0.0368	101	0.0009	288
南充	0.0375	200	0.0334	163	0.0042	232
牡丹江	0.0375	201	0.0349	133	0.0026	266
清远	0.0373	202	0.0300	203	0.0073	152
贵港	0.0373	203	0.0342	145	0.0031	251
朔州	0.0370	204	0.0299	205	0.0072	157
临汾	0.0370	205	0.0342	144	0.0028	261
铜陵	0.0370	206	0.0340	150	0.0029	256
岳阳	0.0369	207	0.0297	208	0.0072	155
滁州	0.0368	208	0.0319	185	0.0049	217
唐山	0.0361	209	0.0299	204	0.0062	185
阜新	0.0361	210	0.0277	229	0.0083	129
忻州	0.0360	211	0.0336	161	0.0025	268
东莞	0.0358	212	0.0302	199	0.0056	200
陇南	0.0357	213	0.0295	210	0.0062	184
马鞍山	0.0355	214	0.0332	168	0.0023	271
重庆	0.0353	215	0.0286	222	0.0068	169
西宁	0.0353	216	0.0330	173	0.0023	272
抚州	0.0352	217	0.0302	198	0.0050	210
七台河	0.0352	218	0.0325	178	0.0027	263
百色	0.0351	219	0.0184	271	0.0167	50
鸡西	0.0348	220	0.0212	261	0.0136	67
呼和浩特	0.0347	221	0.0199	267	0.0148	60

续表

城市	一级指标		二级指标			
	资源与环境效率指标		资源效率指标		环境效率指标	
	指数值	排名	指数值	排名	指数值	排名
来宾	0.0346	222	0.0275	232	0.0071	160
十堰	0.0345	223	0.0236	254	0.0110	90
遵义	0.0344	224	0.0288	220	0.0056	199
攀枝花	0.0343	225	0.0300	201	0.0042	230
秦皇岛	0.0342	226	0.0294	211	0.0047	221
铁岭	0.0341	227	0.0253	243	0.0088	120
焦作	0.0341	228	0.0300	202	0.0041	235
巴中	0.0340	229	0.0306	195	0.0033	246
揭阳	0.0338	230	0.0243	250	0.0096	105
乌鲁木齐	0.0338	231	0.0325	180	0.0013	285
六盘水	0.0337	232	0.0322	182	0.0015	281
铜仁	0.0336	233	0.0247	247	0.0088	121
雅安	0.0335	234	0.0290	217	0.0045	226
三门峡	0.0335	235	0.0290	218	0.0045	224
包头	0.0333	236	0.0203	266	0.0130	74
邵阳	0.0332	237	0.0266	237	0.0066	174
宝鸡	0.0332	238	0.0247	248	0.0084	126
鞍山	0.0328	239	0.0261	240	0.0066	171
宜春	0.0327	240	0.0291	216	0.0036	241
六安	0.0325	241	0.0173	275	0.0152	58
巴彦淖尔	0.0324	242	0.0275	231	0.0049	214
赣州	0.0323	243	0.0293	212	0.0030	252
银川	0.0322	244	0.0268	235	0.0054	204
长治	0.0318	245	0.0289	219	0.0029	255
淮南	0.0317	246	0.0293	213	0.0024	270
鹤岗	0.0317	247	0.0309	194	0.0008	289
丽江	0.0317	248	0.0242	251	0.0074	151
云浮	0.0315	249	0.0253	242	0.0062	188
荆门	0.0314	250	0.0248	246	0.0066	175
晋中	0.0313	251	0.0250	245	0.0063	180

续表

城市	一级指标		二级指标			
	资源与环境效率指标		资源效率指标		环境效率指标	
	指数值	排名	指数值	排名	指数值	排名
洛阳	0.0313	252	0.0210	263	0.0103	95
韶关	0.0311	253	0.0291	215	0.0020	276
九江	0.0310	254	0.0279	227	0.0031	249
德阳	0.0309	255	0.0281	226	0.0028	260
新乡	0.0309	256	0.0266	238	0.0043	228
孝感	0.0305	257	0.0262	239	0.0043	229
玉溪	0.0303	258	0.0282	224	0.0021	274
运城	0.0299	259	0.0252	244	0.0047	222
双鸭山	0.0296	260	0.0279	228	0.0017	279
昆明	0.0295	261	0.0227	259	0.0067	170
克拉玛依	0.0292	262	0.0282	225	0.0010	287
滨州	0.0291	263	0.0260	241	0.0031	248
张家口	0.0289	264	0.0230	258	0.0060	192
襄阳	0.0289	265	0.0209	265	0.0080	134
伊春	0.0279	266	0.0239	252	0.0040	237
承德	0.0277	267	0.0146	280	0.0132	70
太原	0.0275	268	0.0180	274	0.0095	106
吴忠	0.0273	269	0.0230	257	0.0043	227
怀化	0.0272	270	0.0216	260	0.0057	195
齐齐哈尔	0.0272	271	0.0212	262	0.0060	191
大庆	0.0258	272	0.0210	264	0.0048	220
赤峰	0.0248	273	0.0134	285	0.0115	82
黑河	0.0237	274	0.0164	277	0.0073	153
乌海	0.0236	275	0.0185	269	0.0051	208
荆州	0.0230	276	0.0181	272	0.0050	212
石嘴山	0.0218	277	0.0184	270	0.0034	244
宜昌	0.0211	278	0.0145	281	0.0066	173
肇庆	0.0210	279	0.0173	276	0.0037	239
吉林	0.0206	280	0.0180	273	0.0027	264
抚顺	0.0193	281	0.0136	284	0.0058	194

续表

城市	一级指标		二级指标			
	资源与环境效率指标		资源效率指标		环境效率指标	
	指数值	排名	指数值	排名	指数值	排名
本溪	0.0192	282	0.0140	283	0.0052	207
阳泉	0.0189	283	0.0076	288	0.0113	87
嘉峪关	0.0188	284	0.0188	268	0.0000	290
贵阳	0.0180	285	0.0141	282	0.0039	238
普洱	0.0176	286	0.0160	278	0.0016	280
上饶	0.0129	287	0.0087	287	0.0042	231
拉萨	0.0127	288	0.0108	286	0.0019	277
金昌	0.0080	289	0.0051	289	0.0029	257
辽阳	0.0049	290	0.0022	290	0.0026	265

注：1. 本表根据"中国城市绿色竞争力指数指标体系"中资源与环境效率的指数指标体系，依据各指标 2016 年数据测算而得。2. 本表各参评城市按照资源与环境效率的指数值从大到小排序。3. 本表一级指标"资源与环境效率"指数值等于两个二级指标"资源效率"和"环境效率"指数值之和。4. 本表测度结果保留 4 位小数，如果指数相同排名相同说明两市测算的指数完全一样，如果指数相同但排名不同则是小数点四舍五入的结果，说明指数值在小数点后 4 位之后有差异，本章节此后所有测度结果均采用该方法保留 4 位小数。5. 以上数据及排名根据《中国统计年鉴 2017》《2016 中国环境统计年报》《中国环境统计年鉴 2017》《中国城市统计年鉴 2017》《中国省市经济发展年鉴 2017》及人工整理测算。6. 为便于后文进行比较分析，基于算术平均方法，我们测算得到 290 个参评城市资源与环境效率的平均水平为 0.0441，资源效率指标的平均水平为 0.0332，环境效率指标的平均水平为 0.0109。

从表 4–1 中可以看出，2016 年中国 290 个城市资源与环境效率中，指数值最高的城市是庆阳，达到 0.1110；最低的城市是辽阳，仅为 0.0049。290 个参评城市中，有 125 个城市资源与环境效率高出或等于全国平均水平。排在前 20 位的城市依次是：庆阳、深圳、安康、北京、青岛、信阳、定西、防城港、南宁、张家界、威海、宁德、厦门、三亚、西安、北海、桂林、松原、长沙、天水。其中，资源效率指标排名前 20 位的城市依次是：榆林、庆阳、宁德、吕梁、廊坊、海东、周口、衡水、三明、泉州、鄂尔多斯、沧州、定西、泰安、许昌、泰州、金华、潍坊、信阳、盐城；环境效率指标排名前 20 位的城市依次是：深圳、庆阳、北京、安康、青岛、厦门、南宁、防城港、西安、三亚、天水、桂林、信阳、张家界、定西、北海、威海、长沙、中山、武威。2016年中国290个城市资源与环境效率排名前20位和后20位的具体情况如图4-1所示。

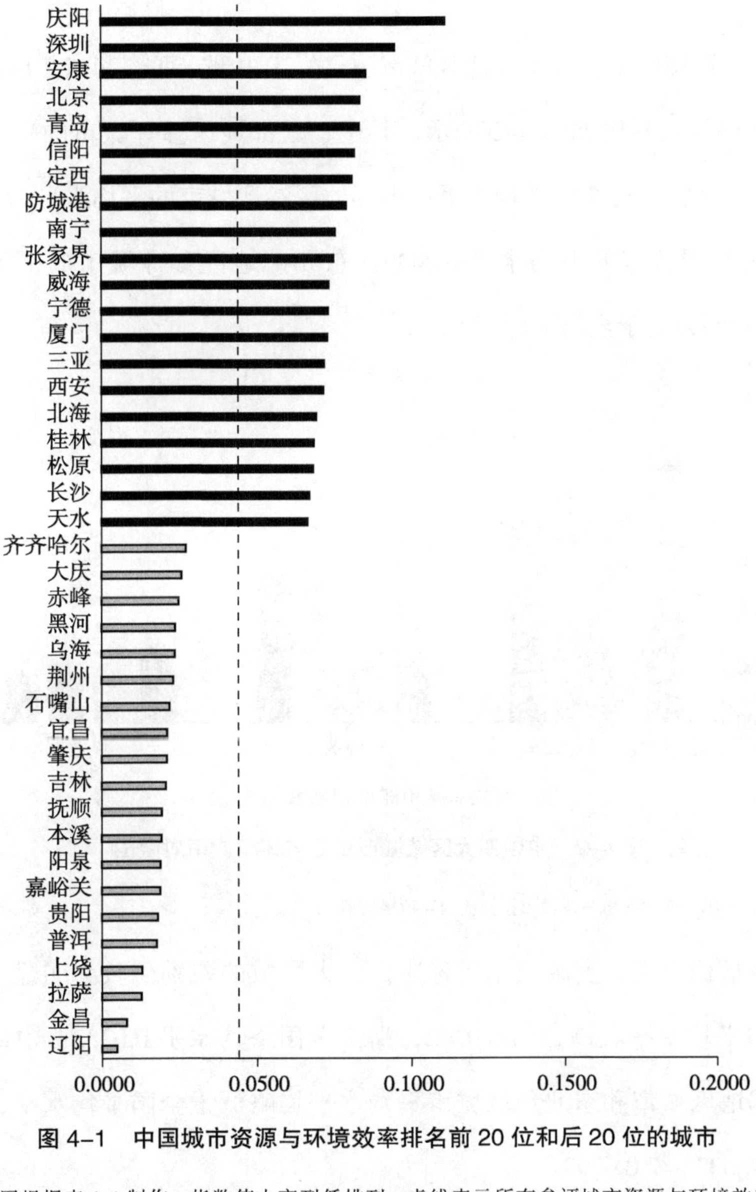

图4–1　中国城市资源与环境效率排名前20位和后20位的城市

注：本图根据表4–1制作。指数值由高到低排列，虚线表示所有参评城市资源与环境效率的平均值0.0441。

根据表4–1和图4–1，下面进一步从城市资源与环境效率区域间差异、城市资源与环境效率区域内差异以及 2016 中国城市绿色竞争力指数与城市资源与环境效率的相关关系三个方面进行分析。

（一）城市资源与环境效率区域间差异分析

资源与环境效率具有东部地区城市明显好于中部、西部和东北地区城市的地域分化格局。具体如图 4–2 所示。其中，东部地区参评城市的平均水平达到 0.0500，大幅超过全国平均水平；中部地区参评城市的平均水平为 0.0403，西部地区参评城市的平均水平 0.0439，东北部地区参评城市的平均水平为 0.0386，均明显低于全国平均水平。

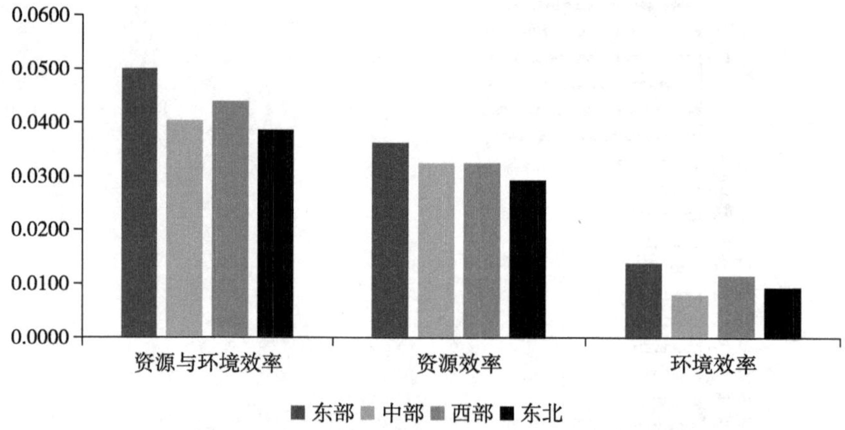

图 4–2　中国四大区域城市资源与环境效率对照图

注：本图数据为四大区域中各城市指数值的算数平均值。

二级指标方面，资源效率指标中，四大区域的差别仍较为明显。东部地区城市的平均水平较高，为 0.0362，高于全国平均水平 0.0332；中部地区城市、西部地区城市和东北地区城市平均水平均略低于全国平均水平，分别为 0.0324、0.0324 和 0.0293。

环境效率指标中，东部城市平均水平为 0.0138，显著高于其他三个区域，且远高于全国平均水平 0.0109。其余三个地区平均水平仅西部地区城市稍高于全国平均水平，平均水平为0.0115，而中部地区城市和东北地区城市均未达到全国平均水平，分别为0.0079和0.0093。

（二）城市资源与环境效率区域内差异分析

城市资源与环境效率在区域间呈现东部城市较好，西部地区城市次之，东北和中部地区城市较弱的局面，而且区域内部的各城市之间的差异较为明显。

1. 东部地区城市资源与环境效率指数及排名

2016年中国东部地区城市资源与环境效率指数及排名如表4–2所示。

表4–2　中国东部地区城市资源与环境效率指数及排名

城市	指数值	整体排名	区域内排名	城市	指数值	整体排名	区域内排名
深圳	0.0946	2	1	临沂	0.0487	92	45
北京	0.0834	4	2	济宁	0.0483	93	46
青岛	0.0833	5	3	无锡	0.0480	96	47
威海	0.0734	11	4	镇江	0.0476	98	48
宁德	0.0732	12	5	德州	0.0470	103	49
厦门	0.0730	13	6	丽水	0.0468	104	50
三亚	0.0719	14	7	湖州	0.0468	105	51
济南	0.0643	24	8	枣庄	0.0467	106	52
泰州	0.0639	26	9	邢台	0.0466	107	53
舟山	0.0634	27	10	莱芜	0.0465	109	54
中山	0.0629	28	11	杭州	0.0461	112	55
福州	0.0620	29	12	邯郸	0.0458	114	56
烟台	0.0611	32	13	河源	0.0457	117	57
梅州	0.0604	33	14	聊城	0.0457	118	58
沧州	0.0603	34	15	日照	0.0447	121	59
金华	0.0597	37	16	阳江	0.0447	122	60
泰安	0.0594	38	17	连云港	0.0442	124	61
衡水	0.0586	39	18	龙岩	0.0441	125	62
廊坊	0.0584	40	19	苏州	0.0437	128	63
台州	0.0571	43	20	湛江	0.0436	130	64

续表

城市	指数值	整体排名	区域内排名	城市	指数值	整体排名	区域内排名
温州	0.0571	44	21	淄博	0.0434	132	65
泉州	0.0565	45	22	南京	0.0433	136	66
广州	0.0562	47	23	潮州	0.0428	141	67
天津	0.0554	49	24	淮安	0.0427	142	68
扬州	0.0545	53	25	儋州	0.0418	154	69
东营	0.0544	54	26	珠海	0.0417	156	70
盐城	0.0532	60	27	石家庄	0.0417	157	71
茂名	0.0528	61	28	绍兴	0.0415	158	72
徐州	0.0526	62	29	惠州	0.0415	159	73
漳州	0.0524	63	30	汕头	0.0394	177	74
三明	0.0524	64	31	衢州	0.0391	182	75
江门	0.0518	66	32	海口	0.0383	190	76
汕尾	0.0517	67	33	佛山	0.0379	195	77
潍坊	0.0514	68	34	清远	0.0373	202	78
莆田	0.0513	69	35	唐山	0.0361	209	79
南通	0.0512	71	36	东莞	0.0358	212	80
嘉兴	0.0509	74	37	秦皇岛	0.0342	226	81
南平	0.0507	75	38	揭阳	0.0338	230	82
保定	0.0506	76	39	云浮	0.0315	249	83
菏泽	0.0501	80	40	韶关	0.0311	253	84
宁波	0.0501	81	41	滨州	0.0291	263	85
上海	0.0493	85	42	张家口	0.0289	264	86
宿迁	0.0492	86	43	承德	0.0277	267	87
常州	0.0490	88	44	肇庆	0.0210	279	88

注：根据表 4–1 整理。

东部地区参评的88个城市中，只有3个城市位居所有参评城市的前10位，分别是深圳、北京和青岛。仅占东部参评城市的3.41%。其中深圳以0.0946的指数值位居所有参评城市第一位，远高于其他东部参评城市。除深圳外，东部地区的北京、青岛、威海、宁德、厦门、三亚、济南、泰州、舟山、中山、福州、烟台、梅州、沧州、金华、泰安、衡水、廊坊、台州、温州、泉州、广州、天津、扬州、东营、盐城、茂名、徐州、漳州、三明、江门、汕尾、潍坊、莆田、南通、嘉兴、南平、保定、菏泽、宁波、上海、宿迁、常州、临沂、济宁、无锡、镇江、德州、丽水、湖州、枣庄、邢台、莱芜、杭州、邯郸、河源、聊城、日照、阳江、连云港和龙岩位于所有参评城市的第 4 位至第 125 位，上述 62 个城市均高于或等于全国平均水平。而东部的苏州、湛江和淄博等 26 个城市的资源与环境效率低于全国平均水平，其中肇庆以 0.0210 的指数值位居所有参评城市的倒数第一位。总的来说，东部大部分城市资源与环境效率位居全国中游及以上。

2. 中部地区城市资源与环境效率指数及排名

2016 年中国中部地区城市资源与环境效率指数及排名如表 4–3 所示。

表 4–3　中国中部地区城市资源与环境效率指数及排名

城市	指数值	整体排名	区域内排名	城市	指数值	整体排名	区域内排名
信阳	0.0817	6	1	大同	0.0388	184	41
张家界	0.0750	10	2	淮北	0.0386	186	42
长沙	0.0671	19	3	黄石	0.0383	191	43
周口	0.0612	30	4	景德镇	0.0381	192	44
吕梁	0.0556	48	5	晋城	0.0380	193	45
漯河	0.0554	50	6	萍乡	0.0379	194	46
许昌	0.0540	55	7	鄂州	0.0378	196	47
安阳	0.0539	57	8	南阳	0.0378	197	48
驻马店	0.0511	73	9	衡阳	0.0377	198	49
常德	0.0501	79	10	朔州	0.0370	204	50
随州	0.0490	87	11	临汾	0.0370	205	51
吉安	0.0489	90	12	铜陵	0.0370	206	52
咸宁	0.0488	91	13	岳阳	0.0369	207	53
商丘	0.0481	94	14	滁州	0.0368	208	54
郑州	0.0478	97	15	忻州	0.0360	211	55
鹰潭	0.0473	101	16	马鞍山	0.0355	214	56
合肥	0.0466	108	17	抚州	0.0352	217	57

续表

城市	指数值	整体排名	区域内排名	城市	指数值	整体排名	区域内排名
濮阳	0.0465	110	18	十堰	0.0345	223	58
平顶山	0.0463	111	19	焦作	0.0341	228	59
武汉	0.0458	113	20	三门峡	0.0335	235	60
开封	0.0456	119	21	邵阳	0.0332	237	61
亳州	0.0455	120	22	宜春	0.0327	240	62
蚌埠	0.0445	123	23	六安	0.0325	241	63
郴州	0.0436	129	24	赣州	0.0323	243	64
娄底	0.0433	134	25	长治	0.0318	245	65
宿州	0.0426	145	26	淮南	0.0317	246	66
安庆	0.0426	146	27	荆门	0.0314	250	67
芜湖	0.0423	149	28	晋中	0.0313	251	68
宣城	0.0421	151	29	洛阳	0.0313	252	69
南昌	0.0419	152	30	九江	0.0310	254	70
湘潭	0.0418	155	31	新乡	0.0309	256	71
黄冈	0.0413	160	32	孝感	0.0305	257	72
池州	0.0413	162	33	运城	0.0299	259	73
株洲	0.0411	165	34	襄阳	0.0289	265	74
鹤壁	0.0409	169	35	太原	0.0275	268	75
益阳	0.0406	170	36	怀化	0.0272	270	76
永州	0.0405	171	37	荆州	0.0230	276	77
黄山	0.0396	176	38	宜昌	0.0211	278	78
阜阳	0.0394	178	39	阳泉	0.0189	283	79
新余	0.0391	181	40	上饶	0.0129	287	80

注：本表根据表 4–1 整理。

中部地区参评的 80 个城市中，仅信阳、张家界两个城市位居所有参评城市的前 10 位。此外，长沙、周口、吕梁、漯河、许昌、安阳、驻马店、常德、随州、吉安、咸宁、商丘、郑州、鹰潭、合肥、濮阳、平顶山、武汉、开封、亳州和蚌埠这 21 个城市位居所有参评城市的第 19 位至第 123 位，其资源与环境效率高于全国平均水平。郴州、娄底和宿州等 57 个城市位居所有参评城市的第 129 位至第 287 位，资源与环境效率低于全国平均水平。其中上饶以 0.0129 的指数值位居所有中部地区参评城市的最后一位。中部大部分城市资源与环境效率在全国排名处于中后位置。

3. 西部地区城市资源与环境效率指数及排名

2016 年中国西部地区城市资源与环境效率指数及排名如表 4–4 所示。

表 4–4　中国西部地区城市资源与环境效率指数及排名

城市	指数值	整体排名	区域内排名	城市	指数值	整体排名	区域内排名
庆阳	0.1110	1	1	汉中	0.0411	166	45
安康	0.0854	3	2	呼伦贝尔	0.0409	167	46
定西	0.0809	7	3	成都	0.0409	168	47
防城港	0.0791	8	4	泸州	0.0403	172	48
南宁	0.0755	9	5	昭通	0.0398	174	49
西安	0.0716	15	6	达州	0.0393	179	50
北海	0.0694	16	7	崇左	0.0392	180	51
桂林	0.0686	17	8	眉山	0.0388	183	52
天水	0.0665	20	9	乐山	0.0386	185	53
榆林	0.0657	21	10	绵阳	0.0384	189	54
武威	0.0645	23	11	保山	0.0376	199	55
玉林	0.0640	25	12	南充	0.0375	200	56
鄂尔多斯	0.0611	31	13	贵港	0.0373	203	57
贺州	0.0601	35	14	陇南	0.0357	213	58
钦州	0.0600	36	15	重庆	0.0353	215	59
固原	0.0574	42	16	西宁	0.0353	216	60
乌兰察布	0.0564	46	17	百色	0.0351	219	61
商洛	0.0550	52	18	呼和浩特	0.0347	221	62
梧州	0.0523	65	19	来宾	0.0346	222	63
通辽	0.0513	70	20	遵义	0.0344	224	64
柳州	0.0511	72	21	攀枝花	0.0343	225	65
延安	0.0505	77	22	巴中	0.0340	229	66
海东	0.0503	78	23	乌鲁木齐	0.0338	231	67
白银	0.0499	82	24	六盘水	0.0337	232	68

续表

城市	指数值	整体排名	区域内排名	城市	指数值	整体排名	区域内排名
兰州	0.0494	83	25	铜仁	0.0336	233	69
铜川	0.0494	84	26	雅安	0.0335	234	70
平凉	0.0490	89	27	包头	0.0333	236	71
酒泉	0.0480	95	28	宝鸡	0.0332	238	72
毕节	0.0475	100	29	巴彦淖尔	0.0324	242	73
安顺	0.0471	102	30	银川	0.0322	244	74
遂宁	0.0457	115	31	丽江	0.0317	248	75
渭南	0.0439	126	32	德阳	0.0309	255	76
河池	0.0438	127	33	玉溪	0.0303	258	77
资阳	0.0434	133	34	昆明	0.0295	261	78
宜宾	0.0432	137	35	克拉玛依	0.0292	262	79
广元	0.0432	138	36	吴忠	0.0273	269	80
广安	0.0432	139	37	赤峰	0.0248	273	81
咸阳	0.0431	140	38	乌海	0.0236	275	82
曲靖	0.0425	147	39	石嘴山	0.0218	277	83
自贡	0.0423	148	40	嘉峪关	0.0188	284	84
中卫	0.0422	150	41	贵阳	0.0180	285	85
临沧	0.0419	153	42	普洱	0.0176	286	86
张掖	0.0412	163	43	拉萨	0.0127	288	87
内江	0.0411	164	44	金昌	0.0080	289	88

注：本表根据表 4–1 整理。

西部地区参评的 88 个城市中，有庆阳、安康、定西、防城港、南宁 5 个城市位居所有参评城市的前 10 位。除此之外，西部地区的西安、北海、桂林、天水、榆林、武威、玉林、鄂尔多斯、贺州、钦州、固原、乌兰察布、商洛、梧州、通辽、柳州、延安、海东、白银、兰州、铜川、平凉、酒泉、毕节、安顺和遂宁 26 个城市的资源与环境效率也高于全国平均水平。而西部地区的渭南、河池、资阳等 57 个城市的资源与环境效率低于全国平均水平，其中金昌以 0.0080 的指数值位居所有参评城市的最后一位。总的来看，西部地区有近半城市资源环境承载潜力位居全国中游及以上。

4. 东北地区城市资源与环境效率指数及排名

2016 年中国东北地区城市资源与环境效率指数及排名如表 4–5 所示。

表 4–5　中国东北地区城市资源与环境效率指数及排名

城市	指数值	整体排名	区域内排名	城市	指数值	整体排名	区域内排名
松原	0.0683	18	1	盘锦	0.0385	188	18
白城	0.0654	22	2	牡丹江	0.0375	201	19
长春	0.0581	41	3	阜新	0.0361	210	20
哈尔滨	0.0553	51	4	七台河	0.0352	218	21
绥化	0.0540	56	5	鸡西	0.0348	220	22
朝阳	0.0535	58	6	铁岭	0.0341	227	23
辽源	0.0535	59	7	鞍山	0.0328	239	24
四平	0.0476	99	8	鹤岗	0.0317	247	25
佳木斯	0.0457	116	9	双鸭山	0.0296	260	26
沈阳	0.0435	131	10	伊春	0.0279	266	27
白山	0.0433	135	11	齐齐哈尔	0.0272	271	28
大连	0.0427	143	12	大庆	0.0258	272	29
营口	0.0426	144	13	黑河	0.0237	274	30
丹东	0.0413	161	14	吉林	0.0206	280	31
葫芦岛	0.0403	173	15	抚顺	0.0193	281	32
通化	0.0397	175	16	本溪	0.0192	282	33
锦州	0.0386	187	17	辽阳	0.0049	290	34

注：本表根据表 4–1 整理。

东北地区参评的 34 个城市中，区域内没有位居全国所有参评城市排名前 10 位的城市。松原、白城、长春、哈尔滨、绥化、朝阳、辽源、四平和佳木斯 9 个城市的资源与环境效率高于全国平均水平。而沈阳、白山和大连等 25 个城市的资源与环境效率低于全国平均水平，其中辽阳以 0.0049 的指数值位居东北地区参评城市的最后一位。东北地区城市资源与环境效率位居全国中下游的偏多。

（三）城市资源与环境效率对中国城市绿色竞争力指数影响分析

对比 2016 年中国城市绿色竞争力指数与城市资源与环境效率后发现，290 个参评城市中，有 153 个城市资源与环境效率排名高于中国城市绿色竞争力指数排名，这表明这些城市的资源与环境效率推高了城市整体绿色竞争力水平，如青岛、南宁和庆阳等；有 134 个城市资源与环境效率排名低于中国城市绿色竞争力指数排名，这表明这些城市资源与环境效率拉低了城市的整体绿色竞争力水平，如北京、贺州和鄂尔多斯等；深圳、南通和鞍山的资源和环境效率排名与中国城市绿色竞争力指数排名相同。

从影响的程度看，城市资源与环境效率与中国城市绿色竞争力指数排名差异较大（超过 50 名）的城市有 127 个，占所有城市的 43.79%，如商丘、海东、衡水等，这表明这些城市的资源与环境效率对绿色竞争力指数总排名正向影响明显。其中，衡水的排名差异最大，相差 195 名。衡水的绿色竞争力指数排名第 234 位，位于所有城市中较靠后的位置，但其资源与环境效率排名较为靠前为第 39 位，因此通过资源和环境效率的推动作用，使得绿色竞争力排名加强。而昆明、贵阳、东莞等城市的绿色竞争力指数排名要远高于资源与环境效率排名，资源和环境效率拉低了整体的绿色竞争力指数水平，如昆明的绿色竞争力指数位列第 39 位，而资源与环境效率仅位居所有参评城市第 261 位，其绿色竞争力水平很大程度上受到资源和环境效率指标的制约。有 163 个城市排名差异较小（50 名以内），如北京、深圳、中山、济南等，这表明这些城市的资源与环境效率对城市绿色竞争力指数总排名影响不明显。2016 中国城市绿色竞争力指数与城市资源与环境效率排名差异超过 50 位的城市如表 4–6 所示。

表 4–6　中国城市绿色竞争力指数排名与城市资源与环境效率指数排名差异超过 50 位的城市

城市	绿色竞争力排名	资源与环境效率排名	位次变化	城市	绿色竞争力排名	资源与环境效率排名	位次变化
徐州	113	62	51	呼伦贝尔	112	167	–55
白银	133	82	51	锦州	130	187	–57
临汾	260	205	55	赣州	186	243	–57
亳州	178	120	58	镇江	40	98	–58
阜阳	237	178	59	大连	85	143	–58
崇左	240	180	60	铜陵	148	206	–58
巴中	289	229	60	嘉峪关	226	284	–58
宜宾	198	137	61	汕头	118	177	–59
鄂州	257	196	61	六安	179	241	–62
宁德	74	12	62	衢州	119	182	–63
延安	139	77	62	乌海	212	275	–63
临沂	154	92	62	黑河	210	274	–64
遂宁	177	115	62	无锡	31	96	–65
泰安	102	38	64	岳阳	142	207	–65
德州	167	103	64	石家庄	90	157	–67
四平	164	99	65	赤峰	206	273	–67
盐城	126	60	66	酒泉	27	95	–68
平凉	156	89	67	攀枝花	157	225	–68
保定	144	76	68	沈阳	62	131	–69
保山	267	199	68	张家口	194	264	–70
邯郸	184	114	70	新余	109	181	–72
商洛	123	52	71	南昌	79	152	–73
中卫	221	150	71	吉林	207	280	–73
防城港	80	8	72	丽江	174	248	–74
白城	94	22	72	上海	10	85	–75
乐山	258	185	73	揭阳	155	230	–75
枣庄	180	106	74	合肥	32	108	–76
榆林	99	21	78	承德	188	267	–79
广元	217	138	79	惠州	78	159	–81
泸州	253	172	81	马鞍山	132	214	–82

续表

城市	绿色竞争力排名	资源与环境效率排名	位次变化	城市	绿色竞争力排名	资源与环境效率排名	位次变化
眉山	270	183	87	成都	83	168	−85
咸阳	228	140	88	洛阳	166	252	−86
南充	290	200	90	秦皇岛	138	226	−88
娄底	225	134	91	武汉	23	113	−90
盘锦	283	188	95	滨州	170	263	−93
铜川	183	84	99	杭州	17	112	−95
鹤壁	269	169	100	西宁	121	216	−95
辽源	160	59	101	怀化	173	270	−97
驻马店	175	73	102	苏州	29	128	−99
达州	282	179	103	百色	120	219	−99
宿迁	191	86	105	遵义	125	224	−99
平顶山	218	111	107	玉溪	159	258	−99
开封	227	119	108	银川	143	244	−101
自贡	256	148	108	绍兴	54	158	−104
朝阳	168	58	110	九江	147	254	−107
濮阳	220	110	110	黄山	68	176	−108
菏泽	192	80	112	儋州	41	154	−113
内江	278	164	114	巴彦淖尔	129	242	−113
渭南	246	126	120	重庆	101	215	−114
临沧	274	153	121	韶关	134	253	−119
咸宁	219	91	128	南京	16	136	−120
周口	165	30	135	珠海	24	156	−132
安阳	193	57	136	佛山	55	195	−140
邢台	244	107	137	铜仁	92	233	−141
营口	284	144	140	克拉玛依	111	262	−151
绥化	209	56	153	乌鲁木齐	58	231	−173
吕梁	202	48	154	海口	12	190	−178
资阳	287	133	154	包头	50	236	−186
漯河	205	50	155	太原	76	268	−192
商丘	252	94	158	拉萨	95	288	−193
海东	254	78	176	呼和浩特	22	221	−199

续表

城市	绿色竞争力排名	资源与环境效率排名	位次变化	城市	绿色竞争力排名	资源与环境效率排名	位次变化
衡水	234	39	195	大庆	72	272	–200
				东莞	11	212	–201
				贵阳	84	285	–201
				昆明	39	261	–222

注：1. 本表根据表 1–3 和表 4–1 整理。2. 表中排名差异为资源与环境效率排名与城市绿色竞争力指数排名之差，正值表示资源与环境效率较之于城市绿色竞争力指数进步的名次，负值表示资源与环境效率较之于城市绿色竞争力指数退后的名次。

二、城市资源与环境效率比较分析

城市资源与环境效率占 2016 中国城市绿色竞争力指数指标总权重的 20%，共由资源效率、环境效率这 2 个二级指标及下属 6 个三级指标构成，包含 1 个正指标和 5 个逆指标。

（一）城市资源效率指标比较

城市资源效率指标占资源与环境效率指标总体权重的 33.33%，占城市绿色竞争力指数总权重的 6.67%，是城市绿色竞争力指数中权重最小的一个二级指标之一，对城市绿色竞争力指数的贡献较小。

从指标结构上看，资源效率指标仅包括 2 个三级指标，即单位地区生产总值用水量和工业固体废物综合利用率。单位地区生产总值用水量这一指标是逆指标，占城市绿色竞争力指数的权重为 3.33%，工业固体废物综合利用率这一指标是正指标，占城市绿色竞争力指数的权重同样为 3.33%。具体情况表 4–7 所示。

表 4–7　资源效率三级指标、权重及指标属性

指标序号	指标	权重（%）	指标属性
24	单位地区生产总值用水量	3.33%	逆
25	工业固体废物综合利用率	3.33%	正

注：本表内容是由本报告课题组召开的多次研讨会确定的。

在对三级指标的原始数据进行标准化处理综合测算后，得出 2016 年中国城市资源效率指数及其排名情况，如表 4–8 所示。

表 4–8　中国 290 个城市资源效率指数及排名

城市	资源效率指标		城市	资源效率指标		城市	资源效率指标	
	指数值	排名		指标值	排名		指数值	排名
榆林	0.0601	1	益阳	0.0369	98	巴中	0.0306	195
庆阳	0.0584	2	儋州	0.0368	99	海口	0.0305	196
宁德	0.0530	3	邯郸	0.0368	100	河源	0.0305	197
吕梁	0.0525	4	保山	0.0368	101	抚州	0.0302	198
廊坊	0.0495	5	开封	0.0368	102	东莞	0.0302	199
海东	0.0488	6	鹤壁	0.0367	103	南京	0.0300	200
周口	0.0488	7	眉山	0.0367	104	攀枝花	0.0300	201
衡水	0.0479	8	连云港	0.0367	105	焦作	0.0300	202
三明	0.0475	9	福州	0.0367	106	清远	0.0300	203
泉州	0.0474	10	镇江	0.0366	107	唐山	0.0299	204
鄂尔多斯	0.0473	11	阳江	0.0366	108	朔州	0.0299	205
沧州	0.0471	12	莱芜	0.0366	109	厦门	0.0298	206
定西	0.0464	13	达州	0.0365	110	黄山	0.0297	207
泰安	0.0463	14	大连	0.0364	111	岳阳	0.0297	208
许昌	0.0461	15	自贡	0.0363	112	佛山	0.0296	209
泰州	0.0457	16	呼伦贝尔	0.0363	113	陇南	0.0295	210
金华	0.0454	17	玉林	0.0363	114	秦皇岛	0.0294	211
潍坊	0.0451	18	衢州	0.0363	115	赣州	0.0293	212
信阳	0.0448	19	宜宾	0.0362	116	淮南	0.0293	213
盐城	0.0447	20	晋城	0.0362	117	江门	0.0291	214
漳州	0.0446	21	淄博	0.0362	118	韶关	0.0291	215
嘉兴	0.0442	22	聊城	0.0361	119	宜春	0.0291	216

续表

城市	资源效率指标		城市	资源效率指标		城市	资源效率指标	
	指数值	排名		指标值	排名		指数值	排名
延安	0.0438	23	新余	0.0359	120	雅安	0.0290	217
邢台	0.0437	24	潮州	0.0358	121	三门峡	0.0290	218
白城	0.0437	25	淮北	0.0358	122	长治	0.0289	219
吉安	0.0436	26	黄石	0.0358	123	遵义	0.0288	220
绥化	0.0435	27	龙岩	0.0358	124	天水	0.0286	221
商洛	0.0434	28	宣城	0.0357	125	重庆	0.0286	222
安阳	0.0429	29	武威	0.0356	126	温州	0.0285	223
常德	0.0425	30	景德镇	0.0355	127	玉溪	0.0282	224
毕节	0.0425	31	北海	0.0355	128	克拉玛依	0.0282	225
驻马店	0.0424	32	宁波	0.0355	129	德阳	0.0281	226
漯河	0.0424	33	长沙	0.0355	130	九江	0.0279	227
菏泽	0.0422	34	苏州	0.0352	131	双鸭山	0.0279	228
保定	0.0417	35	固原	0.0352	132	阜新	0.0277	229
咸宁	0.0417	36	牡丹江	0.0349	133	合肥	0.0275	230
茂名	0.0415	37	池州	0.0349	134	巴彦淖尔	0.0275	231
南平	0.0414	38	株洲	0.0349	135	来宾	0.0275	232
通辽	0.0413	39	昭通	0.0348	136	沈阳	0.0272	233
中卫	0.0412	40	石家庄	0.0347	137	随州	0.0272	234
威海	0.0407	41	绍兴	0.0346	138	银川	0.0268	235
临沧	0.0405	42	惠州	0.0345	139	白银	0.0268	236
辽源	0.0404	43	武汉	0.0345	140	邵阳	0.0266	237
松原	0.0404	44	蚌埠	0.0344	141	新乡	0.0266	238
四平	0.0403	45	兰州	0.0343	142	孝感	0.0262	239
湖州	0.0403	46	广元	0.0343	143	鞍山	0.0261	240
娄底	0.0400	47	临汾	0.0342	144	滨州	0.0260	241
资阳	0.0399	48	贵港	0.0342	145	云浮	0.0253	242
鹰潭	0.0398	49	营口	0.0341	146	铁岭	0.0253	243
广安	0.0397	50	芜湖	0.0341	147	运城	0.0252	244
济宁	0.0394	51	咸阳	0.0341	148	晋中	0.0250	245
烟台	0.0394	52	南昌	0.0341	149	荆门	0.0248	246
商丘	0.0393	53	铜陵	0.0340	150	铜仁	0.0247	247

续表

城市	资源效率指标		城市	资源效率指标		城市	资源效率指标	
	指数值	排名		指标值	排名		指数值	排名
汕尾	0.0393	54	广州	0.0340	151	宝鸡	0.0247	248
扬州	0.0393	55	莆田	0.0340	152	佳木斯	0.0245	249
东营	0.0391	56	郑州	0.0339	153	揭阳	0.0243	250
内江	0.0391	57	柳州	0.0339	154	丽江	0.0242	251
枣庄	0.0391	58	汉中	0.0339	155	伊春	0.0239	252
天津	0.0390	59	绵阳	0.0339	156	崇左	0.0239	253
宿迁	0.0390	60	丹东	0.0339	157	十堰	0.0236	254
丽水	0.0390	61	上海	0.0338	158	南阳	0.0235	255
台州	0.0390	62	三亚	0.0337	159	酒泉	0.0234	256
遂宁	0.0389	63	衡阳	0.0337	160	吴忠	0.0230	257
渭南	0.0389	64	忻州	0.0336	161	张家口	0.0230	258
徐州	0.0388	65	通化	0.0335	162	昆明	0.0227	259
濮阳	0.0388	66	南充	0.0334	163	怀化	0.0216	260
安顺	0.0387	67	朝阳	0.0333	164	鸡西	0.0212	261
南通	0.0387	68	中山	0.0332	165	齐齐哈尔	0.0212	262
郴州	0.0386	69	汕头	0.0332	166	洛阳	0.0210	263
张家界	0.0385	70	大同	0.0332	167	大庆	0.0210	264
临沂	0.0384	71	马鞍山	0.0332	168	襄阳	0.0209	265
钦州	0.0382	72	北京	0.0331	169	包头	0.0203	266
常州	0.0381	73	梧州	0.0331	170	呼和浩特	0.0199	267
乌兰察布	0.0380	74	杭州	0.0331	171	嘉峪关	0.0188	268
日照	0.0379	75	阜阳	0.0330	172	乌海	0.0185	269
舟山	0.0379	76	西宁	0.0330	173	石嘴山	0.0184	270
亳州	0.0379	77	盘锦	0.0328	174	百色	0.0184	271
湛江	0.0379	78	南宁	0.0327	175	荆州	0.0181	272
白山	0.0378	79	永州	0.0326	176	吉林	0.0180	273
宿州	0.0378	80	葫芦岛	0.0325	177	太原	0.0180	274
平顶山	0.0377	81	七台河	0.0325	178	六安	0.0173	275
无锡	0.0377	82	萍乡	0.0325	179	肇庆	0.0173	276
湘潭	0.0376	83	乌鲁木齐	0.0325	180	黑河	0.0164	277
铜川	0.0376	84	河池	0.0324	181	普洱	0.0160	278

续表

城市	资源效率指标		城市	资源效率指标		城市	资源效率指标	
	指数值	排名		指标值	排名		指数值	排名
贺州	0.0376	85	六盘水	0.0322	182	深圳	0.0154	279
德州	0.0375	86	珠海	0.0320	183	承德	0.0146	280
平凉	0.0375	87	梅州	0.0320	184	宜昌	0.0145	281
哈尔滨	0.0374	88	滁州	0.0319	185	贵阳	0.0141	282
青岛	0.0374	89	张掖	0.0318	186	本溪	0.0140	283
泸州	0.0374	90	鄂州	0.0317	187	抚顺	0.0136	284
防城港	0.0373	91	西安	0.0314	188	赤峰	0.0134	285
安康	0.0373	92	黄冈	0.0314	189	拉萨	0.0108	286
济南	0.0373	93	桂林	0.0313	190	上饶	0.0087	287
曲靖	0.0373	94	淮安	0.0312	191	阳泉	0.0076	288
长春	0.0372	95	成都	0.0310	192	金昌	0.0051	289
乐山	0.0371	96	锦州	0.0310	193	辽阳	0.0022	290
安庆	0.0371	97	鹤岗	0.0309	194			

注：本表数据及排名根据《中国统计年鉴 2017》《2016 中国环境统计年报》《中国环境统计年鉴 2017》《中国城市统计年鉴 2017》《中国省市经济发展年鉴 2017》及人工整理测算。

从表 4-8 可以看出，全国 290 个城市的资源效率指标测算结果介于 0.0022~0.0601 之间，极差为 0.0579。高于或等于全国平均水平 0.0332 的城市有 168 个，占全部参评城市的 57.93%，前 20 位的城市分别为榆林、庆阳、宁德、吕梁、廊坊、海东、周口、衡水、三明、泉州、鄂尔多斯、沧州、定西、泰安、许昌、泰州、金华、潍坊、信阳和盐城；有 122 个城市的资源效率指标低于全部参评城市平均水平，占比 42.07%，这些城市有北京、梧州、杭州等，其中阳泉、金昌和辽阳位居所有参评城市的最后三位，指数值分别为 0.0076、0.0051 和 0.0022。

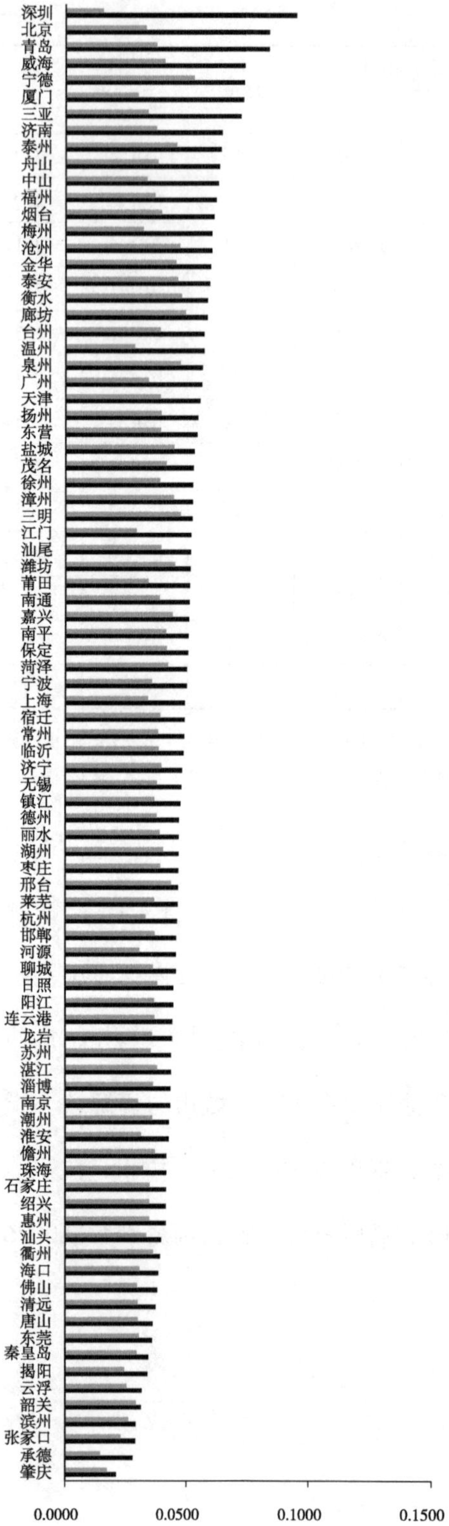
深圳
北京
青岛
威海
宁德
厦门
三亚
济南
泰州
舟山
中山
福州
烟台
梅州
沧州
金华
泰安
衡水
廊坊
台州
温州
泉州
广州
天津
扬州
东营
盐城
茂名
徐州
漳州
三明
江门
汕尾
潍坊
莆田
南通
嘉兴
南平
保定
菏泽
宁波
上海
宿迁
常州
临沂
济宁
无锡
镇江
德州
丽水
湖州
枣庄
邢台
莱芜
杭州
邯郸
河源
聊城
日照
阳江
连云港
龙岩
苏州
湛江
淄博
南京
潮州
淮安
儋州
珠海
石家庄
绍兴
惠州
汕头
衢州
海口
佛山
清远
唐山
东莞
秦皇岛
揭阳
云浮
韶关
滨州
张家口
承德
肇庆
0.0000
0.0500
0.1000
0.1500

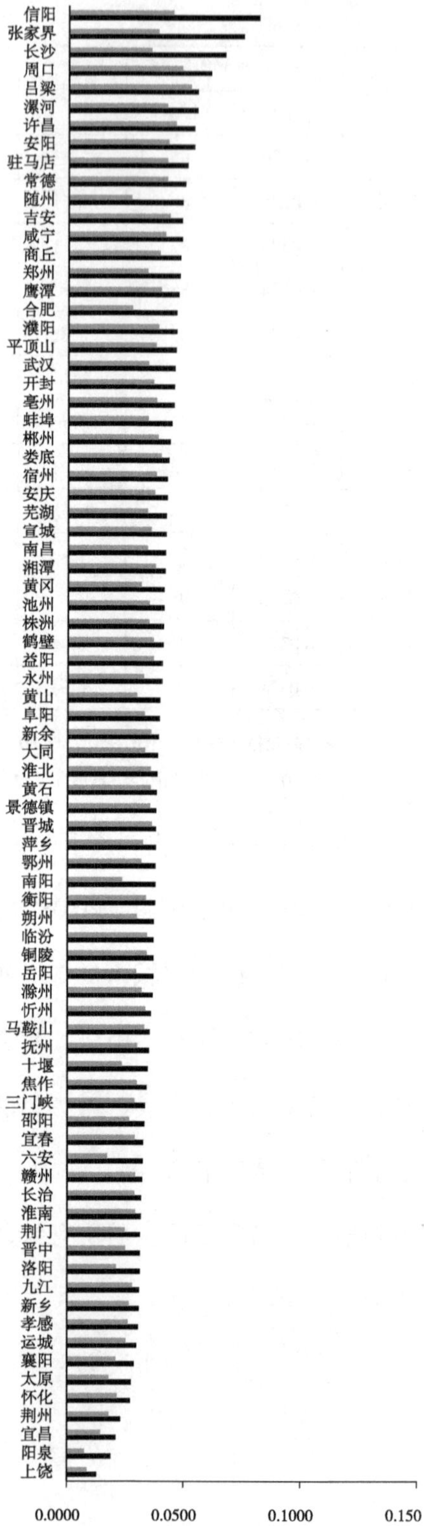
信阳
张家界
长沙
周口
吕梁
漯河
许昌
安阳
驻马店
常德
随州
吉安
咸宁
商丘
郑州
鹰潭
合肥
濮阳
平顶山
武汉
开封
亳州
蚌埠
郴州
娄底
宿州
安庆
芜湖
宣城
南昌
湘潭
黄冈
池州
株洲
鹤壁
益阳
永州
黄山
阜阳
新余
大同
淮北
黄石
景德镇
晋城
萍乡
鄂州
南阳
衡阳
朔州
临汾
铜陵
岳阳
滁州
忻州
马鞍山
抚州
十堰
焦作
三门峡
邵阳
宜春
六安
赣州
长治
淮南
荆门
晋中
洛阳
九江
新乡
孝感
运城
襄阳
太原
怀化
荆州
宜昌
阳泉
上饶
0.0000
0.0500
0.1000
0.150

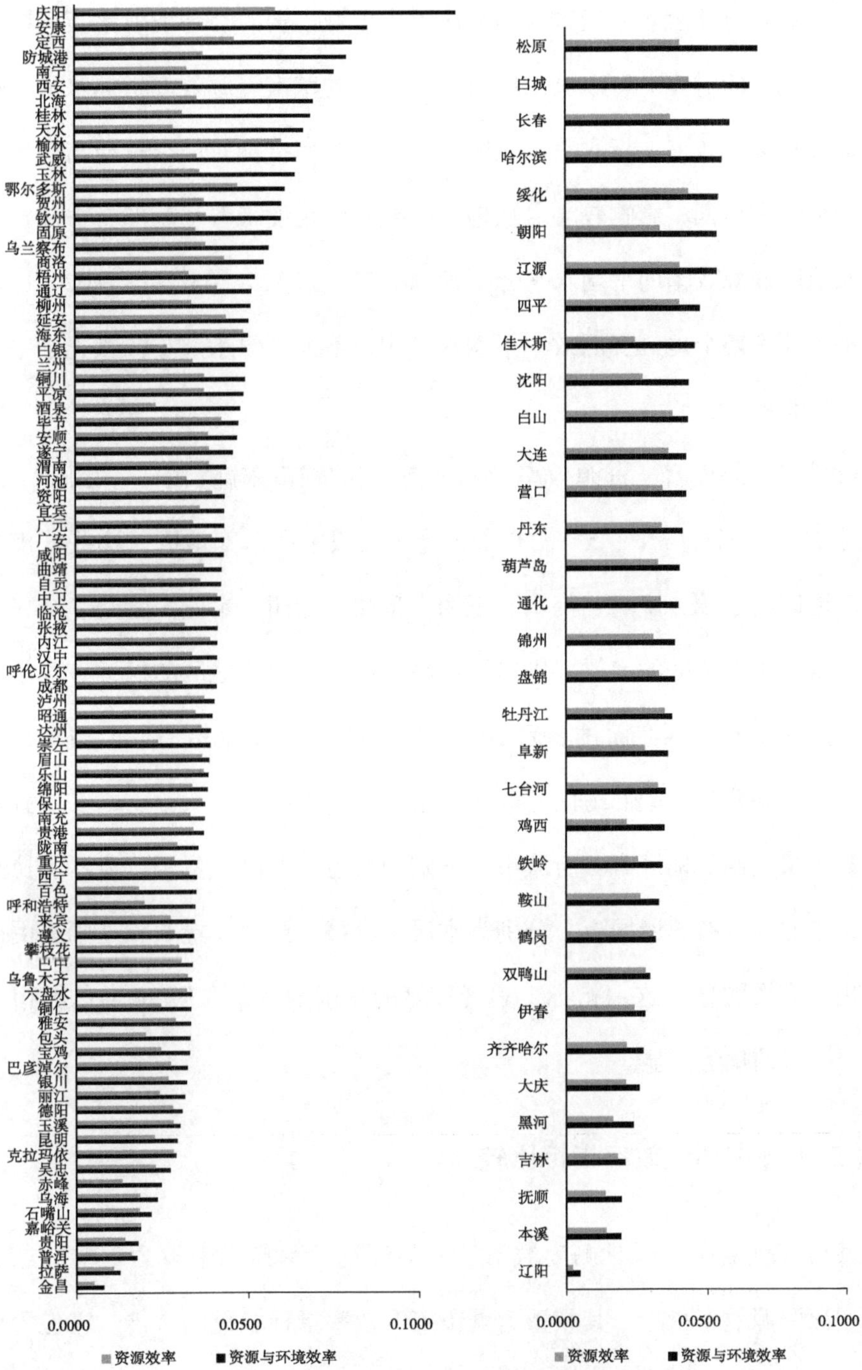

图 4-3　资源与环境效率和资源效率指标对比

注：图 4-3 按照东部、中部、西部和东北地区划分，根据资源与环境效率指数大小自上至下排列。

为了进行地区间的比较，图 4-3 从东部、中部、西部和东北地区划分的角度，根据资源与环境效率指数大小顺序给出了城市资源与环境效率指标同城市资源效率指标的对比。可以看出所有参评城市的城市资源效率指标水平均低于城市资源与环境效率指标水平，表明城市资源效率指标对城市资源与环境效率指标的贡献度较低，影响较小。从地区间差异的角度来看，东部、中部、西部和东北地区资源效率的平均水平分别为 0.0362、0.0324、0.0324、0.0293，可以看出平均而言四个地区资源效率平均水平相差不大，但东部小幅领先于中部、西部和东北地区。

就排名结果而言，资源效率指标前 20 位的城市东部、中部、西部、东北地区分别有 11 个、4 个、5 个、0 个，分布较集中在东部地区。这些城市分别为东部地区的宁德、廊坊、衡水、三明、泉州、沧州、泰安、泰州、金华、潍坊、盐城，中部地区的吕梁、周口、许昌、信阳，西部地区的榆林、庆阳、海东、鄂尔多斯和定西。而排名后 20 位的城市中，东部地区有 3 所城市，即承德、深圳、和肇庆；中部地区有 6 所城市，分别为荆州、太原、六安、宜昌、上饶和阳泉；西部地区有 6 所城市，分别为百色、普洱、贵阳、赤峰、拉萨和金昌；东北地区有 5 所城市，分别为本溪、吉林、黑河、抚顺和辽阳。由此可以看出，在资源效率这一指标上表现较好的东部地区，在后 20 名的城市中仅占 3 个，可谓优势明显。

（二）城市环境效率指标比较

城市环境效率指标是测度城市资源与环境效率指标中较为重要的二级指标，相比资源效率指标，其权重为城市资源效率指标权重的 2 倍。它包含单位地区生产总值二氧化硫排放量、单位地区生产总值化学需氧量排放量、单位地区生产总值氮氧化物排放量、单位地区生产总值氨氮排放量 4 个三级指标。这 4 个三级指标每个指标占城市绿色竞争力指数总权重均为 3.33%，加总占总权重的13.33%、占城市资源与环境效率权重的66.67%，具体情况如表4–9所示。

表4–9　环境效率三级指标、权重及指标属性

指标序号	指标	权重（%）	指标属性
26	单位地区生产总值二氧化硫排放量	3.33%	逆
27	单位地区生产总值化学需氧量排放量	3.33%	逆
28	单位地区生产总值氮氧化物排放量	3.33%	逆
29	单位地区生产总值氨氮排放量	3.33%	逆

注：1. 本表内容是由本报告课题组召开的多次研讨会确定的。

在对三级指标原始数据加以标准化处理后，根据表4–9中所示的权重，计算得出了本次参评的290个城市的环境效率指标的指数值。测算结果和排名如表4–10所示。

表4–10　中国城市环境效率指数及排名

城市	环境效率指标		城市	环境效率指标		城市	环境效率指标	
	指数值	排名		指标值	排名		指数值	排名
深圳	0.0792	1	蚌埠	0.0101	98	怀化	0.0057	195
庆阳	0.0526	2	通辽	0.0100	99	盘锦	0.0057	196
北京	0.0503	3	莱芜	0.0099	100	大同	0.0056	197
安康	0.0480	4	黄山	0.0099	101	榆林	0.0056	198
青岛	0.0459	5	黄冈	0.0099	102	遵义	0.0056	199
厦门	0.0431	6	成都	0.0099	103	东莞	0.0056	200
南宁	0.0428	7	珠海	0.0097	104	萍乡	0.0055	201
防城港	0.0417	8	揭阳	0.0096	105	白山	0.0055	202
西安	0.0402	9	太原	0.0095	106	安庆	0.0055	203
三亚	0.0382	10	聊城	0.0095	107	银川	0.0054	204
天水	0.0380	11	张掖	0.0095	108	吉安	0.0052	205
桂林	0.0373	12	德州	0.0094	109	曲靖	0.0052	206
信阳	0.0369	13	南平	0.0093	110	本溪	0.0052	207
张家界	0.0365	14	泉州	0.0091	111	乌海	0.0051	208
定西	0.0345	15	咸阳	0.0090	112	郴州	0.0050	209
北海	0.0339	16	邯郸	0.0090	113	抚州	0.0050	210

续表

城市	环境效率指标		城市	环境效率指标		城市	环境效率指标	
	指数值	排名		指标值	排名		指数值	排名
威海	0.0327	17	廊坊	0.0090	114	毕节	0.0050	211
长沙	0.0316	18	广元	0.0090	115	荆州	0.0050	212
中山	0.0296	19	开封	0.0089	116	渭南	0.0049	213
武威	0.0289	20	济宁	0.0089	117	巴彦淖尔	0.0049	214
温州	0.0286	21	保定	0.0089	118	昭通	0.0049	215
梅州	0.0284	22	商丘	0.0088	119	儋州	0.0049	216
松原	0.0279	23	铁岭	0.0088	120	滁州	0.0049	217
玉林	0.0277	24	铜仁	0.0088	121	三明	0.0049	218
济南	0.0270	25	驻马店	0.0086	122	宿州	0.0049	219
舟山	0.0255	26	平顶山	0.0085	123	大庆	0.0048	220
福州	0.0253	27	苏州	0.0085	124	秦皇岛	0.0047	221
酒泉	0.0246	28	营口	0.0085	125	运城	0.0047	222
白银	0.0231	29	宝鸡	0.0084	126	呼伦贝尔	0.0046	223
江门	0.0227	30	盐城	0.0084	127	三门峡	0.0045	224
贺州	0.0225	31	安顺	0.0084	128	绵阳	0.0045	225
广州	0.0222	32	阜新	0.0083	129	雅安	0.0045	226
固原	0.0222	33	龙岩	0.0083	130	吴忠	0.0043	227
随州	0.0219	34	佛山	0.0082	131	新乡	0.0043	228
钦州	0.0217	35	芜湖	0.0082	132	孝感	0.0043	229
烟台	0.0217	36	阳江	0.0081	133	攀枝花	0.0042	230
白城	0.0217	37	襄阳	0.0080	134	上饶	0.0042	231
佳木斯	0.0212	38	许昌	0.0079	135	南充	0.0042	232
长春	0.0209	39	永州	0.0079	136	鹤壁	0.0042	233
宁德	0.0202	40	漳州	0.0079	137	湘潭	0.0041	234
朝阳	0.0202	41	菏泽	0.0078	138	焦作	0.0041	235
梧州	0.0192	42	南昌	0.0078	139	衡阳	0.0040	236
合肥	0.0191	43	丽水	0.0078	140	伊春	0.0040	237
乌兰察布	0.0185	44	海口	0.0078	141	贵阳	0.0039	238
泰州	0.0182	45	葫芦岛	0.0078	142	肇庆	0.0037	239
台州	0.0182	46	濮阳	0.0077	143	益阳	0.0037	240
哈尔滨	0.0179	47	锦州	0.0076	144	宜春	0.0036	241

续表

城市	环境效率指标		城市	环境效率指标		城市	环境效率指标	
	指数值	排名		指标值	排名		指数值	排名
莆田	0.0174	48	亳州	0.0076	145	资阳	0.0035	242
柳州	0.0172	49	枣庄	0.0076	146	广安	0.0035	243
百色	0.0167	50	常德	0.0076	147	石嘴山	0.0034	244
天津	0.0164	51	连云港	0.0075	148	娄底	0.0034	245
沈阳	0.0163	52	鹰潭	0.0075	149	巴中	0.0033	246
上海	0.0155	53	丹东	0.0074	150	新余	0.0032	247
扬州	0.0153	54	丽江	0.0074	151	滨州	0.0031	248
崇左	0.0153	55	清远	0.0073	152	九江	0.0031	249
河源	0.0152	56	黑河	0.0073	153	吕梁	0.0031	250
东营	0.0152	57	四平	0.0073	154	贵港	0.0031	251
六安	0.0152	58	岳阳	0.0072	155	赣州	0.0030	252
兰州	0.0151	59	淄博	0.0072	156	泸州	0.0030	253
呼和浩特	0.0148	60	朔州	0.0072	157	邢台	0.0029	254
宁波	0.0145	61	汉中	0.0072	158	长治	0.0029	255
金华	0.0143	62	咸宁	0.0071	159	铜陵	0.0029	256
南阳	0.0142	63	来宾	0.0071	160	金昌	0.0029	257
郑州	0.0139	64	宜宾	0.0070	161	衢州	0.0029	258
鄂尔多斯	0.0138	65	石家庄	0.0070	162	达州	0.0028	259
徐州	0.0138	66	绍兴	0.0070	163	德阳	0.0028	260
鸡西	0.0136	67	潮州	0.0069	164	临汾	0.0028	261
南京	0.0132	68	惠州	0.0069	165	淮北	0.0027	262
沧州	0.0132	69	遂宁	0.0068	166	七台河	0.0027	263
承德	0.0132	70	日照	0.0068	167	吉林	0.0027	264
泰安	0.0131	71	嘉兴	0.0068	168	辽阳	0.0026	265
杭州	0.0131	72	重庆	0.0068	169	牡丹江	0.0026	266
辽源	0.0131	73	昆明	0.0067	170	景德镇	0.0026	267
包头	0.0130	74	鞍山	0.0066	171	忻州	0.0025	268
漯河	0.0130	75	延安	0.0066	172	黄石	0.0024	269
南通	0.0125	76	宜昌	0.0066	173	淮南	0.0024	270
汕尾	0.0124	77	邵阳	0.0066	174	马鞍山	0.0023	271
周口	0.0124	78	荆门	0.0066	175	西宁	0.0023	272

续表

城市	环境效率指标		城市	环境效率指标		城市	环境效率指标	
	指数值	排名		指标值	排名		指数值	排名
铜川	0.0118	79	湖州	0.0065	176	眉山	0.0021	273
商洛	0.0116	80	宣城	0.0064	177	玉溪	0.0021	274
淮安	0.0115	81	阜阳	0.0064	178	内江	0.0020	275
赤峰	0.0115	82	池州	0.0064	179	韶关	0.0020	276
平凉	0.0115	83	晋中	0.0063	180	拉萨	0.0019	277
河池	0.0114	84	潍坊	0.0063	181	晋城	0.0017	278
武汉	0.0114	85	大连	0.0063	182	双鸭山	0.0017	279
茂名	0.0113	86	通化	0.0062	183	普洱	0.0016	280
阳泉	0.0113	87	陇南	0.0062	184	六盘水	0.0015	281
镇江	0.0110	88	唐山	0.0062	185	乐山	0.0015	282
安阳	0.0110	89	株洲	0.0062	186	海东	0.0014	283
十堰	0.0110	90	汕头	0.0062	187	临沧	0.0014	284
常州	0.0109	91	云浮	0.0062	188	乌鲁木齐	0.0013	285
衡水	0.0107	92	鄂州	0.0061	189	中卫	0.0010	286
绥化	0.0105	93	自贡	0.0060	190	克拉玛依	0.0010	287
临沂	0.0103	94	齐齐哈尔	0.0060	191	保山	0.0009	288
洛阳	0.0103	95	张家口	0.0060	192	鹤岗	0.0008	289
无锡	0.0102	96	湛江	0.0058	193	嘉峪关	0.0000	290
宿迁	0.0102	97	抚顺	0.0058	194			

注：本表数据及排名根据《中国统计年鉴 2017》《2016 中国环境统计年报》《中国环境统计年鉴 2017》《中国城市统计年鉴 2017》《中国省市经济发展年鉴 2017》及人工整理测算。

从表 4-10 中可以看到，排名最高的深圳环境效率指标指数值为 0.0792，排名第 290 位的嘉峪关环境效率指标指数值为 0.0000，极差为 0.0792，差距较大。

其中高于或等于全国平均水平 0.0109 的城市有 91 个，仅占全部参评城市的 31.38%，这说明，该指标位次靠前的城市指数大幅领先，拉动了指数平均值。排名前 20 位的城市分别为深圳、庆阳、北京、安康、青岛、厦门、南宁、防城港、西安、三亚、天水、桂林、信阳、张家界、定西、北海、威海、长沙、中山和武威。绝大多数城市（199 个）的环境效率指标低于全部参评城市平均水平，占全部参评城市的 68.62%，这些城市有南昌、昆明、大连等，其中保山、鹤岗和嘉峪关位居所有参评城市的最后三位，指数值分别为 0.0009、0.0008 和 0.0000。

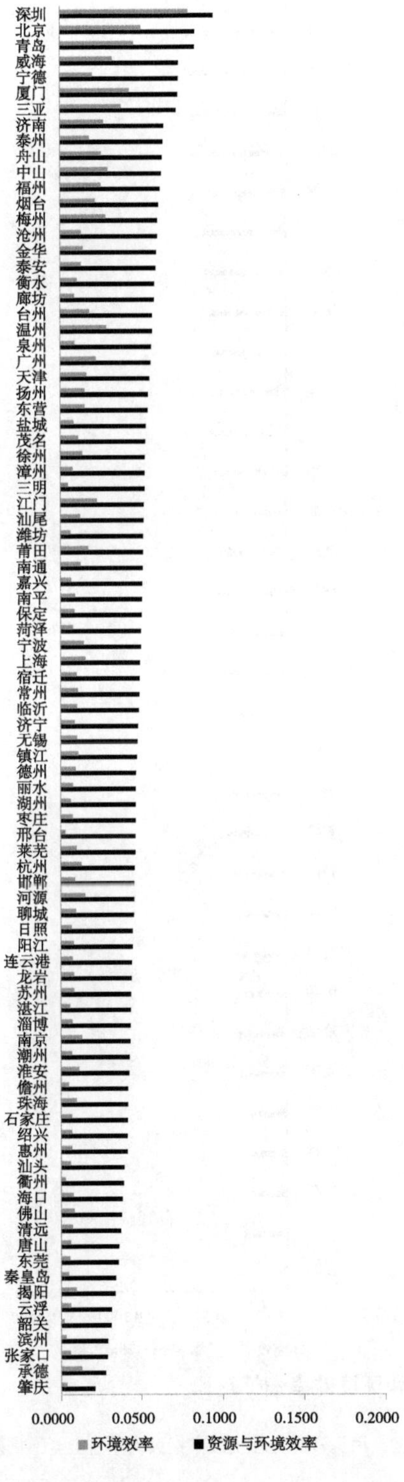

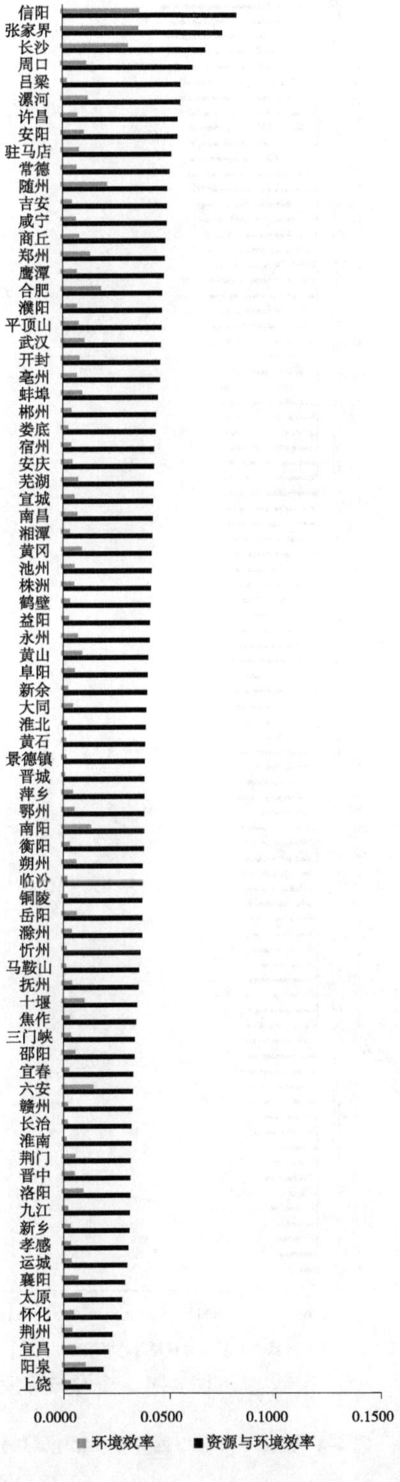

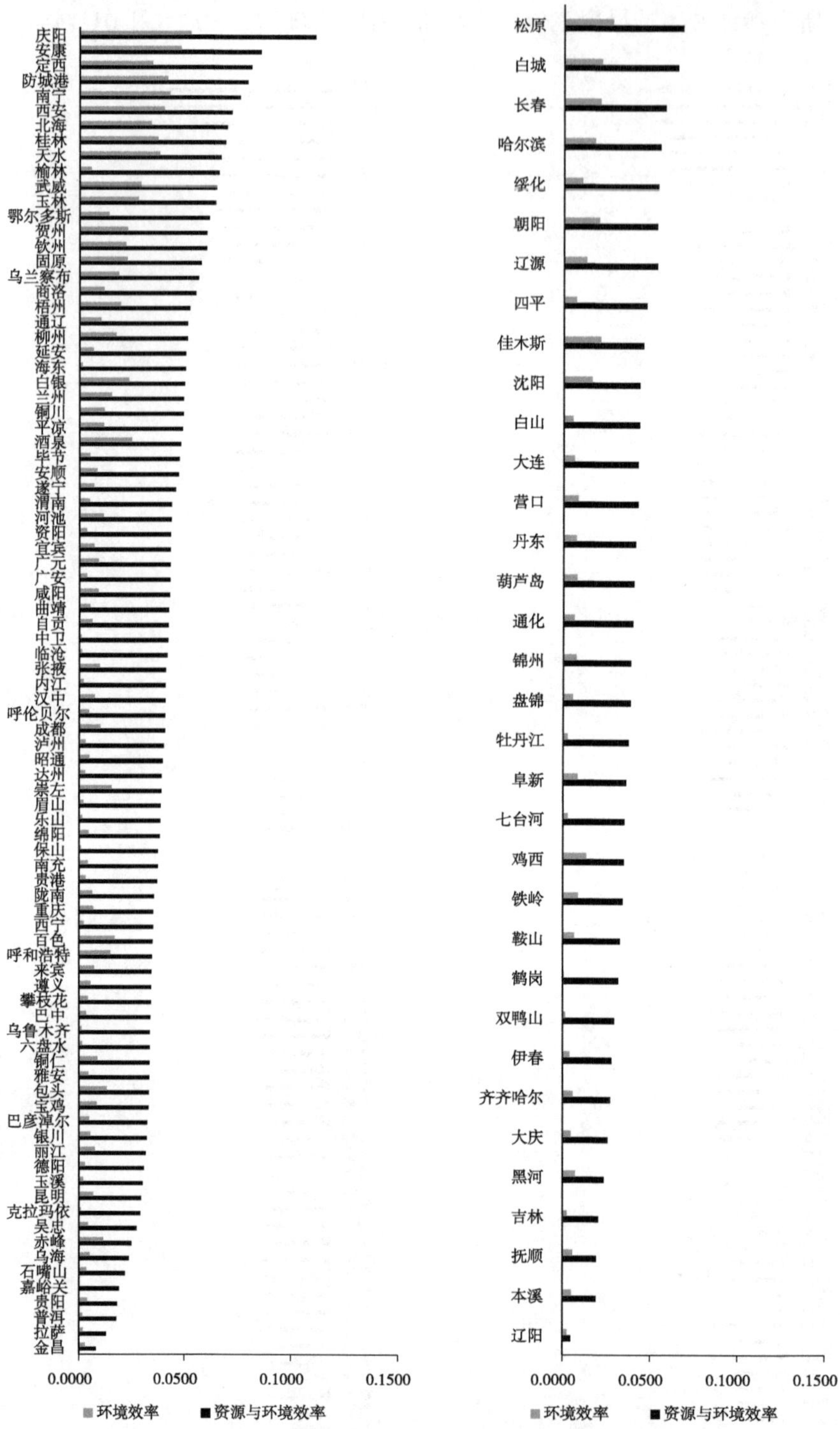

图 4-4　资源与环境效率和环境效率指标对比

注：图 4-4 从东部、中部、西部和东北地区划分的角度，根据资源与环境效率指数大小自上至下排列。

图 4–4 按照不同地区显示了城市资源与环境效率同城市环境效率指标的对比。从地区间差异的角度来看，东部、中部、西部和东北地区效率指数的平均水平分别为 0.0138、0.0079、0.0115、0.0093，可以看出东部地区的环境效率指标平均值大幅领先其他三个地区，中部地区的环境效率指标平均值最低，仅超过东部地区平均值的一半。

就排名结果而言，环境效率指标前 20 位的城市东部地区占据 7 席，这 7 个城市分别为深圳、北京、青岛、厦门、三亚、威海和中山；中部地区占据 3 席，分别为长沙、信阳、张家界；西部地区占据 10 席，分别为庆阳、安康、南宁、防城港、西安、天水、桂林、定西、北海和武威；东北地区没有一所城市上榜。而排名后 20 位的城市中，东部地区仅有韶关；中部地区有马鞍山、晋城；西部地区共有 15 个城市，分别为西宁、眉山、玉溪、内江、拉萨、普洱、六盘水、乐山、海东、临沧、乌鲁木齐、中卫、克拉玛依、保山和嘉峪关；东北地区也有 2 个城市，分别为鹤岗和双鸭山。由此看来，在环境效率这一二级指标上，中部、西部和东北部地区仍需要再接再厉。

第五章

政策响应与社会福利测算及分析

城市是实现绿色发展的重要载体，城市绿色竞争力是囊括了经济、政治、文化、社会、生态等各方面综合发展和进步的竞争力。因此秉承着创新、协调、绿色、开放、共享的发展理念，近年来我国各地政府积极实施绿色新政，大力支持绿色发展、提升可持续发展能力，并且加大社会福利保障、提高人民生活质量，这是促进城市绿色竞争力提升的重要因素。在此背景下，本章根据“城市绿色竞争力指标体系”中政策响应与社会福利指数的测度标准，利用 2016 年度数据，从环境投资与治理和生活质量这两个方面对中国 290 个城市的政策响应与社会福利指数进行了测度分析。

一、城市政策响应与社会福利的测算结果

根据“中国城市绿色竞争力评价指标体系”中政策响应与社会福利的测度体系和权重标准，对 2016 年中国 290 个城市的政策响应与社会福利指数测算结果如表 5-1。

表 5-1　中国 290 个城市政策响应与社会福利指数及排名

城 市	一级指标		二级指标			
	政策响应与社会福利		环境投资与治理指标		生活质量指标	
	指数值	排名	指数值	排名	指数值	排名
三亚	0.1883	1	0.1166	2	0.0716	2
东莞	0.1831	2	0.1109	4	0.0721	1
鄂尔多斯	0.1707	3	0.1047	5	0.0660	4

续表

城 市	一级指标		二级指标			
	政策响应与社会福利		环境投资与治理指标		生活质量指标	
	指数值	排名	指数值	排名	指数值	排名
海口	0.1699	4	0.1146	3	0.0553	20
儋州	0.1694	5	0.1168	1	0.0526	32
深圳	0.1671	6	0.1001	8	0.0671	3
厦门	0.1539	7	0.0910	24	0.0629	5
佛山	0.1522	8	0.1025	7	0.0497	48
珠海	0.1513	9	0.0891	39	0.0622	7
克拉玛依	0.1465	10	0.0864	72	0.0601	11
舟山	0.1464	11	0.0854	89	0.0610	9
惠州	0.1455	12	0.0874	56	0.0580	13
乌兰察布	0.1443	13	0.0953	12	0.0490	56
北京	0.1428	14	0.0932	14	0.0496	51
广州	0.1424	15	0.0865	70	0.0559	18
昆明	0.1419	16	0.0804	173	0.0615	8
威海	0.1415	17	0.0868	63	0.0547	22
台州	0.1412	18	0.0850	95	0.0562	17
宁波	0.1405	19	0.0842	106	0.0563	16
铜仁	0.1399	20	0.0931	15	0.0468	75
黄山	0.1398	21	0.0856	87	0.0542	26
泉州	0.1397	22	0.0771	219	0.0626	6
金昌	0.1395	23	0.0936	13	0.0459	83
嘉兴	0.1393	24	0.0875	55	0.0518	36
嘉峪关	0.1389	25	0.0848	99	0.0541	27
南京	0.1387	26	0.0887	42	0.0500	46
韶关	0.1387	27	0.0892	38	0.0495	52
包头	0.1387	28	0.0906	29	0.0481	63
汕头	0.1380	29	0.0904	30	0.0476	66
梅州	0.1374	30	0.0898	35	0.0476	65
巴彦淖尔	0.1372	31	0.0969	11	0.0403	138
上海	0.1367	32	0.0816	148	0.0551	21
福州	0.1367	33	0.0757	228	0.0609	10

续表

城市	一级指标		二级指标			
	政策响应与社会福利		环境投资与治理指标		生活质量指标	
	指数值	排名	指数值	排名	指数值	排名
鹰潭	0.1364	34	0.0900	33	0.0464	79
中山	0.1359	35	0.0817	143	0.0542	25
大庆	0.1356	36	0.0802	178	0.0554	19
白山	0.1354	37	0.1043	6	0.0311	249
镇江	0.1351	38	0.0875	54	0.0476	67
温州	0.1351	39	0.0814	151	0.0537	29
锦州	0.1346	40	0.0993	9	0.0353	207
苏州	0.1346	41	0.0817	145	0.0528	30
长沙	0.1339	42	0.0875	53	0.0464	78
绍兴	0.1338	43	0.0798	185	0.0540	28
无锡	0.1335	44	0.0850	94	0.0484	60
河源	0.1334	45	0.0876	51	0.0457	84
金华	0.1328	46	0.0826	129	0.0502	44
茂名	0.1328	47	0.0918	21	0.0410	123
贵阳	0.1327	48	0.0842	105	0.0485	57
通化	0.1325	49	0.0920	20	0.0405	133
呼和浩特	0.1324	50	0.0823	136	0.0501	45
青岛	0.1319	51	0.0826	128	0.0493	55
扬州	0.1318	52	0.0906	27	0.0411	121
安顺	0.1317	53	0.0865	69	0.0452	86
南宁	0.1315	54	0.0834	112	0.0481	62
阳江	0.1314	55	0.0857	86	0.0457	85
马鞍山	0.1314	56	0.0868	64	0.0446	94
铜陵	0.1312	57	0.0872	60	0.0441	96
汕尾	0.1312	58	0.0884	44	0.0428	104
龙岩	0.1312	59	0.0806	172	0.0506	42
烟台	0.1308	60	0.0801	180	0.0507	41
湛江	0.1307	61	0.0834	113	0.0474	69
郴州	0.1306	62	0.0858	84	0.0448	91
攀枝花	0.1304	63	0.0783	208	0.0521	35

续表

城 市	一级指标		二级指标			
	政策响应与社会福利		环境投资与治理指标		生活质量指标	
	指数值	排名	指数值	排名	指数值	排名
湖州	0.1304	64	0.0822	138	0.0482	61
乌海	0.1303	65	0.0899	34	0.0404	137
杭州	0.1300	66	0.0802	177	0.0498	47
株洲	0.1297	67	0.0829	123	0.0468	76
百色	0.1296	68	0.0823	135	0.0474	68
黑河	0.1296	69	0.0782	211	0.0515	38
潮州	0.1293	70	0.0887	43	0.0406	131
大同	0.1292	71	0.0859	82	0.0433	100
三明	0.1292	72	0.0745	236	0.0547	23
白银	0.1291	73	0.0906	28	0.0385	162
九江	0.1291	74	0.0806	170	0.0485	59
大连	0.1289	75	0.0804	175	0.0485	58
合肥	0.1287	76	0.0861	79	0.0426	107
遵义	0.1284	77	0.0862	77	0.0423	109
贺州	0.1282	78	0.0873	59	0.0409	124
曲靖	0.1282	79	0.0813	154	0.0468	74
泰州	0.1281	80	0.0854	90	0.0427	105
衢州	0.1279	81	0.0817	147	0.0463	81
拉萨	0.1274	82	0.0706	254	0.0568	15
张家口	0.1274	83	0.0862	76	0.0412	119
通辽	0.1273	84	0.0900	32	0.0373	176
七台河	0.1272	85	0.0775	217	0.0497	49
北海	0.1272	86	0.0758	227	0.0514	39
揭阳	0.1271	87	0.0866	68	0.0406	132
漳州	0.1271	88	0.0764	224	0.0508	40
新余	0.1271	89	0.0768	222	0.0503	43
十堰	0.1270	90	0.0907	25	0.0362	196
南通	0.1268	91	0.0808	168	0.0461	82
银川	0.1265	92	0.0858	85	0.0408	126
潍坊	0.1265	93	0.0920	19	0.0344	216

续表

城市	一级指标		二级指标			
	政策响应与社会福利		环境投资与治理指标		生活质量指标	
	指数值	排名	指数值	排名	指数值	排名
东营	0.1264	94	0.0870	61	0.0393	153
辽阳	0.1257	95	0.0835	111	0.0422	110
遂宁	0.1257	96	0.0868	62	0.0389	160
池州	0.1256	97	0.0861	78	0.0394	152
丹东	0.1253	98	0.0826	131	0.0427	106
吴忠	0.1253	99	0.0845	103	0.0407	128
廊坊	0.1249	100	0.0883	45	0.0366	188
荆门	0.1249	101	0.0854	91	0.0395	150
太原	0.1247	102	0.0912	22	0.0335	227
沈阳	0.1245	103	0.0849	97	0.0395	149
聊城	0.1243	104	0.0982	10	0.0261	281
武威	0.1242	105	0.0925	17	0.0318	239
滨州	0.1239	106	0.0879	49	0.0360	199
南昌	0.1239	107	0.0773	218	0.0466	77
晋城	0.1238	108	0.0864	73	0.0374	174
黄石	0.1237	109	0.0874	57	0.0363	195
钦州	0.1237	110	0.0808	164	0.0429	103
常州	0.1237	111	0.0789	197	0.0447	93
吉安	0.1235	112	0.0788	202	0.0448	92
玉溪	0.1234	113	0.0741	240	0.0493	54
武汉	0.1234	114	0.0830	122	0.0404	136
延安	0.1232	115	0.0811	160	0.0422	111
六安	0.1232	116	0.0866	66	0.0366	189
松原	0.1232	117	0.0808	167	0.0424	108
赤峰	0.1230	118	0.0830	121	0.0400	141
桂林	0.1230	119	0.0812	158	0.0418	114
云浮	0.1230	120	0.0836	110	0.0394	151
淮北	0.1230	121	0.0863	74	0.0367	187
蚌埠	0.1229	122	0.0861	81	0.0369	183
毕节	0.1226	123	0.0817	144	0.0409	125

续表

城 市	一级指标		二级指标			
	政策响应与社会福利		环境投资与治理指标		生活质量指标	
	指数值	排名	指数值	排名	指数值	排名
淄博	0.1225	124	0.0880	48	0.0346	214
柳州	0.1224	125	0.0754	232	0.0470	72
景德镇	0.1224	126	0.0700	257	0.0524	34
乌鲁木齐	0.1224	127	0.0813	157	0.0411	120
莆田	0.1223	128	0.0696	263	0.0527	31
湘潭	0.1223	129	0.0806	171	0.0416	115
六盘水	0.1221	130	0.0852	93	0.0369	181
秦皇岛	0.1220	131	0.0821	139	0.0399	144
吉林	0.1219	132	0.0866	67	0.0353	209
宁德	0.1217	133	0.0721	248	0.0497	50
上饶	0.1217	134	0.0747	235	0.0470	71
长治	0.1216	135	0.0876	52	0.0340	222
重庆	0.1215	136	0.0837	109	0.0379	165
江门	0.1214	137	0.0793	194	0.0422	112
安庆	0.1212	138	0.0813	156	0.0400	143
宣城	0.1211	139	0.0813	155	0.0398	145
淮南	0.1210	140	0.0833	115	0.0377	168
许昌	0.1209	141	0.0892	37	0.0316	241
固原	0.1209	142	0.0819	142	0.0390	158
承德	0.1207	143	0.0795	191	0.0412	118
焦作	0.1206	144	0.0922	18	0.0284	268
运城	0.1206	145	0.0893	36	0.0313	246
阜新	0.1206	146	0.0798	184	0.0408	127
平凉	0.1206	147	0.0848	100	0.0358	201
宿州	0.1205	148	0.0901	31	0.0304	253
南平	0.1204	149	0.0678	271	0.0526	33
济宁	0.1203	150	0.0874	58	0.0329	233
莱芜	0.1203	151	0.0858	83	0.0344	217
抚顺	0.1202	152	0.0788	200	0.0414	117
商洛	0.1202	153	0.0907	26	0.0295	260

续表

城市	一级指标		二级指标			
	政策响应与社会福利		环境投资与治理指标		生活质量指标	
	指数值	排名	指数值	排名	指数值	排名
石嘴山	0.1202	154	0.0828	126	0.0374	173
呼伦贝尔	0.1201	155	0.0686	267	0.0516	37
丽江	0.1200	156	0.0627	277	0.0573	14
宜春	0.1200	157	0.0794	193	0.0406	129
朔州	0.1198	158	0.0855	88	0.0342	219
张掖	0.1198	159	0.0798	186	0.0400	142
常德	0.1196	160	0.0831	119	0.0364	193
怀化	0.1195	161	0.0744	237	0.0450	89
鸡西	0.1194	162	0.0718	250	0.0476	64
丽水	0.1193	163	0.0646	274	0.0546	24
滁州	0.1192	164	0.0825	134	0.0367	185
济南	0.1190	165	0.0844	104	0.0346	213
连云港	0.1190	166	0.0785	206	0.0405	135
郑州	0.1188	167	0.0881	47	0.0308	250
萍乡	0.1188	168	0.0782	210	0.0406	130
芜湖	0.1188	169	0.0777	214	0.0411	122
铁岭	0.1186	170	0.0832	117	0.0354	206
沧州	0.1186	171	0.0862	75	0.0324	236
晋中	0.1186	172	0.0849	96	0.0336	226
淮安	0.1185	173	0.0820	140	0.0365	192
西安	0.1184	174	0.0837	108	0.0346	212
忻州	0.1183	175	0.0849	98	0.0334	228
本溪	0.1183	176	0.0714	251	0.0469	73
岳阳	0.1183	177	0.0802	179	0.0381	164
酒泉	0.1180	178	0.0788	201	0.0392	154
安康	0.1178	179	0.0820	141	0.0358	202
唐山	0.1175	180	0.0864	71	0.0311	247
普洱	0.1175	181	0.0702	256	0.0473	70
铜川	0.1175	182	0.0887	41	0.0288	263
辽源	0.1175	183	0.0777	215	0.0398	146

续表

城市	一级指标		二级指标			
	政策响应与社会福利		环境投资与治理指标		生活质量指标	
	指数值	排名	指数值	排名	指数值	排名
益阳	0.1175	184	0.0803	176	0.0372	178
广安	0.1175	185	0.0799	182	0.0376	170
来宾	0.1173	186	0.0795	190	0.0378	166
日照	0.1173	187	0.0815	150	0.0358	200
邯郸	0.1171	188	0.0888	40	0.0283	269
孝感	0.1171	189	0.0816	149	0.0355	204
赣州	0.1170	190	0.0737	242	0.0433	99
吕梁	0.1170	191	0.0808	166	0.0362	197
雅安	0.1170	192	0.0778	213	0.0392	155
信阳	0.1169	193	0.0912	23	0.0258	283
石家庄	0.1169	194	0.0878	50	0.0291	261
昭通	0.1163	195	0.0794	192	0.0369	182
荆州	0.1163	196	0.0861	80	0.0302	256
娄底	0.1162	197	0.0761	225	0.0401	140
泰安	0.1162	198	0.0848	101	0.0314	244
成都	0.1161	199	0.0788	199	0.0373	175
驻马店	0.1161	200	0.0882	46	0.0279	272
四平	0.1160	201	0.0807	169	0.0353	208
佳木斯	0.1159	202	0.0696	262	0.0463	80
枣庄	0.1152	203	0.0866	65	0.0286	265
榆林	0.1151	204	0.0786	204	0.0365	191
葫芦岛	0.1150	205	0.0799	183	0.0352	210
汉中	0.1149	206	0.0817	146	0.0332	232
黄冈	0.1149	207	0.0810	162	0.0339	223
盐城	0.1149	208	0.0778	212	0.0370	179
长春	0.1148	209	0.0753	233	0.0395	148
宜昌	0.1147	210	0.0775	216	0.0372	177
天水	0.1147	211	0.0792	195	0.0355	205
临汾	0.1146	212	0.0833	114	0.0313	245
玉林	0.1145	213	0.0699	259	0.0446	95

续表

城市	一级指标		二级指标			
	政策响应与社会福利		环境投资与治理指标		生活质量指标	
	指数值	排名	指数值	排名	指数值	排名
庆阳	0.1144	214	0.0756	231	0.0389	161
鹤壁	0.1142	215	0.0929	16	0.0213	289
宜宾	0.1140	216	0.0797	187	0.0343	218
天津	0.1140	217	0.0790	196	0.0349	211
徐州	0.1139	218	0.0797	189	0.0342	220
双鸭山	0.1138	219	0.0690	266	0.0448	90
邵阳	0.1136	220	0.0771	220	0.0366	190
宝鸡	0.1133	221	0.0800	181	0.0333	231
新乡	0.1132	222	0.0842	107	0.0290	262
阳泉	0.1131	223	0.0826	130	0.0305	251
西宁	0.1130	224	0.0727	244	0.0403	139
鹤岗	0.1129	225	0.0700	258	0.0429	102
衡阳	0.1129	226	0.0739	241	0.0390	157
德州	0.1126	227	0.0852	92	0.0274	273
亳州	0.1126	228	0.0827	127	0.0299	259
临沂	0.1124	229	0.0809	163	0.0316	243
德阳	0.1122	230	0.0756	230	0.0367	186
平顶山	0.1118	231	0.0832	116	0.0285	266
广元	0.1117	232	0.0683	269	0.0434	98
兰州	0.1116	233	0.0814	153	0.0302	254
宿迁	0.1115	234	0.0787	203	0.0328	234
朝阳	0.1115	235	0.0770	221	0.0345	215
肇庆	0.1114	236	0.0709	252	0.0405	134
南阳	0.1113	237	0.0832	118	0.0281	271
鞍山	0.1112	238	0.0694	264	0.0419	113
濮阳	0.1111	239	0.0825	133	0.0286	264
中卫	0.1111	240	0.0720	249	0.0391	156
泸州	0.1111	241	0.0784	207	0.0327	235
鄂州	0.1110	242	0.0848	102	0.0262	280
洛阳	0.1109	243	0.0825	132	0.0284	267
保山	0.1108	244	0.0614	281	0.0494	53
防城港	0.1108	245	0.0726	245	0.0382	163
三门峡	0.1105	246	0.0831	120	0.0274	274
伊春	0.1103	247	0.0511	288	0.0592	12

续表

城市	一级指标		二级指标			
	政策响应与社会福利		环境投资与治理指标		生活质量指标	
	指数值	排名	指数值	排名	指数值	排名
阜阳	0.1100	248	0.0783	209	0.0317	240
张家界	0.1099	249	0.0735	243	0.0364	194
乐山	0.1096	250	0.0786	205	0.0311	248
哈尔滨	0.1096	251	0.0722	246	0.0374	172
白城	0.1093	252	0.0789	198	0.0304	252
安阳	0.1089	253	0.0822	137	0.0267	278
襄阳	0.1088	254	0.0749	234	0.0338	225
梧州	0.1087	255	0.0652	272	0.0435	97
绵阳	0.1086	256	0.0708	253	0.0378	167
咸阳	0.1086	257	0.0804	174	0.0282	270
河池	0.1085	258	0.0744	238	0.0340	221
漯河	0.1082	259	0.0829	124	0.0253	285
内江	0.1081	260	0.0742	239	0.0339	224
菏泽	0.1080	261	0.0814	152	0.0266	279
开封	0.1070	262	0.0812	159	0.0258	282
抚州	0.1070	263	0.0618	279	0.0451	88
渭南	0.1068	264	0.0797	188	0.0271	276
商丘	0.1066	265	0.0810	161	0.0256	284
眉山	0.1061	266	0.0760	226	0.0301	257
永州	0.1053	267	0.0686	268	0.0367	184
保定	0.1052	268	0.0829	125	0.0224	288
邢台	0.1052	269	0.0808	165	0.0243	286
陇南	0.1035	270	0.0766	223	0.0269	277
绥化	0.1031	271	0.0697	261	0.0333	230
周口	0.1028	272	0.0756	229	0.0272	275
贵港	0.1026	273	0.0704	255	0.0322	238
临沧	0.1024	274	0.0573	285	0.0452	87
定西	0.1022	275	0.0722	247	0.0300	258
咸宁	0.1017	276	0.0627	276	0.0390	159
齐齐哈尔	0.1015	277	0.0583	283	0.0432	101
自贡	0.1014	278	0.0698	260	0.0316	242
牡丹江	0.1011	279	0.0641	275	0.0370	180
盘锦	0.1003	280	0.0680	270	0.0323	237
巴中	0.0987	281	0.0590	282	0.0397	147

续表

城市	一级指标		二级指标			
	政策响应与社会福利		环境投资与治理指标		生活质量指标	
	指数值	排名	指数值	排名	指数值	排名
随州	0.0978	282	0.0622	278	0.0356	203
达州	0.0952	283	0.0618	280	0.0334	229
清远	0.0944	284	0.0568	287	0.0376	169
资阳	0.0940	285	0.0578	284	0.0362	198
衡水	0.0899	286	0.0692	265	0.0207	290
海东	0.0883	287	0.0652	273	0.0231	287
营口	0.0873	288	0.0571	286	0.0302	255
南充	0.0815	289	0.0440	289	0.0375	171
崇左	0.0796	290	0.0380	290	0.0416	116

注：1. 本表根据“中国城市绿色竞争力评价指标体系”中政策响应与社会福利指标体系，依据各指标2016年数据测算而得。2. 本表各测评城市按照政策响应与社会福利指数值从大到小排序。3. 本表一级指标“政策响应与社会福利”指数值等于两个二级指标“环境投资与治理”及“生活质量”指数值之和。4. 本表测度结果保留4位小数，如果指数相同排名相同说明两市测算的指数完全一样，如果指数相同但排名不同则是小数点四舍五入的结果，说明指数值在小数点4位之后有差异，本章节此后所有测度结果均采用该方法保留4位小数。5. 以上数据及排名根据《中国统计年鉴2017》《中国环境统计年报2016》《中国环境统计年鉴2017》《中国城市统计年鉴2017》《中国城市建设统计年鉴2017》《中国区域经济统计年鉴2017》等测算。6. 为了便于后文进行比较分析，基于算术平均方法，我们测算出全国所有参评城市政策响应与社会福利指数平均水平为0.1219，所有参评城市环境投资与治理指数平均水平为0.0811，所有参评城市生活质量指标指数平均水平为0.0407。

从表5–1可以看到，2016年中国290个城市政策响应与社会福利指数中，指数值最高的是三亚，达到了0.1883；最低的是崇左，为0.0796。排在前20位的城市依次是：三亚、东莞、鄂尔多斯、海口、儋州、深圳、厦门、佛山、珠海、克拉玛依、舟山、惠州、乌兰察布、北京、广州、昆明、威海、台州、宁波和铜仁；其中，二级指标中，环境投资与治理指标排名前20位的城市依次为儋州、三亚、海口、东莞、鄂尔多斯、白山、佛山、深圳、锦州、聊城、巴彦淖尔、乌兰察布、金昌、北京、铜仁、鹤壁、武威、焦作、潍坊和通化；生活质量指标排名前20位的是东莞、三亚、深圳、鄂尔多斯、厦门、泉州、珠海、昆明、舟山、福州、克拉玛依、伊春、惠州、丽江、拉萨、宁波、台州、广州、大庆和海口。2016 年中国 290 个城市政策响应与社会福利指数排名前 20 位和后 20 位的具体情况见图 5-1。

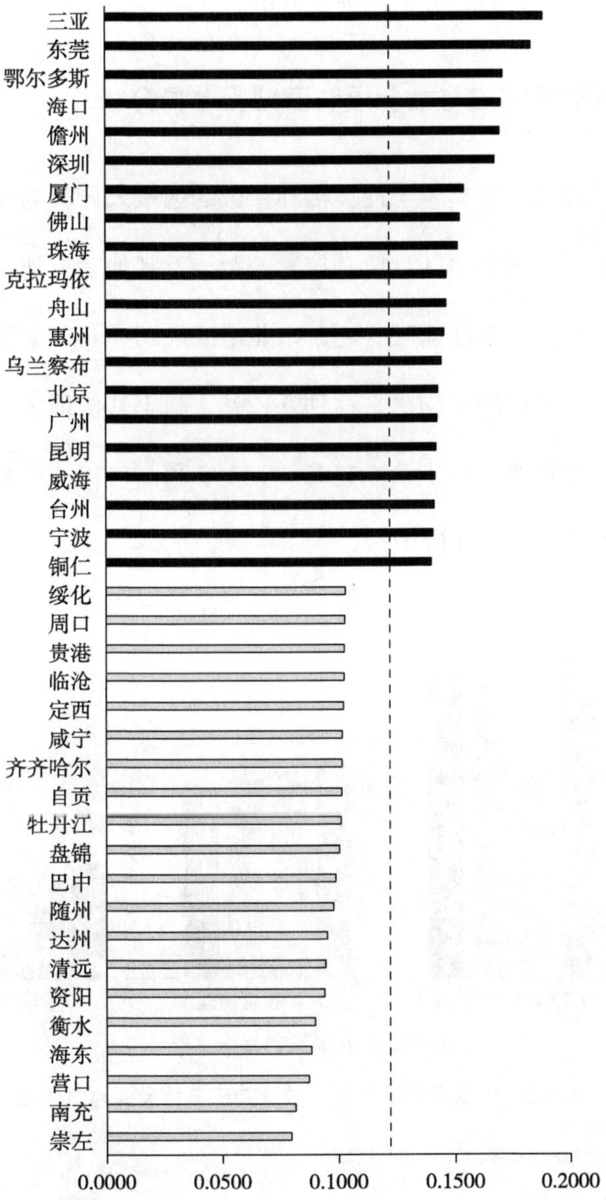

图 5-1 中国城市政策响应与社会福利排名前 20 位和后 20 位的城市

注：本图根据表 5-1 制作。指数值由高到低排列，虚线表示所有参评城市政策响应与社会福利的平均值 0.1219。

根据表 5-1 和图 5-1，下面进一步从城市政策响应与社会福利指数区域之间差异、区域内部差异，以及 2016 年中国城市绿色竞争力综合指数与城市政策响应与社会福利指数的相关关系进行分析。

（一）城市政策响应与社会福利区域间差异分析

总体看来，城市政策响应与社会福利指数的区域差异较为明显，其中东部地区城市领先于其他三个地区且拉开较大差距，但其他三个地区城市之间差距不大，西部地区稍强、中部地区次之，东北地区最弱。具体如图 5-2 所示。其中，东部所有测评城市的平均水平达到 0.1296，高于其他地区。中部、西部和东北地区城市的平均水平分别为 0.1185、0.1189 和 0.1174，均低于东部地区，同时也低于全国平均水平 0.1219。

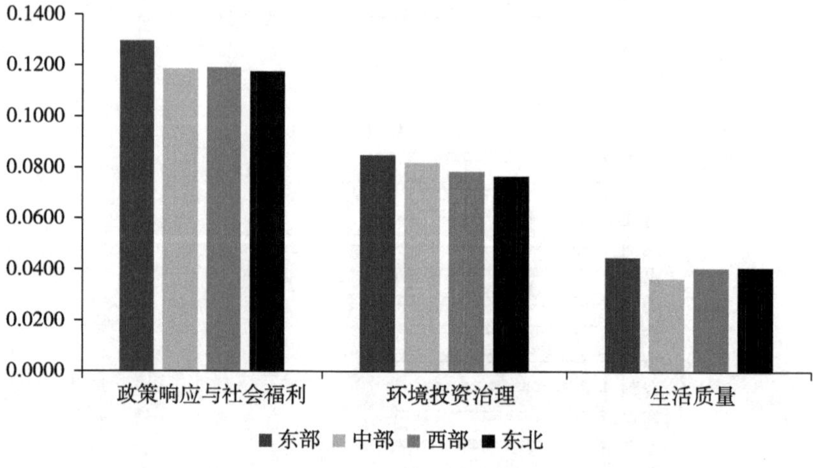

图 5-2　中国四大区域城市政策响应与社会福利对照图

注：本图数据为四大区域中各城市指数值的算术平均值。

具体到各二级指标，城市环境投资与治理指标中，东部地区平均水平为 0.0848，但与其他三个地区差距较小；中部地区平均水平稍逊于东部地区，指数均值为 0.0820；西部地区次之，指数均值为 0.0784；东北地区指数均值为

0.0766，排名垫底。四大地区中，只有东部和中部地区均值指数高于全国平均水平0.0811。

生活质量指标中，东部地区平均水平为0.0447，高于全国平均水平0.0407；东北地区稍高于全国平均水平，指数值为0.0409；西部地区稍低于全国平均水平，指数值为0.0405，中部地区指数值最低，为0.0365。

（二）城市政策响应与社会福利区域内差异分析

从城市政策响应与社会福利指数测算结果来看，城市排名呈现出区域化特征，东部地区大多数城市排名相对靠前，中部、西部及东北部地区多数城市总体排名靠后。同时各区域内城市之间的排名状况差异十分明显。从区域内部最高位次与最低位次的位差数来看：东部、中部和西部地区差距分别为285、261和287位；东北地区样本数量在四大区域中排名最小，最高与最低的位差数在四大区域中也是最小，为252位。

1. 东部地区城市政策响应与社会福利指数及排名

2016年中国东部地区政策响应与社会福利指数及排名如表5-2所示。

表5-2　中国东部地区城市政策响应与社会福利指数及排名

城市	指数值	整体排名	区域内排名	城市	指数值	整体排名	区域内排名
三亚	0.1883	1	1	衢州	0.1279	81	45
东莞	0.1831	2	2	张家口	0.1274	83	46
海口	0.1699	4	3	揭阳	0.1271	87	47
儋州	0.1694	5	4	漳州	0.1271	88	48
深圳	0.1671	6	5	南通	0.1268	91	49
厦门	0.1539	7	6	潍坊	0.1265	93	50
佛山	0.1522	8	7	东营	0.1264	94	51
珠海	0.1513	9	8	廊坊	0.1249	100	52
舟山	0.1464	11	9	聊城	0.1243	104	53
惠州	0.1455	12	10	滨州	0.1239	106	54

续表

城市	指数值	整体排名	区域内排名	城市	指数值	整体排名	区域内排名
北京	0.1428	14	11	常州	0.1237	111	55
广州	0.1424	15	12	云浮	0.1230	120	56
威海	0.1415	17	13	淄博	0.1225	124	57
台州	0.1412	18	14	莆田	0.1223	128	58
宁波	0.1405	19	15	秦皇岛	0.1220	131	59
泉州	0.1397	22	16	宁德	0.1217	133	60
嘉兴	0.1393	24	17	江门	0.1214	137	61
南京	0.1387	26	18	承德	0.1207	143	62
韶关	0.1387	27	19	南平	0.1204	149	63
汕头	0.1380	29	20	济宁	0.1203	150	64
梅州	0.1374	30	21	莱芜	0.1203	151	65
上海	0.1367	32	22	丽水	0.1193	163	66
福州	0.1367	33	23	济南	0.1190	165	67
中山	0.1359	35	24	连云港	0.1190	166	68
镇江	0.1351	38	25	沧州	0.1186	171	69
温州	0.1351	39	26	淮安	0.1185	173	70
苏州	0.1346	41	27	唐山	0.1175	180	71
绍兴	0.1338	43	28	日照	0.1173	187	72
无锡	0.1335	44	29	邯郸	0.1171	188	73
河源	0.1334	45	30	石家庄	0.1169	194	74
金华	0.1328	46	31	泰安	0.1162	198	75
茂名	0.1328	47	32	枣庄	0.1152	203	76
青岛	0.1319	51	33	盐城	0.1149	208	77
扬州	0.1318	52	34	天津	0.1140	217	78
阳江	0.1314	55	35	徐州	0.1139	218	79
汕尾	0.1312	58	36	德州	0.1126	227	80
龙岩	0.1312	59	37	临沂	0.1124	229	81
烟台	0.1308	60	38	宿迁	0.1115	234	82
湛江	0.1307	61	39	肇庆	0.1114	236	83
湖州	0.1304	64	40	菏泽	0.1080	261	84
杭州	0.1300	66	41	保定	0.1052	268	85
潮州	0.1293	70	42	邢台	0.1052	269	86

续表

城市	指数值	整体排名	区域内排名	城市	指数值	整体排名	区域内排名
三明	0.1292	72	43	清远	0.0944	284	87
泰州	0.1281	80	44	衡水	0.0899	286	88

注：根据表 5-1 整理。

在东部参评的 88 个城市中，有 15 个城市位居所有测评城市的前 20 位，分别是三亚、东莞、海口、儋州、深圳、厦门、佛山、珠海、舟山、惠州、北京、广州、威海、台州和宁波，占东部城市的 17.05%。其中三亚以 0.1883 的高分位居所有测评城市之首。除去全国排名前 20 的 15 个城市外，泉州、嘉兴、南京、韶关、汕头等 44 个城市排在全国第 22 名到 131 名不等的位置。这 59 个东部城市的政策响应与社会福利情况高于全国平均水平，占东部城市的 67.05%，优势非常明显。

但东部地区的区域内部差异较大，其最高排名的三亚（第 1 名，指数值为 0.1883）与排名最低的衡水（第 286 名，指数值为 0.0899）之间的位差为 285 名，在四大区域中排名第三，指数值的差为 0.0984，在四大区域中最大。由此可见，尽管东部整体较强，但区域内部差异较大。

2. 中部地区城市政策响应与社会福利指数及排名

2016 年中国中部地区政策响应与社会福利指数及排名如表 5-3 所示。

表 5-3　中国中部地区城市政策响应与社会福利指数及排名

城市	指数值	整体排名	区域内排名	城市	指数值	整体排名	区域内排名
黄山	0.1398	21	1	萍乡	0.1188	168	41
鹰潭	0.1364	34	2	芜湖	0.1188	169	42
长沙	0.1339	42	3	晋中	0.1186	172	43
马鞍山	0.1314	56	4	忻州	0.1183	175	44
铜陵	0.1312	57	5	岳阳	0.1183	177	45
郴州	0.1306	62	6	益阳	0.1175	184	46
株洲	0.1297	67	7	孝感	0.1171	189	47

续表

城市	指数值	整体排名	区域内排名	城市	指数值	整体排名	区域内排名
大同	0.1292	71	8	赣州	0.1170	190	48
九江	0.1291	74	9	吕梁	0.1170	191	49
合肥	0.1287	76	10	信阳	0.1169	193	50
新余	0.1271	89	11	荆州	0.1163	196	51
十堰	0.1270	90	12	娄底	0.1162	197	52
池州	0.1256	97	13	驻马店	0.1161	200	53
荆门	0.1249	101	14	黄冈	0.1149	207	54
太原	0.1247	102	15	宜昌	0.1147	210	55
南昌	0.1239	107	16	临汾	0.1146	212	56
晋城	0.1238	108	17	鹤壁	0.1142	215	57
黄石	0.1237	109	18	邵阳	0.1136	220	58
吉安	0.1235	112	19	新乡	0.1132	222	59
武汉	0.1234	114	20	阳泉	0.1131	223	60
六安	0.1232	116	21	衡阳	0.1129	226	61
淮北	0.1230	121	22	亳州	0.1126	228	62
蚌埠	0.1229	122	23	平顶山	0.1118	231	63
景德镇	0.1224	126	24	南阳	0.1113	237	64
湘潭	0.1223	129	25	濮阳	0.1111	239	65
上饶	0.1217	134	26	鄂州	0.1110	242	66
长治	0.1216	135	27	洛阳	0.1109	243	67
安庆	0.1212	138	28	三门峡	0.1105	246	68
宣城	0.1211	139	29	阜阳	0.1100	248	69
淮南	0.1210	140	30	张家界	0.1099	249	70
许昌	0.1209	141	31	安阳	0.1089	253	71
焦作	0.1206	144	32	襄阳	0.1088	254	72
运城	0.1206	145	33	漯河	0.1082	259	73
宿州	0.1205	148	34	开封	0.1070	262	74
宜春	0.1200	157	35	抚州	0.1070	263	75
朔州	0.1198	158	36	商丘	0.1066	265	76
常德	0.1196	160	37	永州	0.1053	267	77
怀化	0.1195	161	38	周口	0.1028	272	78
滁州	0.1192	164	39	咸宁	0.1017	276	79
郑州	0.1188	167	40	随州	0.0978	282	80

注：根据表 5–1 整理。

中部参与测评的 80 个城市中，并没有城市挤进全国所有参评城市排名的前 20 位；除此之外中部有黄山、鹰潭、长沙、马鞍山、铜陵等 25 个城市的政策响应与社会福利指数高于全国所有参评城市的平均水平 0.1219。而中部城市的指数值从全国排名第 134 位的上饶开始，余下的 55 个城市指标值均小于 0.1219，即 68.75% 的中部城市低于全国平均水平，且有 35% 的中部城市分布在第 200 位至第 290 位之间，位列全国排名末端。总的来说，中部地区绝大多数城市的政策响应与社会福利指数在全国排名较低。

从区域内部差异来看，中部地区排名最高的黄山（第 21 名，指数值 0.1398）与排名最低的随州（第 282 名，指数值 0.0978）之间的位差为 261 位，在四大区域中排名第二，指数值的差为 0.0420，在四大区域中最小，可见中部地区区域内部差距较小。

3. 西部地区城市政策响应与社会福利指数及排名

2016 年中国西部地区政策响应与社会福利指数及排名如表 5-4 所示。

表 5-4 中国西部地区城市政策响应与社会福利指数及排名

城市	指数值	整体排名	区域内排名	城市	指数值	整体排名	区域内排名
鄂尔多斯	0.1707	3	1	西安	0.1184	174	45
克拉玛依	0.1465	10	2	酒泉	0.1180	178	46
乌兰察布	0.1443	13	3	安康	0.1178	179	47
昆明	0.1419	16	4	普洱	0.1175	181	48
铜仁	0.1399	20	5	铜川	0.1175	182	49
金昌	0.1395	23	6	广安	0.1175	185	50
嘉峪关	0.1389	25	7	来宾	0.1173	186	51
包头	0.1387	28	8	雅安	0.1170	192	52
巴彦淖尔	0.1372	31	9	昭通	0.1163	195	53
贵阳	0.1327	48	10	成都	0.1161	199	54
呼和浩特	0.1324	50	11	榆林	0.1151	204	55
安顺	0.1317	53	12	汉中	0.1149	206	56

续表

城市	指数值	整体排名	区域内排名	城市	指数值	整体排名	区域内排名
南宁	0.1315	54	13	天水	0.1147	211	57
攀枝花	0.1304	63	14	玉林	0.1145	213	58
乌海	0.1303	65	15	庆阳	0.1144	214	59
百色	0.1296	68	16	宜宾	0.1140	216	60
白银	0.1291	73	17	宝鸡	0.1133	221	61
遵义	0.1284	77	18	西宁	0.1130	224	62
贺州	0.1282	78	19	德阳	0.1122	230	63
曲靖	0.1282	79	20	广元	0.1117	232	64
拉萨	0.1274	82	21	兰州	0.1116	233	65
通辽	0.1273	84	22	中卫	0.1111	240	66
北海	0.1272	86	23	泸州	0.1111	241	67
银川	0.1265	92	24	保山	0.1108	244	68
遂宁	0.1257	96	25	防城港	0.1108	245	69
吴忠	0.1253	99	26	乐山	0.1096	250	70
武威	0.1242	105	27	梧州	0.1087	255	71
钦州	0.1237	110	28	绵阳	0.1086	256	72
玉溪	0.1234	113	29	咸阳	0.1086	257	73
延安	0.1232	115	30	河池	0.1085	258	74
赤峰	0.1230	118	31	内江	0.1081	260	75
桂林	0.1230	119	32	渭南	0.1068	264	76
毕节	0.1226	123	33	眉山	0.1061	266	77
柳州	0.1224	125	34	陇南	0.1035	270	78
乌鲁木齐	0.1224	127	35	贵港	0.1026	273	79
六盘水	0.1221	130	36	临沧	0.1024	274	80
重庆	0.1215	136	37	定西	0.1022	275	81
固原	0.1209	142	38	自贡	0.1014	278	82
平凉	0.1206	147	39	巴中	0.0987	281	83
商洛	0.1202	153	40	达州	0.0952	283	84
石嘴山	0.1202	154	41	资阳	0.0940	285	85
呼伦贝尔	0.1201	155	42	海东	0.0883	287	86
丽江	0.1200	156	43	南充	0.0815	289	87
张掖	0.1198	159	44	崇左	0.0796	290	88

注：根据表 5-1 整理。

西部参与测评的88个城市中，鄂尔多斯、克拉玛依进入所有参评城市前10位，分别位居第3、10位；乌兰察布、昆明、铜仁这3个城市位居所有测评城市的前20位；除此之外还有金昌、嘉峪关、包头、巴彦淖尔、贵阳、呼和浩特等31个城市指数值大于0.1219，其城市政策响应与社会福利情况高于全国平均水平，位居全国所有参评城市中上游，同时也位居西部参评城市的前列。而包括重庆、平凉、商洛、石嘴山、呼伦贝尔等在内的52个城市指数值低于全国平均水平，占西部城市总数的59.09%。总的来说，西部城市的指数值的结构与中部城市类似，绝大多数城市指数值低于全国平均水平，但西部稍好于中部。

从区域内部差异来看，西部地区排名最高的鄂尔多斯（第3名，指数值0.1707）与排名最低的崇左（第290名，指数值0.0796）之间的位差为287位，指数值的差为0.0911，在四大区域中位差排名最后，其区域内部差距最大。

4. 东北地区城市政策响应与社会福利指数及排名

2016年中国东北地区城市政策响应与社会福利指数及排名如表5-5所示。

表5-5　中国东北地区城市政策响应与社会福利指数及排名

城市	指数值	整体排名	区域内排名	城市	指数值	整体排名	区域内排名
大庆	0.1356	36	1	辽源	0.1175	183	18
白山	0.1354	37	2	四平	0.1160	201	19
锦州	0.1346	40	3	佳木斯	0.1159	202	20
通化	0.1325	49	4	葫芦岛	0.1150	205	21
黑河	0.1296	69	5	长春	0.1148	209	22
大连	0.1289	75	6	双鸭山	0.1138	219	23
七台河	0.1272	85	7	鹤岗	0.1129	225	24
辽阳	0.1257	95	8	朝阳	0.1115	235	25
丹东	0.1253	98	9	鞍山	0.1112	238	26
沈阳	0.1245	103	10	伊春	0.1103	247	27
松原	0.1232	117	11	哈尔滨	0.1096	251	28

续表

城市	指数值	整体排名	区域内排名	城市	指数值	整体排名	区域内排名
吉林	0.1219	132	12	白城	0.1093	252	29
阜新	0.1206	146	13	绥化	0.1031	271	30
抚顺	0.1202	152	14	齐齐哈尔	0.1015	277	31
鸡西	0.1194	162	15	牡丹江	0.1011	279	32
铁岭	0.1186	170	16	盘锦	0.1003	280	33
本溪	0.1183	176	17	营口	0.0873	288	34

注：根据表 5–1 整理。

东北部参与测评的 34 个城市中，没有城市挤进参评城市前 10 位的行列。有 12 个城市的政策响应与社会福利指数值均大于等于全国平均水平 0.1219，分别是大庆、白山、锦州、通化、黑河、大连、七台河、辽阳、丹东、沈阳、松原和吉林。而包括阜新、抚顺、鸡西、铁岭、本溪等在内的 22 个城市指数值低于全国平均水平，占东北地区全部城市的 64.71%。总的来说，东北部地区绝大多数城市的政策响应与社会福利情况在全国排名偏于低等水平。

从区域内部差异来看，东北地区排名最高的大庆（第 36 名，指数值 0.1356）与排名最低的营口（第 288 名，指数值 0.0873）之间的位差为 252 位，在四大区域中最小，指数值的差为 0.0483，在四大区域中排名第二，可见东北地区各城市间政策响应与社会福利水平较为接近，区域内部差距相对较小，但由于样本量也较小所以这种接近也有一定的相对性。

（三）城市政策响应与社会福利对中国城市绿色竞争力的影响分析

对比 2016 年城市绿色竞争力指数和政策响应与社会福利指数后我们可以发现，290 个参评城市中，有 153 个城市政策响应与社会福利指数排名高于其绿色竞争力指数排名，这表明这些城市的政府积极开展绿色行动，社会福利水平较高，从而提升了城市绿色竞争力，如秦皇岛、张家口、承德等；137 个城市的政策响应与社会福利指数排名低于其绿色竞争力指数排名，反映了这些城市政府的绿色行动不足，社会福利水平较低，影响了城市整体绿色发展水平的进一步提高，如北京、天津、唐山等。

从影响程度分析，城市政策响应与社会福利指数和城市绿色竞争力指数排名差异较大（超过 50 名）的城市有 123 个，占所有城市的 42.41%，其中为正差的城市有 64 个，如惠州、株洲、铜仁等，这些城市的政策响应与社会福利情况对城市总体绿色竞争力提升贡献很大；为负差的城市有 59 个，如天津、西安、庆阳等，这些城市的政策响应与社会福利情况对城市总体绿色竞争力提升贡献较小。其中，金昌的排名差异变化最大，其政策响应与社会福利指数排名位居所有测评城市第 23 位，但城市绿色竞争力指数排名仅为第 281 位，变化幅度达到了 258 位。同时，名次变动差异较小（50 名以内）的城市共有 167 个，占所有城市的 57.59%，如深圳、三亚、广州等，说明城市政策响应与社会福利情况对城市总体绿色竞争力的影响不明显。2016 中国城市绿色竞争力指数与城市政策响应与社会福利指数排名差异超过 50 位的城市如表 5-6 所示。

表 5-6　中国城市绿色竞争力指数排名与政策响应与社会福利指数排名差异超过 50 位的城市

城市	绿色竞争力排名	政策响应与社会福利指数排名	位次变化	城市	绿色竞争力排名	政策响应与社会福利指数排名	位次变化
银川	143	92	51	许昌	89	141	–52
百色	120	68	52	永州	215	267	–52
阳泉	276	223	53	衡水	234	286	–52
鹤壁	269	215	54	毕节	69	123	–54
湛江	116	61	55	常德	106	160	–54
双鸭山	275	219	56	漯河	205	259	–54
株洲	124	67	57	武威	49	105	–56
铁岭	229	170	59	咸宁	219	276	–57
白银	133	73	60	宁德	74	133	–59

续表

城市	绿色竞争力排名	政策响应与社会福利指数排名	位次变化	城市	绿色竞争力排名	政策响应与社会福利指数排名	位次变化
河源	107	45	62	松原	57	117	–60
安顺	115	53	62	德州	167	227	–60
六安	179	116	63	安阳	193	253	–60
鹤岗	288	225	63	钦州	48	110	–62
滨州	170	106	64	绥化	209	271	–62
阜新	211	146	65	常州	45	111	–66
惠州	78	12	66	芜湖	103	169	–66
六盘水	196	130	66	佳木斯	136	202	–66
宜春	224	157	67	固原	75	142	–67
普洱	248	181	67	朝阳	168	235	–67
揭阳	155	87	68	乌鲁木齐	58	127	–69
忻州	243	175	68	菏泽	192	261	–69
鹰潭	105	34	71	江门	67	137	–70
铜仁	92	20	72	临沂	154	229	–75
九江	147	74	73	丽水	86	163	–77
吉林	207	132	75	洛阳	166	243	–77
马鞍山	132	56	76	清远	203	284	–81
荆州	272	196	76	盐城	126	208	–82
阳江	135	55	80	桂林	35	119	–84
遂宁	177	96	81	武汉	23	114	–91
赤峰	206	118	88	绵阳	161	256	–95
汕头	118	29	89	泰安	102	198	–96
锦州	130	40	90	西宁	121	224	–103
孝感	279	189	90	石家庄	90	194	–104
铜陵	148	57	91	榆林	99	204	–105
十堰	181	90	91	徐州	113	218	–105
攀枝花	157	63	94	郑州	61	167	–106
黄石	204	109	95	周口	165	272	–107
通化	145	49	96	沧州	63	171	–108
长治	232	135	97	成都	83	199	–116
鸡西	259	162	97	保定	144	268	–124

续表

城市	绿色竞争力排名	政策响应与社会福利指数排名	位次变化	城市	绿色竞争力排名	政策响应与社会福利指数排名	位次变化
本溪	273	176	97	河池	122	258	–136
巴彦淖尔	129	31	98	济南	25	165	–140
大同	169	71	98	信阳	52	193	–141
焦作	242	144	98	梧州	110	255	–145
克拉玛依	111	10	101	随州	137	282	–145
云浮	222	120	102	玉林	64	213	–149
曲靖	182	79	103	酒泉	27	178	–151
运城	249	145	104	天水	56	211	–155
韶关	134	27	107	长春	51	209	–158
张家口	194	83	111	白城	94	252	–158
石嘴山	266	154	112	安康	19	179	–160
白山	158	37	121	防城港	80	245	–165
晋城	230	108	122	西安	6	174	–168
抚顺	277	152	125	哈尔滨	66	251	–185
淮南	268	140	128	兰州	42	233	–191
上饶	271	134	137	天津	20	217	–197
荆门	241	101	140	庆阳	14	214	–200
黑河	210	69	141	张家界	46	249	–203
乌海	212	65	147	定西	43	275	–232
七台河	236	85	151				
吴忠	262	99	163				
辽阳	286	95	191				
嘉峪关	226	25	201				
金昌	281	23	258				

注：1. 本表根据表 1–3 和表 5–1 整理。2. 表中排名差异为城市绿色竞争力指数排名与政策响应与社会福利指数排名之差，正值表示政策响应与社会福利指数较之于城市绿色竞争力指数进步的名次，负值表示政策响应与社会福利指数较之于城市绿色竞争力指数退后的名次。

二、城市政策响应与社会福利比较分析

2016 年的城市政策响应与社会福利占该年城市绿色竞争力指数总权重的 30%，共由环境投资与治理指标、生活质量指标这 2 个二级指标及 15 个三级指标构成。在这些三级指标中，正指标 14 个，逆指标 1 个，每个三级指标占城市绿色竞争力指数总权重的 2%。本部分将以 2 个二级指标为例进行详细的分析与比较。

（一）城市环境投资与治理指标比较

在城市政策响应与社会福利指数测度体系中，环境投资与治理指标占政策响应与社会福利指数总权重的 66.67%，占城市绿色竞争力指数总权重的 20%，不仅是政策响应与社会福利指数中权重最大的一个二级指标，也是城市绿色竞争力指数中权重最大的一个二级指标，对城市绿色竞争力指数的贡献较大。表 5–7 中列出了城市绿色增长效率指标下的 10 个三级指标。

表 5–7　环境投资与治理三级指标、权重及指标属性

指标序号	指标	权重	指标属性
30	节能保护支出占财政支出比重	2.00%	正
31	城市污水处理投资占市政公用设施建设固定资产投资比重	2.00%	正
32	城市园林绿化投资占市政公用设施建设固定资产投资比重	2.00%	正
33	城市市容环境卫生投资占市政公用设施建设固定资产投资比重	2.00%	正
34	城市垃圾处理投资占市政公用设施建设固定资产投资比重	2.00%	正
35	每万人拥有公共汽车数量	2.00%	正
36	工业二氧化硫去除率	2.00%	正
37	工业烟尘排放达标率	2.00%	正
38	城市污水处理率	2.00%	正
39	生活垃圾无害化处理率	2.00%	正

注：本表内容是由本报告课题组召开的多次研讨会确定的。

根据表5–7所列的指标和权重，经过标准化处理综合测算，得出2016年中国城市环境投资与治理指标指数及其排名情况，具体如表5–8所示。

表5–8 中国290个城市环境投资与治理指数及排名

城市	环境投资与治理指标		城市	环境投资与治理指标		城市	环境投资与治理指标	
	指数值	排名		指数值	排名		指数值	排名
儋州	0.1168	1	忻州	0.0849	98	天水	0.0792	195
三亚	0.1166	2	嘉峪关	0.0848	99	天津	0.0790	196
海口	0.1146	3	平凉	0.0848	100	常州	0.0789	197
东莞	0.1109	4	泰安	0.0848	101	白城	0.0789	198
鄂尔多斯	0.1047	5	鄂州	0.0848	102	成都	0.0788	199
白山	0.1043	6	吴忠	0.0845	103	抚顺	0.0788	200
佛山	0.1025	7	济南	0.0844	104	酒泉	0.0788	201
深圳	0.1001	8	贵阳	0.0842	105	吉安	0.0788	202
锦州	0.0993	9	宁波	0.0842	106	宿迁	0.0787	203
聊城	0.0982	10	新乡	0.0842	107	榆林	0.0786	204
巴彦淖尔	0.0969	11	西安	0.0837	108	乐山	0.0786	205
乌兰察布	0.0953	12	重庆	0.0837	109	连云港	0.0785	206
金昌	0.0936	13	云浮	0.0836	110	泸州	0.0784	207
北京	0.0932	14	辽阳	0.0835	111	攀枝花	0.0783	208
铜仁	0.0931	15	南宁	0.0834	112	阜阳	0.0783	209
鹤壁	0.0929	16	湛江	0.0834	113	萍乡	0.0782	210
武威	0.0925	17	临汾	0.0833	114	黑河	0.0782	211
焦作	0.0922	18	淮南	0.0833	115	盐城	0.0778	212
潍坊	0.0920	19	平顶山	0.0832	116	雅安	0.0778	213
通化	0.0920	20	铁岭	0.0832	117	芜湖	0.0777	214
茂名	0.0918	21	南阳	0.0832	118	辽源	0.0777	215
太原	0.0912	22	常德	0.0831	119	宜昌	0.0775	216
信阳	0.0912	23	三门峡	0.0831	120	七台河	0.0775	217
厦门	0.0910	24	赤峰	0.0830	121	南昌	0.0773	218
十堰	0.0907	25	武汉	0.0830	122	泉州	0.0771	219
商洛	0.0907	26	株洲	0.0829	123	邵阳	0.0771	220
扬州	0.0906	27	漯河	0.0829	124	朝阳	0.0770	221
白银	0.0906	28	保定	0.0829	125	新余	0.0768	222

续表

城市	环境投资与治理指标		城市	环境投资与治理指标		城市	环境投资与治理指标	
	指数值	排名		指数值	排名		指数值	排名
包头	0.0906	29	石嘴山	0.0828	126	陇南	0.0766	223
汕头	0.0904	30	亳州	0.0827	127	漳州	0.0764	224
宿州	0.0901	31	青岛	0.0826	128	娄底	0.0761	225
通辽	0.0900	32	金华	0.0826	129	眉山	0.0760	226
鹰潭	0.0900	33	阳泉	0.0826	130	北海	0.0758	227
乌海	0.0899	34	丹东	0.0826	131	福州	0.0757	228
梅州	0.0898	35	洛阳	0.0825	132	周口	0.0756	229
运城	0.0893	36	濮阳	0.0825	133	德阳	0.0756	230
许昌	0.0892	37	滁州	0.0825	134	庆阳	0.0756	231
韶关	0.0892	38	百色	0.0823	135	柳州	0.0754	232
珠海	0.0891	39	呼和浩特	0.0823	136	长春	0.0753	233
邯郸	0.0888	40	安阳	0.0822	137	襄阳	0.0749	234
铜川	0.0887	41	湖州	0.0822	138	上饶	0.0747	235
南京	0.0887	42	秦皇岛	0.0821	139	三明	0.0745	236
潮州	0.0887	43	淮安	0.0820	140	怀化	0.0744	237
汕尾	0.0884	44	安康	0.0820	141	河池	0.0744	238
廊坊	0.0883	45	固原	0.0819	142	内江	0.0742	239
驻马店	0.0882	46	中山	0.0817	143	玉溪	0.0741	240
郑州	0.0881	47	毕节	0.0817	144	衡阳	0.0739	241
淄博	0.0880	48	苏州	0.0817	145	赣州	0.0737	242
滨州	0.0879	49	汉中	0.0817	146	张家界	0.0735	243
石家庄	0.0878	50	衢州	0.0817	147	西宁	0.0727	244
河源	0.0876	51	上海	0.0816	148	防城港	0.0726	245
长治	0.0876	52	孝感	0.0816	149	哈尔滨	0.0722	246
长沙	0.0875	53	日照	0.0815	150	定西	0.0722	247
镇江	0.0875	54	温州	0.0814	151	宁德	0.0721	248
嘉兴	0.0875	55	菏泽	0.0814	152	中卫	0.0720	249
惠州	0.0874	56	兰州	0.0814	153	鸡西	0.0718	250
黄石	0.0874	57	曲靖	0.0813	154	本溪	0.0714	251
济宁	0.0874	58	宣城	0.0813	155	肇庆	0.0709	252
贺州	0.0873	59	安庆	0.0813	156	绵阳	0.0708	253

续表

城市	环境投资与治理指标		城市	环境投资与治理指标		城市	环境投资与治理指标	
	指数值	排名		指数值	排名		指数值	排名
铜陵	0.0872	60	乌鲁木齐	0.0813	157	拉萨	0.0706	254
东营	0.0870	61	桂林	0.0812	158	贵港	0.0704	255
遂宁	0.0868	62	开封	0.0812	159	普洱	0.0702	256
威海	0.0868	63	延安	0.0811	160	景德镇	0.0700	257
马鞍山	0.0868	64	商丘	0.0810	161	鹤岗	0.0700	258
枣庄	0.0866	65	黄冈	0.0810	162	玉林	0.0699	259
六安	0.0866	66	临沂	0.0809	163	自贡	0.0698	260
吉林	0.0866	67	钦州	0.0808	164	绥化	0.0697	261
揭阳	0.0866	68	邢台	0.0808	165	佳木斯	0.0696	262
安顺	0.0865	69	吕梁	0.0808	166	莆田	0.0696	263
广州	0.0865	70	松原	0.0808	167	鞍山	0.0694	264
唐山	0.0864	71	南通	0.0808	168	衡水	0.0692	265
克拉玛依	0.0864	72	四平	0.0807	169	双鸭山	0.0690	266
晋城	0.0864	73	九江	0.0806	170	呼伦贝尔	0.0686	267
淮北	0.0863	74	湘潭	0.0806	171	永州	0.0686	268
沧州	0.0862	75	龙岩	0.0806	172	广元	0.0683	269
张家口	0.0862	76	昆明	0.0804	173	盘锦	0.0680	270
遵义	0.0862	77	咸阳	0.0804	174	南平	0.0678	271
池州	0.0861	78	大连	0.0804	175	梧州	0.0652	272
合肥	0.0861	79	益阳	0.0803	176	海东	0.0652	273
荆州	0.0861	80	杭州	0.0802	177	丽水	0.0646	274
蚌埠	0.0861	81	大庆	0.0802	178	牡丹江	0.0641	275
大同	0.0859	82	岳阳	0.0802	179	咸宁	0.0627	276
莱芜	0.0858	83	烟台	0.0801	180	丽江	0.0627	277
郴州	0.0858	84	宝鸡	0.0800	181	随州	0.0622	278
银川	0.0858	85	广安	0.0799	182	抚州	0.0618	279
阳江	0.0857	86	葫芦岛	0.0799	183	达州	0.0618	280
黄山	0.0856	87	阜新	0.0798	184	保山	0.0614	281
朔州	0.0855	88	绍兴	0.0798	185	巴中	0.0590	282
舟山	0.0854	89	张掖	0.0798	186	齐齐哈尔	0.0583	283
泰州	0.0854	90	宜宾	0.0797	187	资阳	0.0578	284

续表

城市	环境投资与治理指标		城市	环境投资与治理指标		城市	环境投资与治理指标	
	指数值	排名		指数值	排名		指数值	排名
荆门	0.0854	91	渭南	0.0797	188	临沧	0.0573	285
德州	0.0852	92	徐州	0.0797	189	营口	0.0571	286
六盘水	0.0852	93	来宾	0.0795	190	清远	0.0568	287
无锡	0.0850	94	承德	0.0795	191	伊春	0.0511	288
台州	0.0850	95	昭通	0.0794	192	南充	0.0440	289
晋中	0.0849	96	宜春	0.0794	193	崇左	0.0380	290
沈阳	0.0849	97	江门	0.0793	194			

注：本表数据及排名根据《中国统计年鉴 2017》《中国环境统计年报 2016》《中国环境统计年鉴 2017》《中国城市统计年鉴 2017》《中国城市建设统计年鉴 2017》等测算。

从表 5-8 我们可以看到，2016 年，我国 290 个城市环境投资与治理指标测算结果介于 0.0380~0.1168 之间，极差为 0.0788。其中，有 160 个城市环境投资与治理水平高于或等于全国平均水平，占全部参评城市的 55.17%，如儋州、金昌、潍坊、乌海等，其中，儋州、三亚和海口依位居所有参评城市前三位，指数值分别为 0.1168、0.1166 和 0.1146；但有 130 个城市环境投资与治理水平低于全国平均水平，占全部参评城市百分比的 44.83%，这些城市有商丘、大连、杭州、上饶、临沧等，其中，伊春、南充和崇左位居所有参评城市的最后三位，指数值分别为 0.0511、0.0440、0.0380。

从图 5-3 中可以看出，相对于其他地区，我国东部地区城市环境投资与治理指标指数与城市政策响应与社会福利指数差距最大，表明东部区城市环境投资与治理对城市政策响应与社会福利的影响相对较小。

分区域来看，东部地区城市环境投资与治理指数平均值最高为 0.0848，然后依次是中部地区 0.0820、西部地区 0.0784 和东北地区 0.0766。东部地区城市环境投资与治理优势明显，东北部地区最弱。并且由于环境投资与治理指标相对于生活质量指标占总比中权重较高，因此环境投资与治理指标的指数值对政策响应与社会福利指数排序的总体影响较大。

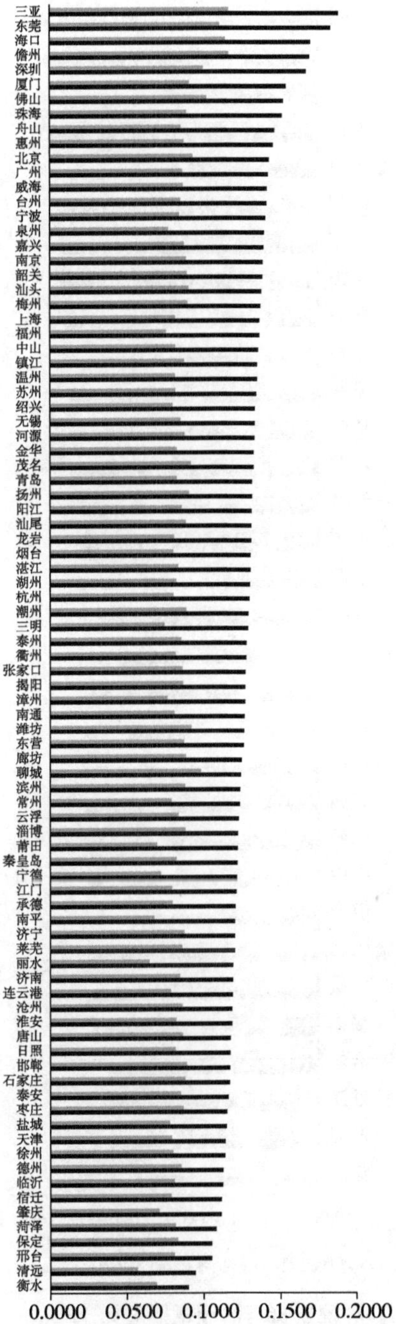

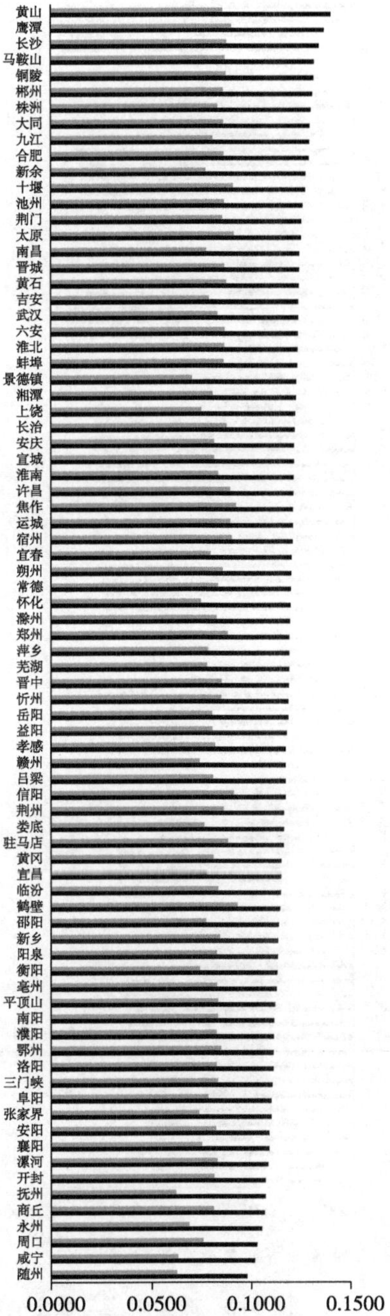

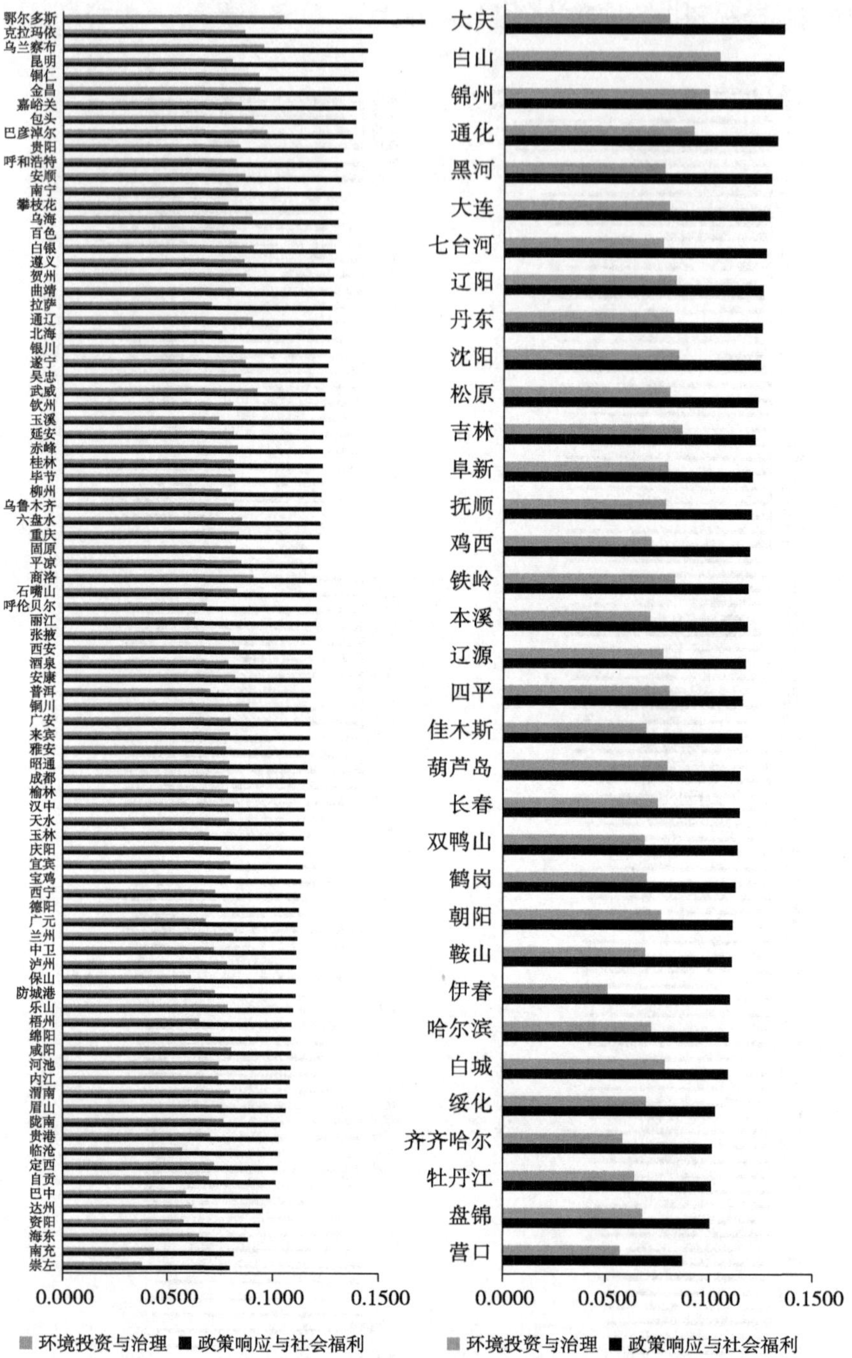

图 5-3　政策响应与社会福利和环境投资与治理指标对比

注：图 5-3 按东部、中部、西部和东北地区划分，根据政策响应与社会福利指数大小自上至下排列。

从城市环境投资与治理指数值排名结果看，在环境投资与治理指数值前10位的城市中，东部地区城市有7个，分别是儋州、三亚、海口、东莞、佛山、深圳和聊城；西部地区城市有1个，是鄂尔多斯；东北地区城市有2个，分别是白山和锦州；没有中部地区城市。而后10位的城市中，东部地区城市有1个，为清远；西部地区城市有6个，分别为保山、巴中、资阳、临沧、南充和崇左；东北地区城市有3个，分别为齐齐哈尔、营口和伊春；没有中部地区城市。

从区域内部的城市最高指数值与最低指数值的差值来看，东部指数值最高的城市儋州（指数值0.1168）与指数值最低的城市清远（指数值0.0568）之间的差值为0.0600；中部指数值最高的城市鹤壁（指数值0.0929）与指数值最低的城市抚州（指数值0.0618）之间的差值为0.0311；西部指数值最高的城市鄂尔多斯（指数值0.1047）与指数值最低的城市崇左（指数值0.0380）之间的差值为0.0667；东北部指数值的最高城市白山（指数值0.1043）与指数值最低的城市伊春（指数值0.0511）之间的差值为0.0532。从中可以看出，西部城市指数值差异最大，东部次之，东北部再次，中部城市指数值差异最小。

（二）城市生活质量指标比较

在城市政策响应与社会福利指数测度体系中，生活质量指标包括5个三级指标，其权重占政策响应与社会福利指数的33.33%，占城市绿色发展指数总权重的10%。

表5-9　生活质量三级指标、权重及指标属性

指标序号	指标	权重	指标属性
40	城镇居民人均可支配收入	2.00%	正
41	人均住房面积	2.00%	正

续表

指标序号	指标	权重	指标属性
42	建成区绿化覆盖率	2.00%	正
43	空气质量达到二级以上天数	2.00%	正
44	可吸入颗粒物浓度（PM2.5）年均值	2.00%	逆

注：本表内容是由本报告课题组召开的多次研讨会确定的。

按表 5-9 给出的权重，对三级指标原始数据做标准化处理并计算，得出我国 290 个城市生活质量指标指数及其排名，具体如表 5-10 所示。

表 5-10　中国 290 个城市生活质量指数及排名

城市	生活质量指标		城市	生活质量指标		城市	生活质量指标	
	指数值	排名		指数值	排名		指数值	排名
东莞	0.0721	1	广元	0.0434	98	黄石	0.0363	195
三亚	0.0716	2	赣州	0.0433	99	十堰	0.0362	196
深圳	0.0671	3	大同	0.0433	100	吕梁	0.0362	197
鄂尔多斯	0.0660	4	齐齐哈尔	0.0432	101	资阳	0.0362	198
厦门	0.0629	5	鹤岗	0.0429	102	滨州	0.0360	199
泉州	0.0626	6	钦州	0.0429	103	日照	0.0358	200
珠海	0.0622	7	汕尾	0.0428	104	平凉	0.0358	201
昆明	0.0615	8	泰州	0.0427	105	安康	0.0358	202
舟山	0.0610	9	丹东	0.0427	106	随州	0.0356	203
福州	0.0609	10	合肥	0.0426	107	孝感	0.0355	204
克拉玛依	0.0601	11	松原	0.0424	108	天水	0.0355	205
伊春	0.0592	12	遵义	0.0423	109	铁岭	0.0354	206
惠州	0.0580	13	辽阳	0.0422	110	锦州	0.0353	207
丽江	0.0573	14	延安	0.0422	111	四平	0.0353	208
拉萨	0.0568	15	江门	0.0422	112	吉林	0.0353	209
宁波	0.0563	16	鞍山	0.0419	113	葫芦岛	0.0352	210
台州	0.0562	17	桂林	0.0418	114	天津	0.0349	211
广州	0.0559	18	湘潭	0.0416	115	西安	0.0346	212
大庆	0.0554	19	崇左	0.0416	116	济南	0.0346	213
海口	0.0553	20	抚顺	0.0414	117	淄博	0.0346	214
上海	0.0551	21	承德	0.0412	118	朝阳	0.0345	215

续表

城市	生活质量指标		城市	生活质量指标		城市	生活质量指标	
	指数值	排名		指数值	排名		指数值	排名
威海	0.0547	22	张家口	0.0412	119	潍坊	0.0344	216
三明	0.0547	23	乌鲁木齐	0.0411	120	莱芜	0.0344	217
丽水	0.0546	24	扬州	0.0411	121	宜宾	0.0343	218
中山	0.0542	25	芜湖	0.0411	122	朔州	0.0342	219
黄山	0.0542	26	茂名	0.0410	123	徐州	0.0342	220
嘉峪关	0.0541	27	贺州	0.0409	124	河池	0.0340	221
绍兴	0.0540	28	毕节	0.0409	125	长治	0.0340	222
温州	0.0537	29	银川	0.0408	126	黄冈	0.0339	223
苏州	0.0528	30	阜新	0.0408	127	内江	0.0339	224
莆田	0.0527	31	吴忠	0.0407	128	襄阳	0.0338	225
儋州	0.0526	32	宜春	0.0406	129	晋中	0.0336	226
南平	0.0526	33	萍乡	0.0406	130	太原	0.0335	227
景德镇	0.0524	34	潮州	0.0406	131	忻州	0.0334	228
攀枝花	0.0521	35	揭阳	0.0406	132	达州	0.0334	229
嘉兴	0.0518	36	通化	0.0405	133	绥化	0.0333	230
呼伦贝尔	0.0516	37	肇庆	0.0405	134	宝鸡	0.0333	231
黑河	0.0515	38	连云港	0.0405	135	汉中	0.0332	232
北海	0.0514	39	武汉	0.0404	136	济宁	0.0329	233
漳州	0.0508	40	乌海	0.0404	137	宿迁	0.0328	234
烟台	0.0507	41	巴彦淖尔	0.0403	138	泸州	0.0327	235
龙岩	0.0506	42	西宁	0.0403	139	沧州	0.0324	236
新余	0.0503	43	娄底	0.0401	140	盘锦	0.0323	237
金华	0.0502	44	赤峰	0.0400	141	贵港	0.0322	238
呼和浩特	0.0501	45	张掖	0.0400	142	武威	0.0318	239
南京	0.0500	46	安庆	0.0400	143	阜阳	0.0317	240
杭州	0.0498	47	秦皇岛	0.0399	144	许昌	0.0316	241
佛山	0.0497	48	宣城	0.0398	145	自贡	0.0316	242
七台河	0.0497	49	辽源	0.0398	146	临沂	0.0316	243
宁德	0.0497	50	巴中	0.0397	147	泰安	0.0314	244
北京	0.0496	51	长春	0.0395	148	临汾	0.0313	245
韶关	0.0495	52	沈阳	0.0395	149	运城	0.0313	246

续表

城市	生活质量指标		城市	生活质量指标		城市	生活质量指标	
	指数值	排名		指数值	排名		指数值	排名
保山	0.0494	53	荆门	0.0395	150	唐山	0.0311	247
玉溪	0.0493	54	云浮	0.0394	151	乐山	0.0311	248
青岛	0.0493	55	池州	0.0394	152	白山	0.0311	249
乌兰察布	0.0490	56	东营	0.0393	153	郑州	0.0308	250
贵阳	0.0485	57	酒泉	0.0392	154	阳泉	0.0305	251
大连	0.0485	58	雅安	0.0392	155	白城	0.0304	252
九江	0.0485	59	中卫	0.0391	156	宿州	0.0304	253
无锡	0.0484	60	衡阳	0.0390	157	兰州	0.0302	254
湖州	0.0482	61	固原	0.0390	158	营口	0.0302	255
南宁	0.0481	62	咸宁	0.0390	159	荆州	0.0302	256
包头	0.0481	63	遂宁	0.0389	160	眉山	0.0301	257
鸡西	0.0476	64	庆阳	0.0389	161	定西	0.0300	258
梅州	0.0476	65	白银	0.0385	162	亳州	0.0299	259
汕头	0.0476	66	防城港	0.0382	163	商洛	0.0295	260
镇江	0.0476	67	岳阳	0.0381	164	石家庄	0.0291	261
百色	0.0474	68	重庆	0.0379	165	新乡	0.0290	262
湛江	0.0474	69	来宾	0.0378	166	铜川	0.0288	263
普洱	0.0473	70	绵阳	0.0378	167	濮阳	0.0286	264
上饶	0.0470	71	淮南	0.0377	168	枣庄	0.0286	265
柳州	0.0470	72	清远	0.0376	169	平顶山	0.0285	266
本溪	0.0469	73	广安	0.0376	170	洛阳	0.0284	267
曲靖	0.0468	74	南充	0.0375	171	焦作	0.0284	268
铜仁	0.0468	75	哈尔滨	0.0374	172	邯郸	0.0283	269
株洲	0.0468	76	石嘴山	0.0374	173	咸阳	0.0282	270
南昌	0.0466	77	晋城	0.0374	174	南阳	0.0281	271
长沙	0.0464	78	成都	0.0373	175	驻马店	0.0279	272
鹰潭	0.0464	79	通辽	0.0373	176	德州	0.0274	273
佳木斯	0.0463	80	宜昌	0.0372	177	三门峡	0.0274	274
衢州	0.0463	81	益阳	0.0372	178	周口	0.0272	275
南通	0.0461	82	盐城	0.0370	179	渭南	0.0271	276
金昌	0.0459	83	牡丹江	0.0370	180	陇南	0.0269	277

续表

城市	生活质量指标		城市	生活质量指标		城市	生活质量指标	
	指数值	排名		指数值	排名		指数值	排名
河源	0.0457	84	六盘水	0.0369	181	安阳	0.0267	278
阳江	0.0457	85	昭通	0.0369	182	菏泽	0.0266	279
安顺	0.0452	86	蚌埠	0.0369	183	鄂州	0.0262	280
临沧	0.0452	87	永州	0.0367	184	聊城	0.0261	281
抚州	0.0451	88	滁州	0.0367	185	开封	0.0258	282
怀化	0.0450	89	德阳	0.0367	186	信阳	0.0258	283
双鸭山	0.0448	90	淮北	0.0367	187	商丘	0.0256	284
郴州	0.0448	91	廊坊	0.0366	188	漯河	0.0253	285
吉安	0.0448	92	六安	0.0366	189	邢台	0.0243	286
常州	0.0447	93	邵阳	0.0366	190	海东	0.0231	287
马鞍山	0.0446	94	榆林	0.0365	191	保定	0.0224	288
玉林	0.0446	95	淮安	0.0365	192	鹤壁	0.0213	289
铜陵	0.0441	96	常德	0.0364	193	衡水	0.0207	290
梧州	0.0435	97	张家界	0.0364	194			

注：本表数据及排名根据《中国统计年鉴 2017》《中国环境统计年报 2016》《中国环境统计年鉴 2017》《中国城市统计年鉴 2017》《中国城市建设统计年鉴 2017》等测算。

从表 5-10 我们发现，城市生活质量指标指数中，排名最高的是东莞，该值为 0.0721，衡水位列倒数第一，指数值为 0.0207。在参评的 290 个城市中，生活质量指标指数值高于等于全国平均水平的城市共 128 个，占全部参评城市的 44.14%，如东莞、三亚、深圳、鄂尔多斯、厦门等，其中，东莞、三亚和深圳位居所有参评城市前三位，指数值分别为 0.0721、0.0716 和 0.0671。有 162 个城市生活质量指标指数值低于全国平均水平，占全部参评城市的 55.86%，比例过半，如宜春、萍乡、潮州、揭阳、通化等，其中，保定、鹤壁和衡水排到了最后三位，指数值分别为 0.0224、0.0213 和 0.0207。

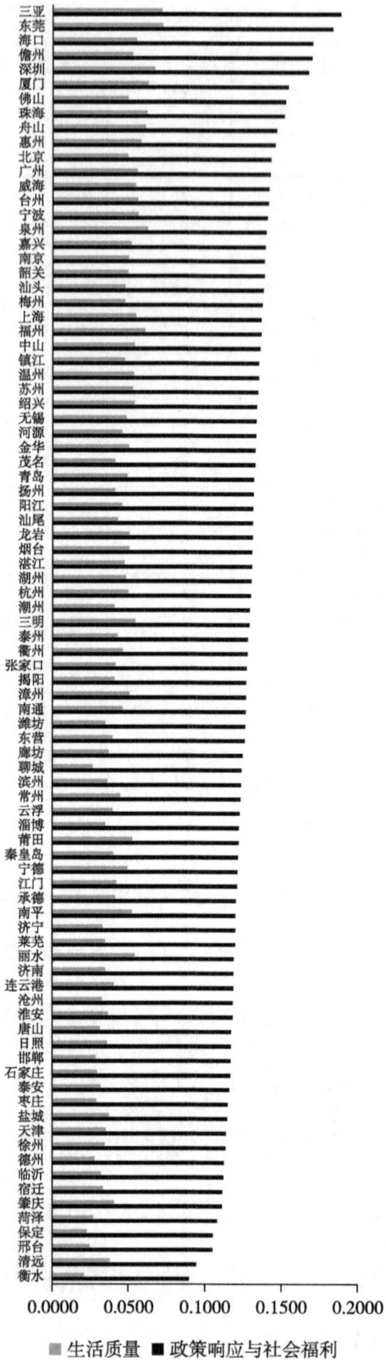
三亚
东莞
海口
儋州
深圳
厦门
佛山
珠海
舟山
惠州
北京
广州
威海
台州
宁波
泉州
嘉兴
南京
韶关
汕头
梅州
上海
福州
中山
镇江
温州
苏州
绍兴
无锡
河源
金华
茂名
青岛
扬州
阳江
汕尾
龙岩
烟台
湛江
湖州
杭州
潮州
三明
泰州
衢州
张家口
揭阳
漳州
南通
潍坊
东营
廊坊
聊城
滨州
常州
云浮
淄博
莆田
秦皇岛
宁德
江门
承德
南平
济宁
莱芜
丽水
济南
连云港
沧州
淮安
唐山
日照
邯郸
石家庄
泰安
枣庄
盐城
天津
徐州
德州
临沂
宿迁
肇庆
菏泽
保定
邢台
清远
衡水
0.0000 0.0500 0.1000 0.1500 0.2000
生活质量 政策响应与社会福利

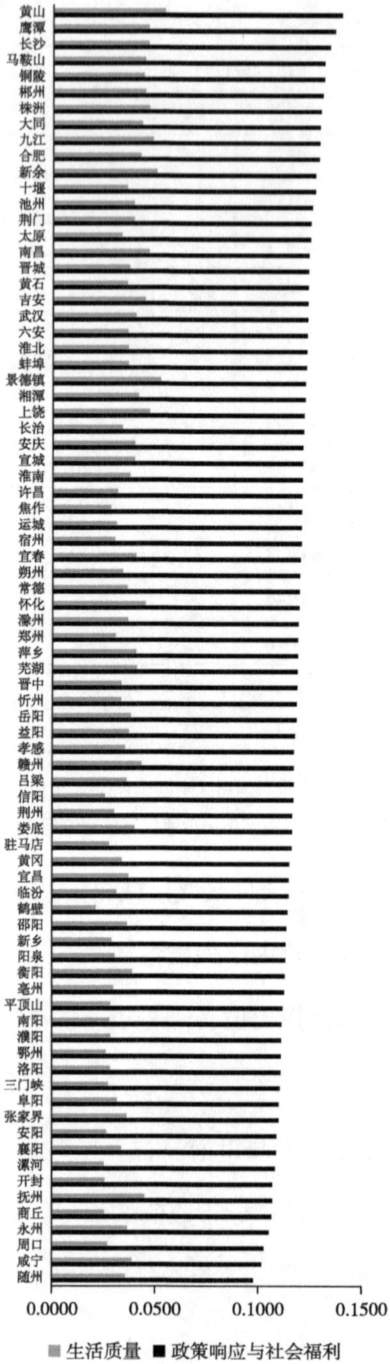
黄山
鹰潭
长沙
马鞍山
铜陵
郴州
株洲
大同
九江
合肥
新余
十堰
池州
荆门
太原
南昌
晋城
黄石
吉安
武汉
六安
淮北
蚌埠
景德镇
湘潭
上饶
长治
安庆
宣城
淮南
许昌
焦作
运城
宿州
宜春
朔州
常德
怀化
滁州
郑州
萍乡
芜湖
晋中
忻州
岳阳
益阳
孝感
赣州
吕梁
信阳
荆州
娄底
驻马店
黄冈
宜昌
临汾
鹤壁
邵阳
新乡
阳泉
衡阳
亳州
平顶山
南阳
濮阳
鄂州
洛阳
三门峡
阜阳
张家界
安阳
襄阳
漯河
开封
抚州
商丘
永州
周口
咸宁
随州
0.0000 0.0500 0.1000 0.1500
生活质量 政策响应与社会福利

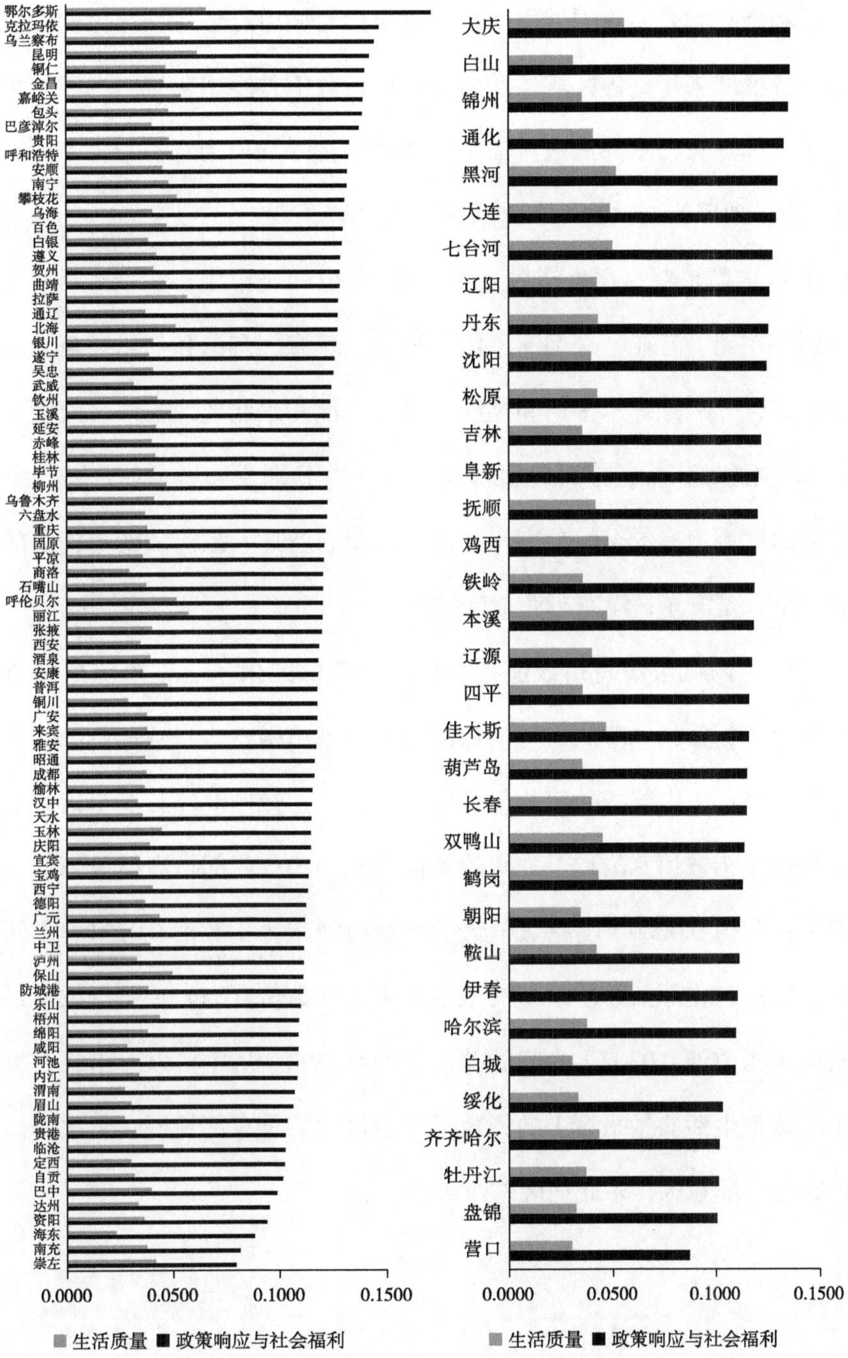

图 5-4　政策响应与社会福利和生活质量指标对比

注：图 5-4 按东部、中部、西部和东北地区划分，根据政策响应与社会福利指数大小自上至下排列。

从图 5-4 中可以看出，我国城市生活质量指标指数远低于城市政策响应与社会福利指数，表明我国城市生活质量指标对城市经济增长绿化度的影响相对较小。分区域来看，各区域生活质量指标指数值差距不明显，按照简单算术平均方法具体计算，东部地区城市生活质量指标平均值为 0.0447，中部地区为 0.0365，西部地区为 0.0405，东北地区为 0.0409。

就排名结果来看，在生活质量指标前 10 位的城市中，东部地区城市有 8 个，分别是东莞、三亚、深圳、厦门、泉州、珠海、舟山和福州；西部地区仅有 2 个城市，分别是鄂尔多斯和昆明；没有中部和东北地区城市。而生活质量指标后 10 位的城市中，东部地区城市有 4 个，分别是聊城、邢台、保定和衡水；中部地区城市有 5 个，分别是开封、信阳、商丘、漯河和鹤壁；西部地区城市有 1 个，是海东；没有东北地区城市。

按照区域内城市最高指数值与最低指数值的差值来看，东部指数值最高的城市东莞（指数值 0.0721）与指数值最低的城市衡水（指数值 0.0207）之间的差值为 0.0514；中部指数值的最高城市黄山（指数值 0.0542）与指数值最低的城市鹤壁（指数值 0.0213）之间的差值为 0.0329；西部指数值最高的城市鄂尔多斯（指数值 0.0660）与指数值最低的城市海东（指数值 0.0231）之间的差值为 0.0429；东北部指数值最高的城市伊春（指数值 0.0592）与指数值最低的城市营口（指数值 0.0302）之间的差值仅为 0.0290。从中可以看出，四大区域内部中的城市生活质量指标上的指数值差值最大的是东部地区，其次是西部地区，再次是中部地区，东北地区差距最小。

第六章

新时代中国城市绿色竞争力提升战略

城市作为人口、资源、技术等生产要素的集聚中心，是绿色发展的重要载体，推动城市绿色发展，提升城市绿色竞争力，实现环境保护和经济发展的深度融合则是推动高质量发展的金钥匙。

一、中国城市绿色竞争力的现状

（一）绿色竞争力空间差异缩小趋势显现

从地理区域划分的角度看，虽然中国城市绿色竞争力的空间差异仍然存在，但是已经出现缩小的迹象。东部地区城市绿色竞争力优势依旧明显，绿色竞争力指数平均值达到 0.2678，四个一级指标中除自然资产与环境压力外均对绿色竞争力指数的提升有较强拉动作用。西部地区依托其自然资源禀赋以及其他各项指数的均衡发展，绿色竞争力指数为 0.2403，并且，得益于“一带一路”倡议的推进，西部地区资源环境效率获得了较大的提升，因而西部地区城市绿色竞争力与东部地区的差距有所减小。中部地区在城市绿色竞争力的四大指标的表现上均没有突出优势，绿色竞争力指数为 0.2283，整体仍处于中下游水平。东北地区较上年的资源环境效率下滑明显，尽管自然资产与环境压力表现较好，仅次于西部地区位列第二，但其余各一级指标排名垫底，使得东北地区绿色竞争力指数值仅为 0.2235，排名最末。整体来看，东部继续领先，西部、中部和东北地区绿色竞争力不断进步，与东部地区的差距存在缩小趋势。

（二）城市群绿色发展协同效应明显

城市群作为经济发展的重要引擎，可以通过规模效应和技术溢出产生正外部性带动整个城市群的发展，进而实现 1+1>2 的协同效应。本报告所考察的 14 个主要城市群绿色竞争力指数的均值为 0.2513，远高于城市绿色竞争力的平均水平 0.2434。从三大国家级城市群绿色竞争力来看，长江三角洲城市绿色竞争力遥遥领先，珠江三角洲城市群紧随其后，京津冀城市群的城市绿色竞争力排名第三。长三角地区已经初步形成了以上海为中心、南京和杭州为副中心的长三角大都市圈城市体系。随着长三角一体化国家战略的推进和粤港澳大湾区的构建，未来长三角和珠三角的城市绿色竞争力具有更大的上升空间。

（三）经济发展水平与城市绿色竞争力密切相关

从中国城市绿色竞争力指数综合排名可以看出，城市绿色竞争力与其经济发展水平整体存在正相关关系。得益于经济发展所带来的产业结构升级、要素合理有效配置以及资源效率提升，高收入城市在整体绿色竞争力水平及除自然资产和环境压力外的三个一级指标方面均遥遥领先，绿色竞争力平均水平达到 0.2804，远高于中等偏上收入城市的 0.2323 以及中等偏下收入城市的 0.2144。经济发展不仅促进了技术研发创新，进而使得资源利用效率提升。同时经济发达的地区政府也具有更大财力来加大城市污染治理投入，社会公众有更高的环境保护意识和环境治理参与意识，能够自发的形成绿色生活及消费方式并通过多样化的形式参与到城市生态环境治理中，倒逼政府加强绿色发展的制度服务建设并完善相关法律法规，最终实现社会福祉的提升。这一点在上海、北京等经济发达的超大城市有明显体现。

（四）城市规模提升绿色竞争力的门槛效应明显

从城市人口规模来看，超大、特大、大、中、小城市的平均水平分别为 0.3217、0.2969、0.2471、0.2313、0.2377，其中中等城市和小城市绿色竞争力指数低于全国平均水平 0.2434，人口规模对于提升城市绿色竞争力依旧有较为明显的正向带动作用。但是，城市规模对于绿色竞争力的正向带动作用，随着城市规模越来越大可能会存在边际效应递减的问题。2016 年特大城市与大城市之间绿色竞争力的差异相较于 2015 年开始缩小。这说明，城市规模对绿色竞争力产生显著促进作用需要实现对“门槛值”的跨越，因此，推动大城市发展具有现实合理性。但需注意的是，当城市规模过于庞大之后，城市规模对绿色竞争力的作用系数出现下降，促进效应存在边际递减倾向。

（五）政策支持助力城市绿色竞争力提升成效显著

与 2015 年相同，2016 年中国城市绿色发展的动力很大程度上来自于政府压力，部分城市绿色竞争力的培养具有浓厚的政府主导色彩。从中国城市绿色竞争力指数的综合排名来看，290 个参评城市中，有 153 个城市政策响应与社会福利指数排名高于其绿色竞争力指数排名，与 2015 年相比这个数字有略微增长，说明绿色竞争力提升的“行政优势”依旧较为明显。如何进一步发挥政策支撑力量的扩散效应，通过政策引导驱动产业升级、提高资源环境利用效率、促进企业污染减排以形成中国城市绿色竞争力提升的内在机制，对于进一步促进城市绿色发展至关重要。

二、中国城市绿色竞争力提升的制约因素

（一）区域差异阻碍绿色竞争力协同提升

尽管城市绿色竞争力空间差异近年来呈递减趋势，但城市群的“俱乐部收

敛”现象依旧明显，并且在很大程度上阻碍了绿色竞争力的进一步协同提升。从绿色竞争力指数排名来看，城市群区域内城市发展差距越大、相邻地理区位城市的规模差异越大，其整体绿色竞争力提升的协同效应越难显现。比如，京津冀城市群的一个重要特征是城市差异比较明显，京津两城与其他群内城市在经济发展水平、城市规模、产业结构等方面差距巨大，而城市群内发展梯度差异越大，增长极的带动作用越有限，协同效应难以充分发挥，因而在三大国家级城市群中排名靠后。同时，区域间差异也会阻碍基础设施互联互通、产业配套合理布局、公共服务资源共享以及生态环境协同保护。这不仅使单个城市较难实现绿色发展，同时整个区域的绿色竞争力提升也会受到阻碍。

（二）绿色技术成为制约绿色竞争力提升的重要短板

绿色发展是发展方式的根本性转变，是发展质量和效益的突破性提升。绿色发展离不开技术创新，绿色技术创新带来的高效率生产模式将有效弥补传统技术创新中忽视资源保护和污染治理的缺陷，有效减少企业生产的废物和污染物的排放，直接降低环境保护成本，带动产业体系的绿色化转型。当前，我国绿色技术创新还不能完全满足绿色发展需要，特别是清洁生产技术、节能减排技术并不普遍，生产中资源利用效率低下，给资源环境带来巨大压力。从区域来看，东北地区和中部地区企业能源利用率偏低、污染处理水平不高、单位产值能耗大等问题更为突出，对城市整体绿色竞争力水平的提升带来负面影响。

（三）城市绿色竞争力提升亟待加强顶层设计

影响城市绿色发展的各要素具有关联性和系统整体性的特征，绿色不是孤立存在的，必须系统地整体地把控，局部的绿色增长可能不会实现真正的绿色发展。条块分割、管理分散、各自为政的环保困局使得中国很多城市绿色发展的潜力没有充分释放。比如，供电系统和输电系统的分割导致我国很多城市弃风弃光问题比较严重，带来了巨大的浪费和污染，2015 年底，张家口的风电和光伏发电容量达到 8 吉瓦，但张家口本地电力需求仅有 1.85 吉瓦，外送能力仅 5.5 吉瓦。距离张家口仅 200 公里的北京却仍然无法用上张家口的清洁电力。尽管目前各级政府大力推行绿色发展，并在财政、税收、金融等方面出台一系列扶持利于生态文明建设的政策措施，但政策之间缺乏系统的链接和协调，同时激发市场活力的机制不足，非市场性的行政干预较多，因此很难激发社会、企业、公众参与绿色发展的积极性，使得社会响应不足。

（四）生态问题制约绿色竞争力的进一步提升

经济发展水平、城市规模均与资源环境压力呈现相反的趋势，经济越发达、规模越大的城市越面临生态环境不佳的共性问题。北京、上海、广州、深圳四个城市中，自然资产与资源环境压力只有深圳排进了全国前 100 名，北京排名第 162，广州排名第 137，上海排名 282。尽管这其中有先天自然资源禀赋差异的原因，但城市资源环境压力最主要来自于经济生产与人口集聚所带来的“大城市病”，这种压力不仅直接对城市整体绿色竞争力的提升带来阻碍，并且显著拉低了经济发展的扩散效应与城市集聚的规模效应对于绿色竞争力提升的推动作用，资源环境压力对于绿色发展影响加剧。在实现经济发展的同时尽量减小城市资源环境压力，是未来城市绿色竞争力进一步增长的关键。

三、中国城市绿色竞争力提升的途径

（一）牢固树立绿色发展新理念

在相当长一段时间，为了解决“人民日益增长的物质文化需要同落后的社会生产力之间的矛盾”，中国经济以 9.6% 的年平均增长率实现了快速腾飞。但是，很多地区在追求经济发展的时候牺牲了资源环境，产生了严重的生态问题。事实证明，“为了金山银山牺牲绿水青山”的老路走不通、走不长。习近平指出：“保护生态环境就是保护生产力，改善生态环境就是发展生产力。”这种绿色生产力的概念有效地将自然价值、经济价值和生态价值进行了统一，把保护与改善生态环境上升到保护与发展生产力的高度。这也是“绿水青山就是金山银山”思想的根本体现。对于城市发展而言，这种新生产力理念将成为城市进一步解放和发展生产力的重要原则和实践指南，“在促进经济社会发展的同时，还要特别注重保护资源、改善环境，保证在资源紧张情况下，重视培植自然生态环境的自我再生的平衡能力，造就一种可持续发展能力”。

（二）推进绿色金融新模式

绿色发展将生态成本计入生产成本，因此短期内将导致产品成本增加，产量下降。如果没有金融的助力，绿色发展可能困难重重，只有发展绿色金融，才能充分释放城市绿色发展的潜能。绿色金融是绿色发展的间接性政策工具，能够通过金融手段促进资本流向绿色工业部门，通过利率优惠引导金融资本对高技术产业、节能环保产业、循环经济产业等提供信贷支持，通过信贷配额限制高能耗、高排放企业的产能扩张，从而达到提升资源利用效率和减少生态环境风险的目的。除了积极推动银行发展绿色金融业务外，还应当促进绿色工业投融资方式的多样化。政府可引导证券公司、保险公司、基金管理公司、租赁公司等为企业的绿色发展提供多元化的融资渠道。同时，更应借助市场力量，建立以市场为基础的污染排放交易体系，使企业能够出售剩余排污权或排放权获得经济回报，从而对工业节能减排起到有效的经济激励，进而实现高质量发展。

（三）发挥城市群协同发展新活力

城市群作为经济发展的重要引擎，代表了中国经济发展的新增长极，打造具有高增长、辐射强、创新性的城市群对于推动区域经济协同发展具有重要作用。以长三角城市群为例，上海市作为城市群的经济中心，宁、苏、锡、杭、甬作为发展支点，长江中下游平原作为经济腹地，区域内生产要素优化配置、基础设施互融互通、地区优势互补性强，对整个华东地区都起到了辐射作用，成为全国经济、信息、技术高地。未来如何向具有更高影响力和竞争力的城市群迈进需要更加强化其区域协同发展。同时，城市群内及不同城市群间的生态环境协同保护对于解决环境问题有重要作用，特别是对于部分中西部城市，本身受制于较强的资源环境约束力，更需要通过加强区域环境污染联防联治、生态环境设施共建共享，进一步完善区域生态补偿机制，共建区域生态安全新格局，通过协同发展进一步提升城市绿色竞争力。

（四）推动绿色技术的新引领

加快技术创新、推动科技进步是摒弃过去传统发展模式、提升城市绿色竞争力、推动可持续发展最根本、最有效的办法。因此应依托国家创新型城市建设的机遇，重点建设一批公共技术研发服务平台，加大对战略性新兴产业领域核心关键技术研发的支持力度，科技支持政策进一步向具有引领和可持续发展推动作用的产业倾斜，推动产业结构优化升级。同时要加快推进绿色关键技术研发，加大对城市节能减排、垃圾处理、水资源保护、大气治理、资源综合利用等领域技术研发的支持力度，攻克一批关键共性技术，着力解决城市节能减排问题。同时，继续推动完善政府绿色采购制度，建设绿色标准体系，进一步完善生态环境技术评价制度，为绿色技术创新保驾护航。并且注重前瞻部署，以生态城市、海绵城市、绿色城市、健康城市等新型城市建设引导形成集约发展、绿色低碳、低消耗的城市建设运营模式，提升城市绿色竞争力。

（五）夯实城市绿色发展的新人本

绿色发展理念以人与自然和谐为价值取向，良好生态环境是最普惠的民生福祉。无论是经济发展还是生态文明建设，最终目的都是改善人民生活，满足人民群众日益增长的美好生活的需要。绿色发展发轫于人民，回馈于人民，因此需要最广泛的公众参与，需要夯实绿色发展的人本基础。人力资本对绿色发展的贡献就在于提升环境效率、抑制环境污染、促进环境保护。当前我国在绿色技术人才培育、绿色理念广泛认知、环境保护的公众参与等方面仍然存在一些短板，因此，教育的绿色化导向是未来教育体系改革的重要方面。其一，需要从幼儿园普及绿色理念，使绿色理念逐渐成为一种习俗惯例，在民众的行为中自发体现；其二，加强绿色技术人才的培养，既要培养高水平的科学家、工程师，也需要培养大量的高级技工，将绿色理念真正融入生产；其三，鼓励环境保护的公众参与，培育公民的环境意识，提高公众环境认知能力，提升公众参与环境保护的效果。只有建立多层次的绿色发展参与体系，才能推动绿色生产、绿色消费落到实处，才能真正实现高质量发展。

参考文献

[1] A. Charnes, W. W. Cooper, Q. L. Wei. Cone Ratio Data Envelopment Analysis and Multi-objective Programming [J]. International Journal of Systems Science, 1989, 20(7).

[2] ADB & IGES. Towards Resource-Efficient Economies in Asia and the Pacific. Asian Development Bank & Institute for Global Environmental Strategies, 2008.

[3] Dasgupta P. Economics: A Very Short Introduction [M]. London: Oxford University Press， 2007.

[4] H. Fukuyama, W. L. Weber. A Directional Slacks-based Measure of Technical Inefficiency [J]. Socio-Economic Planning Sciences, 2009, 43(4).

[5] Hsu, A. et al. 2016 Environmental Performance Index. New Haven, CT: Yale University, 2016. Available: www.epi.yale.edu.

[6] IMD. The World Competitiveness Yearbook， 1996[R]. Institute for Management Development, Lausanne, Switzerland, 1996.

[7] International Resource Panel. Decoupling natural resources use and environmental impacts from economic growth. 2011.

[8] K. Tone. A Slacks Based Measure of Efficiency in Data Envelopment Analysis [J]. European Journal of Operational Research, 2001, 130.

[9] OECD. Extended Producer Responsibility – A Guidance Manual for Governments, OECD, Paris, 2001.

[10] OECD. Green Growth Indicators 2017 [R]. OECD, Paris, France, 2017.

[11] R. Fare, S.Grosskopf, C. A. Knox Lovell, S. Yaisawarng. Derivation of Shadow Prices for Undesirable Outputs: A Distance Function Approach [J]. The Review of Economics and Statistics, 1993, 75(2).

[12] The World Bank Group. World Development Indicators[R]. World Bank,2012.

[13] UNDESA. National sustainable development strategies – the global picture, unpublished briefing note, United Nations Department of Economic and Social Affairs, 2012.

[14] UNEP. Planning for Change – Guidelines for National Programmes on Sustainable Consumption and Production, 2008.

[15] UNIDO & UNEP. Enterprise-Level Indicators for Resource Productivity and Pollution Intensity:

A Primer for Small and Medium–Sized Enterprises. 2011.
[16] UNIDO & UNEP. Good Organization, Management and Governance Practices: A Primer for Providers of Services in Resource Efficient and Cleaner Production (RECP). April 2010.
[17] UNIDO. Industrial Policy for Prosperity: UNIDO' s Strategic Support, 2011.
[18] WEF. Global Competitiveness Report 1996[R]. World Economic Forum, Geneva, Switzerland, 1996.
[19] World Bank. Cost of Pollution in China: Economic Estimates of Physical Damages. Conference edition. Washington DC, 2007.
[20] Y. H. Chung, R. Färe, S. Grosskopf. Productivity and Undesirable Outputs: A Directional Distance Function Approach [J]. Journal of Environmental Management, 1997, 51.
[21] 北京师范大学经济与资源管理研究院，西南财经大学发展研究院.2014 人类绿色发展报告 [M]. 北京师范大学出版社，2014.
[22] 北京师范大学科学发展观与经济可持续发展研究基地等著.2016 中国绿色发展指数报告——区域比较 [M]. 北京：北京师范大学出版社，2016.
[23] 蔡昉，都阳，王美艳. 经济发展方式转变与节能减排内在动力 [J]. 经济研究，2008(6).
[24] 曹东，赵学涛，杨威杉. 中国绿色经济发展和机制政策创新研究 [J]. 中国人口、资源与环境，2012(5).
[25] 曹荣湘等. 全球大变暖：气候经济、政治与伦理 [M]. 北京：社会科学文献出版社，2010.
[26] 迟全华. 从政治高度深刻认识绿色发展理念重大意义——学习习近平总书记关于绿色发展新理念新思想 [N]. 光明日报，2016–4–10（6）.
[27] 关成华，韩晶. 绿色发展经济学 [M]. 北京：北京大学出版社，2018（3）.
[28] 关成华，韩晶. 中国城市绿色竞争力指数报告 2018[M]. 北京：经济日报出版社，2018（7）.
[29] 关成华，韩晶.2017/2018 中国绿色发展指数报告 [M]. 北京：经济日报出版社，2018（3）.
[30] 国合会. 中国绿色经济的发展机制与政策创新 [R]. 北京：国合会，2011.
[31] 国家统计局城市社会经济调查司. 中国城市统计年鉴 2016[M]. 北京：中国统计出版社，2016.
[32] 谷树忠，谢美娜，张新华. 绿色转型发展 [M]. 浙江：浙江大学出版社，2016.
[33] 环境保护部. 2015 中国环境状况公报 [R]. 北京：环境保护部，2016.
[34] 蒋南平，向仁康. 中国经济绿色发展的若干问题 [J]. 当代经济研究，2013（5）.
[35] 李伟. 创新与绿色如何引领新常态 [J]. 新经济导刊，2016（5）.
[36] 李佐军. "十三五" 我国绿色发展的途径与制度保障 [J]. 环境保护，2016（11）.
[37] 联合国环境规划署. 中国绿色长征 [R]. 北京：联合国环境规划署 2013.
[38] 刘红梅. 推进城市绿色发展 [N]. 青海日报，2018–02–26.
[39] 韩晶，酒二科. 以产业结构为中介的创新影响中国经济增长的机理 [J]，经济理论与经济管理，2018（6）.

[40] 韩晶，刘远，张新闻. 市场化、环境规制与中国经济绿色增长 [J]. 经济社会体制比较，2017（5）.
[41] 倪鹏飞，马尔科 · 卡米亚，王海波等. 全球城市竞争力报告 2017-2018（简版）[R]. 联合国人居署，中国社会科学院财经战略研究院，中国社会科学院城市与竞争力研究中心，广州，中国，2017.
[42] 努尔 · 白克力. 走中国特色能源发展道路 [J]. 求是，2016（11）.
[43] 邱寿丰. 探索循环经济规划之道——循环经济规划的生态效率方法及应用 [M]. 上海：同济大学出版社，2009.
[44] 首都科技发展战略研究院.2016 首都科技创新发展报告 [M]. 北京：科学出版社，2016.
[45] 宋涛，荣婷婷. 人力资本的集聚和溢出效应对绿色生产的影响分析 [J]. 江淮论坛.2016(3).
[46] 宋涛. 中国可持续发展的双轮驱动模式——绿色工业化与绿色城镇化 [M]. 北京：经济日报出版社，2015.
[47] 唐宇红. 联合国环境规划署 _UNEP_ 的角色演进 [J]. 环境科学与管理 , 2008(5).
[48] 田红娜. 中国资源型城市创新体系营建 [M]. 北京：经济科学出版社，2009.
[49] 王兵，黄人杰. 中国区域绿色发展效率与绿色全要素生产率 (2000—2010)——基于参数共同边界的实证研究 [J]. 产经评论，2014(1).
[50] 王玲玲，张艳国. "绿色发展" 内涵探微 [J]. 社会主义研究 ,2012(5).
[51] 王秋艳. 中国绿色发展报告 [M]. 北京：中国时代经济出版社，2009.
[52] 吴正. 中国沙漠及其治理 [M]. 北京：科学出版社，2009.
[53] 习近平. 之江新语 [M]. 浙江. 浙江人民出版社，2007.
[54] 习近平. 习近平谈治国理政 [M]. 北京：外文出版社，2014.
[55] 习近平. 习近平谈治国理政（第二卷）[M]. 北京：外文出版社，2017.
[56] 习近平. 中国共产党第十九次全国代表大会在京开幕 习近平代表第十八届中央委员会向大会作报告 李克强主持大会 2338 名代表和特邀代表出席大会 [EB/OL].2017-10-19. http://news.xinhuanet.com/politics/19cpcnc/2017-10/18/c_1121822838.htm.
[57] 段炳德. 深刻理解实现高质量发展的重要内涵 [N]. 中国青年报，2018-02-12（02）.
[58] 谢雄标，吴越，严良. 数字化背景下企业绿色发展路径及政策建议 [J]. 生态经济，2015（11）.
[59] 姚伊乐，李军. 提高森林生态补偿标准 [N]. 中国环境报，2014-03-11.
[60] 曾少军. 碳减排：中国经验——基于清洁发展机制的考察 [M]. 北京：社会科学文献出版社，2010.
[61] 张高丽. 大力推进生态文明，努力建设美丽中国 [J]. 求是，2013（24）.
[62] 张庆丰，罗伯特 · 克鲁克斯. 迈向环境可持续的未来：中华人民共和国国家环境分析 [M]. 北京：中国财政经济出版社，2012.
[63] 赵峥，倪鹏飞. 我国城镇化可持续发展：失衡问题与均衡路径 [J]. 学习与实践，2012（8）.
[64] 中国科学院可持续发展战略研究组.2013 中国可持续发展战略报告：未来 10 年的生态

文明之路 [M]. 北京：科学出版社，2013.
[65] 中国环境年鉴编辑委员会 . 中国环境年鉴 2016[M]. 北京：中国环境年鉴社 ,2017.
[66] 中国省市经济发展年鉴编委会.2016 中国省市经济发展年鉴（上、下册）[M]. 北京：中国财经经济出版社，2016.
[67] 中国政府网 . 习近平：决胜全面建成小康社会 夺取新时代中国特色社会主义伟大胜利——在中国共产党第十九次全国代表大会上的报告 [EB/OL]. http://www.gov.cn/zhuanti/2017-10/27/content_5234876.htm.
[68] 中华人民共和国国土资源部：第二次全国土地调查：人多地少基本国情不变 ,2013-12-31.http://www.mlr.gov.cn/xwdt/mtsy/people/201312/t20131231_1298980.htm.
[69] 中华人民共和国国务院新闻办公室：强化应对气候变化行动——中国国家自主贡献，2015-11-18.http://www.scio.gov.cn/xwfbh/xwbfbh/wqfbh/2015/20151119/xgbd33811/Document/1455864/1455864.htm.
[70] 中华人民共和国水利部.2015 中国水利统计年鉴 [M]. 北京：中国水利水电出版社，2015.
[71] 周鲁宏 . 联合国环境规划署（UNEP）行动研究 [J]. 环境科学与管理，2012(9).
[72] 周青 . 实现从要素驱动向创新驱动转变 [N]. 广西日报，2017-03-07.

附　录

中国城市绿色竞争力指数测算指标解释及数据来源

1. 人均地区生产总值

国内生产总值（GDP）是指按市场价格计算的一个国家（或地区）所有常住单位在一定时期内生产活动的最终成果。对于一个地区来说，称为地区生产总值或地区 GDP。

人均地区生产总值的计算公式为：

$$人均地区生产总值=\frac{地区生产总值}{（上年年末总人口数+当年年末总人口数）/2}$$

资料来源：

国家统计局 . 中国城市统计年鉴 2017［M］. 北京 : 中国统计出版社，2017.

2. 地区财政收入

地区财政收入是指地方财政年度收入，包括地方本级收入、中央税收返还和转移支付，由省(自治区、直辖市)、县或市(自治州、自治县)的财政收入组成。

资料来源：

国家统计局 . 中国城市统计年鉴 2017［M］. 北京 : 中国统计出版社，2017.

3. 第一产业劳动生产率

第一产业劳动生产率是指一定时期内第一产业增加值与第一产业年平均就业人员数的比值。

第一产业劳动生产率计算公式为：

第一产业劳动生产率 =

$$\frac{\text{第一产业增加值}}{[(\text{上年年末第一产业就业人员数}+\text{当年年末第一产业就业人员数})]/2}$$

资料来源：

国泰安数据库。

4. 第二产业劳动生产率

第二产业劳动生产率是指一定时期内第二产业增加值与第二产业年平均就业人员数的比值。

第二产业劳动生产率计算公式为：

第二产业劳动生产率 =

$$\frac{\text{第二产业增加值}}{[(\text{上年年末第二产业就业人员数}+\text{当年年末第二产业就业人员数})]/2}$$

资料来源：

国泰安数据库。

5. 第三产业劳动生产率

第三产业劳动生产率是指一定时期内某地区第三产业增加值与第三产业年平均就业人员数的比值。

第三产业劳动生产率计算公式为：

第三产业劳动生产率 =

$$\frac{\text{第三产业增加值}}{[(\text{上年年末第三产业就业人员数}+\text{当年年末第三产业就业人员数})]/2}$$

资料来源：

国泰安数据库。

6. 第三产业增加值比重

第三产业增加值比重是指报告期内某地区第三产业增加值占地区生产总值的比重。

资料来源：

国家统计局. 中国城市统计年鉴 2017［M］. 北京：中国统计出版社，2017.

7. 科技投入占公共财政支出比例

科技投入是一种概念，是指支持开展科技活动的投入，也是生产性的投入。

公共财政支出是公共财政分配的第二阶段，它是国家将集中起来的社会产品或国民收入按照一定的方式和渠道，有计划地进行分配的过程。

科技投入占公共财政支出比例的计算公式为：

$$\text{科技投入占公共财政支出比例} = \frac{\text{科技投入}}{\text{公共财政支出}}$$

资料来源：

国家统计局. 中国城市统计年鉴 2017［M］. 北京：中国统计出版社，2017.

8. 万名从业人口中科学技术人员数

从业人口指从事一定的社会劳动并取得劳动报酬或经营收入的全部劳动人口，它包括职工、城镇的私营企业从业人员和个体劳动者、农村社会劳动以及其他社会劳动者。

科学技术人员是指掌握某种专门科学技术知识、技能的人，包括各种专门的科学技术人才。

万名从业人口中科学技术人员数的计算公式为：

$$\text{万名从业人口中科学技术人员数} = \frac{\text{科学技术人员}}{\text{从业人口数（单位：万）}}$$

资料来源：

国家统计局．中国城市统计年鉴 2017［M］．北京：中国统计出版社，2017.

9. 全市科技从业人员数占全省的比重

全市科技从业人员数占全省的比重指科技从业人员所占据全市人口数量的份额。

全市科技从业人员数占全省的比重的计算公式为：

$$\text{全市科技从业人员数占全省的比重} = \frac{\text{科技从业人员}}{\text{全市人口数}}$$

资料来源：

国家统计局．中国城市统计年鉴 2017［M］．北京：中国统计出版社，2017.

10. 教育投入占公共财政支出比例

教育投入占公共财政支出比例指教育支出总额在公共财政总支出中占据的份额。

教育投入占公共财政支出比例的计算公式为：

$$\text{教育投入占公共财政支出比例} = \frac{\text{教育投入}}{\text{公共财政支出}}$$

资料来源：

国家统计局．中国城市统计年鉴 2017［M］．北京：中国统计出版社，2017.

11. 每万人在校大学生人数

$$\text{每万人在校大学生人数} = \frac{\text{全市大学生数}}{\text{人口总数}}$$

资料来源：

国家统计局．中国城市统计年鉴 2017［M］．北京：中国统计出版社，2017.

12. 人均耕地面积

人均耕地面积是指一定时期内一个地区个人平均拥有的耕地面积。其中，耕地面积为该地区总耕地面积；人口数量为地区总人口。

资料来源：

国家统计局．中国城市统计年鉴 2017［M］．北京：中国统计出版社，2017.

13. 人均水资源量

人均当地水资源量是指一定时期内一个地区个人平均拥有的水资源总量。其中，一定区域的水资源总量是指当地降水形成的地表和地下产水量，即地表径流量与降水入渗补给量之和，不包括过境水量。

资料来源：

国家统计局．中国城市统计年鉴 2017［M］．北京：中国统计出版社，2017.

14. 人均绿地面积

绿地面积是指报告期末用作绿化的各种绿地面积。包括公园绿地、单位附属绿地、居住区绿地、生产绿地、防护绿地和风景林地的总面积。

人均绿地面积计算公式为：

$$人均绿地面积=\frac{绿地总面积}{市辖区常住人口}$$

资料来源：

国家统计局．中国城市统计年鉴 2017［M］．北京：中国统计出版社，2017.

15. 森林覆盖率

森林覆盖率指一个国家或地区森林面积占土地面积的百分比。在计算森林覆盖率时，森林面积包括郁闭度 0.20 以上的乔木林地面积和竹林地面积、国家特别规定的灌木林地面积、农田林网以及四旁（村旁、路旁、水旁、宅旁）林木的覆盖面积。森林覆盖率表明一个国家或地区森林资源的丰富程度和生态平衡状况，是反映林业生产发展水平的主要指标。

森林覆盖率的计算公式为：

$$森林覆盖率=\frac{森林面积}{土地总面积}\times 100\%+\frac{灌木林地面积}{土地总面积}\times 100\%$$
$$+\frac{林网树占地面积}{土地总面积}\times 100\%+\frac{四旁树占地面积}{土地总面积}\times 100\%$$

资料来源：

各个市公报 2016。

16. 单位土地面积二氧化硫排放量

单位土地面积二氧化硫排放量的计算公式为：

$$单位土地面积二氧化硫排放量=\frac{二氧化硫排放量}{土地调查面积-沙漠及戈壁总面积}$$

资料来源：

国家统计局．中国城市统计年鉴 2017［M］．北京：中国统计出版社，2017.

环境保护部．中国环境统计年鉴 2017［M］．北京：中国环境科学出版社，2017.

各个市公报 2016。

17. 人均二氧化硫排放量

人均二氧化硫排放量的计算公式为：

$$人均二氧化硫排放量=\frac{二氧化硫排放量}{年平均人口}$$

资料来源：

国家统计局. 中国城市统计年鉴 2017 [M]. 北京：中国统计出版社，2017.

环境保护部. 中国环境统计年鉴 2017 [M]. 北京：中国环境科学出版社，2017.

各个市公报 2016。

18. 单位土地面积化学需氧量排放量

单位土地面积化学需氧量排放量的计算公式为：

$$单位土地面积化学需氧量排放量=\frac{化学需氧量排放量}{行政区域土地面积}$$

资料来源：

国家统计局. 中国城市统计年鉴 2017 [M]. 北京：中国统计出版社，2017.

环境保护部. 中国环境统计年鉴 2017 [M]. 北京：中国环境科学出版社，2017.

各个市公报 2016。

19. 人均化学需氧量排放量

人均化学需氧量排放量的计算公式为：

$$人均化学需氧量排放量=\frac{化学需氧量排放量}{年平均人口}$$

资料来源：

国家统计局. 中国城市统计年鉴 2017 [M]. 北京：中国统计出版社，2017.

环境保护部. 中国环境统计年鉴 2017 [M]. 北京：中国环境科学出版社，2017.

各个市公报 2016。

20. 单位土地面积氮氧化物排放量

单位土地面积氮氧化物排放量的计算公式为：

$$单位土地面积氮氧化物排放量=\frac{氮氧化物排放量}{行政区域土地面积}$$

资料来源：

国家统计局．中国城市统计年鉴 2017［M］．北京：中国统计出版社，2017．

环境保护部．中国环境统计年鉴 2017［M］．北京：中国环境科学出版社，2017．

各个市公报 2016。

21. 人均氮氧化物排放量

人均氮氧化物排放量的计算公式为：

$$人均氮氧化物排放量=\frac{氮氧化物排放量}{年平均人口}$$

资料来源：

国家统计局．中国城市统计年鉴 2017［M］．北京：中国统计出版社，2017．

环境保护部．中国环境统计年鉴 2017［M］．北京：中国环境科学出版社，2017．

各个市公报 2016。

22. 单位土地面积氨氮排放量

单位土地面积氨氮排放量的计算公式为：

$$单位土地面积氨氮排放量=\frac{氨氮排放量}{行政区域土地面积}$$

资料来源：

国家统计局. 中国城市统计年鉴 2017 [M]. 北京：中国统计出版社，2017.

环境保护部. 中国环境统计年鉴 2017 [M]. 北京：中国环境科学出版社，2017.

各个市公报 2016。

23. 人均氨氮排放量

人均氨氮排放量的计算公式为：

$$人均氨氮排放量=\frac{氨氮排放量}{年平均人口}$$

资料来源：

国家统计局. 中国城市统计年鉴 2017 [M]. 北京：中国统计出版社，2017.

环境保护部. 中国环境统计年鉴 2017 [M]. 北京：中国环境科学出版社，2017.

各个市公报 2016。

24. 单位地区生产总值用水量

单位地区生产总值用水量的计算公式为：

$$单位地区生产总值用水量=\frac{总用水量}{地区生产总值}$$

资料来源：

国家统计局. 中国城市统计年鉴 2017 [M]. 北京：中国统计出版社，2017.

环境保护部. 中国环境统计年鉴 2017 [M]. 北京：中国环境科学出版社，2017.

各个市公报2016。

25. 工业固体废物综合利用率

工业固体废物综合利用率是指工业固体废物综合利用量占工业固体废物产生量（包括综合利用往年贮存量）的百分率。计算公式为：

$$工业固体废物利用率 = \frac{工业固体废物综合利用量}{工业固体废物产生量 + 综合利用往年贮存量} \times 100\%$$

其中，工业固体废物产生量是指报告期内企业在生产过程中产生的固体状、半固体状和高浓度液体状废弃物的总量，包括危险废物、冶炼废渣、粉煤灰、炉渣、煤矸石、尾矿、放射性废物和其他废物等；不包括矿山开采的剥离废石和掘进废石（煤矸石和呈酸性或碱性的废石除外）。酸性或碱性废石指采掘的废石其流经水、雨淋水的pH值小于4或pH值大于10.5者。工业固体废物综合利用量是指报告期内企业通过回收、加工、循环、交换等方式，从固体废物中提取或者使其转化为可以利用的资源、能源和其他原材料的固体废物量（包括当年利用往年的工业固体废物贮存量），如用作农业肥料、生产建筑材料、筑路等。综合利用量由原产生固体废物的单位统计。

资料来源：

国家统计局．中国城市统计年鉴2017［M］．北京：中国统计出版社，2017.

26. 单位地区生产总值二氧化硫排放量

二氧化硫排放量分为工业二氧化硫排放量和生活二氧化硫排放量，其中工业二氧化硫排放量是指报告期内企业在燃料燃烧和生产工艺过程中排入大气的二氧化硫总量，计算公式为：

工业二氧化硫排放量 = 燃料燃烧过程中二氧化硫排放量 + 生产工艺过程中

二氧化硫排放量

生活及其他二氧化硫排放量是以生活及其他煤炭消费量和其含硫量为基础，根据以下公式计算：

生活及其他排放量 = 生活及其他煤炭排放量 × 含硫量 ×0.8×2

单位地区生产总值二氧化硫排放量是指一定时期内某地区二氧化硫排放量与地区生产总值的比值。计算公式为：

$$单位地区生产总值二氧化硫排放量 = \frac{二氧化硫排放量}{地区生产总值}$$

资料来源：

国家统计局．中国城市统计年鉴 2017［M］．北京：中国统计出版社，2017.

环境保护部．中国环境统计年鉴 2017［M］．北京：中国环境科学出版社，2017.

各个市公报 2016。

27. 单位地区生产总值化学需氧量排放量

化学需氧量（COD）是指用化学氧化剂氧化水中有机污染物时所需的氧量。COD 值越高，表示水中有机污染物污染越重。化学需氧量排放量主要来自工业废水和生活污水。其中，生活污水中化学需氧量（COD）排放量是指城镇居民每年排放的生活污水中的 COD 的量。用人均系数法测算。测算公式为：

城镇生活污水中 COD 排放量 = 城镇生活污水中 COD 产生系数 × 市镇非农业人口 ×365

单位地区生产总值化学需氧量排放量是指一定时期内该地区化学需氧量排放量与地区生产总值的比值。

$$单位地区生产总值化学需氧量排放量=\frac{化学需氧量排放量}{地区生产总值}$$

资料来源：

国家统计局. 中国城市统计年鉴 2017 [M]. 北京：中国统计出版社，2017.

环境保护部. 中国环境统计年鉴 2017 [M]. 北京：中国环境科学出版社，2017.

各个市公报 2016。

28. 单位地区生产总值氮氧化物排放量

氮氧化物排放量是指报告期内排入大气的氮氧化物量。

单位地区生产总值氮氧化物排放量是指一定时期内该地区氮氧化物排放量与地区生产总值的比值。计算公式为：

$$单位地区生产总值氮氧化物排放量=\frac{氮氧化物排放量}{地区生产总值}$$

资料来源：

国家统计局. 中国城市统计年鉴 2017 [M]. 北京：中国统计出版社，2017.

环境保护部. 中国环境统计年鉴 2017 [M]. 北京：中国环境科学出版社，2017.

各个市公报 2016。

29. 单位地区生产总值氨氮排放量

氨氮排放量是指报告期内企业排出的工业废水和城镇生活污水中所含氨氮的纯重量。

单位地区生产总值氨氮排放量是指一定时期内该地区氨氮排放量与地区生

产总值的比值。计算公式为：

$$单位地区生产总值氨氮排放量 = \frac{氨氮排放量}{地区生产总值}$$

资料来源：

国家统计局．中国城市统计年鉴 2017［M］．北京：中国统计出版社，2017.

环境保护部．中国环境统计年鉴 2017［M］．北京：中国环境科学出版社，2017.

各个市公报 2016。

30. 节能保护支出占财政支出比重

节能保护支出占财政支出比重的计算公式为：

$$节能保护支出占财政支出比重 = \frac{节能保护支出}{公共财政支出} \times 100\%$$

资料来源：国家统计局。

31. 城市污水处理投资占市政公用设施建设固定资产投资比重

市政公用设施建设指城市污水排放、雨水排放、路灯、道路、桥梁、隧道、广场、涵洞、防空等市政设施的维护、抢险、紧急处理、管理等活动。

公式：

城市污水处理投资占市政公用设施建设固定资产投资比重 =

$$\frac{城市污水处理投资}{市政公用设施建设固定资产投资} \times 100\%$$

资料来源：国家统计局。

32. 城市园林绿化投资占市政公用设施建设固定资产投资比重

城市绿化是对社会环境资本的投入，其经济回报是多方面的，而且是十分丰厚的。城市对园林的需求分为两个方面：一是作为基础设施；二是作为休闲设施。

公式：

城市园林绿化投资占市政公用设施建设固定资产投资比重 =

$$\frac{\text{城市园林绿化投资}}{\text{市政公用设施建设固定资产投资}} \times 100\%$$

资料来源：国家统计局。

33. 城市市容环境卫生投资占市政公用设施建设固定资产投资比重

城市市容环境卫生投资指为加强城市市容和环境卫生管理，创造清洁、优美的城市工作、生活环境而增加的投资。

公式：

城市市容环境卫生投资占市政公用设施建设固定资产投资比重 =

$$\frac{\text{城市市容环境卫生投资}}{\text{市政公用设施建设固定资产投资}} \times 100\%$$

资料来源：国家统计局。

34. 城市垃圾处理投资占市政公用设施建设固定资产投资比重

城市垃圾处理投资指对于城市中产生的垃圾进行无害化处理而产生的成本费用。

公式：

城市垃圾处理投资占市政公用设施建设固定资产投资比重 =

$$\frac{\text{城市垃圾处理投资}}{\text{市政公用设施建设固定资产投资}} \times 100\%$$

资料来源：国家统计局。

35. 每万人拥有公共汽车数量

每万人拥有公共汽车数量的计算公式为：

$$\text{每万人拥有公共汽车数量} = \frac{\text{公共汽车总量}}{\text{地区人口（单位：万）}}$$

资料来源：

国家统计局 . 中国城市统计年鉴 2017［M］. 北京 : 中国统计出版社，2017.

36. 工业二氧化硫去除率

二氧化硫排放量是指报告期内企业在燃料燃烧和生产工艺过程中排入大气的二氧化硫总量。

二氧化硫去除量是指燃料燃烧和生产工艺废气经过各种废气治理设施处理后去除的二氧化硫总量。

工业二氧化硫去除率是指工业二氧化硫去除量占工业二氧化硫排放量和工业二氧化硫去除量总和的比重。计算公式为：

工业二氧化硫去除率 =

$$\frac{\text{工业二氧化硫去除量}}{\text{（工业二氧化硫去除量}+\text{工业二氧化硫排放量）}} \times 100\%$$

资料来源：

国家统计局 . 中国城市统计年鉴 2017［M］. 北京 : 中国统计出版社，2017.

37. 工业烟（粉）尘去除率

烟（粉）尘排放量指报告期内企业在燃料燃烧和生产工艺过程中排入大气的烟尘及工业粉尘的总质量之和。

工业烟（粉）尘去除率的计算公式为：

工业烟（粉）尘去除率 =

$$\frac{\text{工业烟（粉）尘产生量}-\text{工业烟（粉）尘排放量}}{\text{工业烟（粉）尘产生量}}\times 100\%$$

资料来源：

国家统计局．中国城市统计年鉴 2017［M］．北京：中国统计出版社，2017.

38. 城市污水处理率

城市污水处理率是指报告期内城镇生活污水处理量占城镇生活污水产生量的百分率。计算公式为：

$$\text{城镇生活污水处理率}=\frac{\text{城镇生活污水处理量}}{\text{城镇生活污水产生量}}\times 100\%$$

资料来源：

国家统计局．中国城市统计年鉴 2017［M］．北京：中国统计出版社，2017.

39. 生活垃圾无害化处理率

生活垃圾无害化处理率是指报告期生活垃圾无害化处理量与生活垃圾产生量比率。在统计上，由于生活垃圾产生量不易取得，可用清运量代替。计算公式为：

$$\text{生活垃圾无害化处理率}=\frac{\text{生活垃圾无害化处理量}}{\text{生活垃圾产生量}}\times 100\%$$

资料来源：

国家统计局．中国城市统计年鉴 2017［M］．北京：中国统计出版社，2017.

40. 城镇居民人均可支配收入

城镇居民人均可支配收入是指反映居民全部现金收入能用于安排家庭日常生活的那部分收入。它是家庭总收入扣除交纳的所得税、个人交纳的社会保障费以及调查户的记账补贴后的收入。

资料来源：

国家统计局．中国城市统计年鉴 2017［M］．北京：中国统计出版社，2017.

《中国省市经济发展年鉴》编委会．中国省市经济发展年鉴［M］．北京：中国财政经济出版社，2017.

41. 人均住房面积

人均住房面积的计算公式为：

$$人均住房面积 = \frac{总住房面积}{人口数量}$$

资料来源：

《中国省市经济发展年鉴》编委会．中国省市经济发展年鉴［M］．北京：中国财政经济出版社，2017.

各市公报 2016；各市年鉴 2017。

42. 建成区绿化覆盖率

建成区绿化覆盖率指报告期末建成区内绿化覆盖面积与区域面积的比率。计算公式为：

$$建成区绿化覆盖率 = \frac{建成区绿化覆盖面积}{建成区面积} \times 100\%$$

资料来源：

国家统计局．中国城市统计年鉴 2017［M］．北京：中国统计出版社，2017．

43. 空气质量达到二级以上天数

城市空气质量等级是据城市空气环境质量标准和各项污染物的生态环境效应及其对人体健康的影响，所确定的污染指数分级以及相应的污染物浓度限值。

资料来源：

环保部网站；各市公报 2016。

44. 可吸入颗粒物浓度（PM2.5）年均值

可吸入颗粒物浓度（PM2.5）年均值的计算公式为：

$$可吸入颗粒物浓度（PM2.5）年均值 = \frac{全年总值}{总天数}$$

资料来源：

各市公报 2016；各市年鉴 2017。

后　记

为了解决“人民日益增长的物质文化需要同落后的社会生产力之间的矛盾”，中国经济在相当长一段时间内以9.6%左右的年平均增长率实现了快速腾飞。但是，很多地区在追求经济发展的时候付出很大代价，牺牲了资源和环境，甚至产生了严重的生态问题。十九大报告指出，“我国社会主要矛盾已经转化为人民日益增长的美好生活需要和不平衡不充分的发展之间的矛盾”。当前中国“最突出的不平衡之一”，就是经济发展和生态环境保护的不平衡。通过绿色发展解决“不平衡”是实现高质量发展的必由之路。

城市作为人口、资源、技术等生产要素的集聚中心，是绿色发展的重要载体。提升城市绿色竞争力，实现环境保护和经济发展的深度融合则是推动高质量发展的关键环节。

我们从2018年开始了“城市绿色竞争力”的研究，发布了《中国城市绿色竞争力指数报告2018》，在社会上引起了较大反响。《中国城市绿色竞争力指数报告》也是我院绿色发展研究领域的另一项标志性成果，我们将进行持续发布。《中国城市绿色竞争力指数报告2019》延续了上一年的研究体例和范式，并在与上一年研究结论比较的基础上提出了中国城市绿色竞争力提升战略。在研究写作过程中，得到了王灿发教授、杨万东教授、段光明研究员、陈浩教授、江明清处长和赵军利处长等的建议和帮助。在此，对以上专家学者的热情支持和辛勤付出，表示由衷的敬意和诚挚的感谢！

《中国城市绿色竞争力指数报告 2019》五易其稿，终于编写完成，即将出版。由于城市绿色竞争力的研究尚处萌芽阶段，并没有可以遵循的研究范式，加之主客观条件的限制，本书一定还有诸多不足之处。我们期待各界人士能够予以关注、参与探讨，共同推进城市绿色竞争力的研究，为实现可持续发展，做出积极贡献！

关成华

2019 年 4 月

各章主要执笔人

章　数	撰稿人
总　论	关成华　韩　晶
第二章	高　铭　于　凯　任　璐
第三章	陈超凡　任　璐　姜如玥
第四章	孙雅雯　田易凡　彭安琪
第五章	韩　晶　姜如玥　高　铭
统　稿	韩　晶　裴　文　彭安琪
附　录	田易凡　于　凯　裴　文